STEFAN LIEBERT
KOKAIN

STEFAN LIEBERT
MIT KAJO FRITZ

KOKAIN

EINE DEUTSCHE DEALER-KARRIERE

LÜBBE

MIX
Papier aus verantwortungsvollen Quellen
FSC® C014496

Dieser Titel ist auch als E-Book erschienen

Originalausgabe

Umschlaggestaltung: Christin Wilhelm, www.grafic4u.de
Einband-/Umschlagmotiv: © getty images/Chad Latta
Satz: Greiner & Reichel, Köln
Gesetzt aus der Centennial
Druck und Einband: GGP Media GmbH, Pößneck

Printed in Germany
ISBN 978-3-7857-2489-7

5 4 3 2 1

Sie finden uns im Internet unter: www.luebbe.de
Bitte beachten Sie auch: www.lesejury.de

INHALT

Dieses Buch basiert auf einer wahren Geschichte. Um die Identität der handelnden Personen zu schützen, sind Namen und einige Handlungen und Orte verfremdet. Das ist nötig, um Persönlichkeitsrechte zu wahren und Dritten nicht die Möglichkeit der Nachverfolgung zu geben. Alle Vorkommnisse sind so weit wie möglich geprüft und können so stattgefunden haben.

VORWORT VON KAJO FRITZ

Es war bei unserem zweiten Gespräch, als ich Stefan Liebert fragte: »Warum?«

Er sagte: »Ich erzähle dir das, weil Typen wie du nichts über Kokain wissen. Gar nichts. Ich erzähle dir das, weil ich mir als Dealer jeden Traum erfüllen konnte und das eine wunderschöne Erinnerung für mich ist. Und vor allem erzähle ich dir das, weil ich nichts mehr zu verlieren habe. Denn eigentlich bin ich schon tot.«

An einem hübschen Freitagmittag war ich dem Protagonisten dieses Buches zum ersten Mal begegnet. Er kam aus einem Fitnessstudio, schlenderte über die Straße und schaute zwei Mädels hinterher. Ein Muskelshirt umwehte seinen massigen Oberkörper, eine Zigarette klemmte im Mundwinkel, er ging breitbeinig. Ich arbeitete seit einigen Wochen an einer Geschichte über Freizeit-Doping und suchte dringend Personen aus der Szene. Zugegeben, es gibt elegantere Recherche-Methoden als jemandem ein »Hallo!« über die Straße entgegenzubrüllen, nur, weil er aussieht, als könnte er einem helfen. Aber ich war amtlich verzweifelt.

Stefan Liebert begleitete mich dann in ein Café, bestimmt, weil er gerade Langeweile hatte. In Sachen Doping wollte er mir nicht helfen, trotzdem bat ich ihn, noch einen zweiten Kaffee mit mir zu trinken. Ich fand diesen Kerl mit dem Hamburger Akzent interessant, sein wuchtiges Äußeres passte nicht zu dem Filou, der mit mir redete. Wir plauderten über dies und das, und dann sagte er, er sei gerade aus dem Knast gekommen, weil er Kokain im großen Stil verkauft habe. Seine Firma, in der er abgebrannte Junkies für vier Euro die Stunde habe Autoteile fertigen lassen, sei eine prima Geschäftsidee und seine Koks-Partys auf dem Kiez äußerst beliebt gewesen; er habe sich in Kolumbien umgeschaut, auf den Koka-Plantagen, um besseres Kokain zu bekommen, dummerweise aber sei er etwas später vor Saint-Tropez dann auf einer Yacht von einem internationalen Einsatzkommando verhaftet worden.

»Aha«, sagte ich. Und grinste dabei.

Er auch.

Dann nippte er am Kaffee, setzte ihn ab und sagte: »Stimmt übrigens. Kannste kieken kommen.« Er grinste wieder.

Ich nicht, ich verzog die Augenbrauen. Natürlich war seine Geschichte norddeutscher Klönschnack, der nach einer Schnurre mit etwas zu viel Gangsterfilm klang, auf die Schnelle zusammengeklaubt, um die Unterhaltung unterhaltsamer zu machen.

»Ich beweise dir, dass meine Geschichte stimmt!«

Meine Augenbrauen wanderten fragend nach oben. Wenn das alles nicht gelogen, sondern wahr war, wieso erzählte er das einem Dahergelaufenen wie mir?

»Warum nicht, nech? Du bist Journalist, ich habe noch nie mit 'nem Pressefritzen geredet. Ich mag es, wenn Typen wie du dumm aus der Wäsche gucken.«

Ich versuchte weniger dumm zu gucken und bat Stefan Liebert um Beweise.

Wir trafen uns eine Woche später – und dann immer wieder. Er gab mir einen Ordner mit Abhörprotokollen der Polizei, ich las Gerichtsakten, sah Fotos von früher und Briefe an seine Mutter aus dem Knast. Er sagte, dass er aus einem Stück Papier Kokain-Couverts für den Verkauf blindlings in unter zwanzig Sekunden falten könne.

Er schaffte es in siebzehn.

»Ich hab's immer noch drauf!«, jubelte er.

Stefan Liebert erzählte mir sein Leben, einige Details seiner Geschichte waren in der großen Wolke aus Kokain-Pulver verschüttgegangen, in der er jahrelang lebte. Ich lernte seine Kumpane von damals kennen, ich sprach mit seiner Familie und ehemaligen Kunden. All das ermöglichte mir einen Zugang zur deutschen »high« Society, der bei mir einen Eindruck verfestigte, den ich nicht für möglich gehalten hätte: Kokain, diese vermeintliche Droge des vergangenen Jahrtausends, ist wieder da – und war vielleicht nie weg. Diese Erkenntnis ließ mich nicht mehr los.

Willkommen in der Kokain-Republik Deutschland!

Auch Sie haben garantiert gerade jetzt die verbotene Droge bei sich – sofern Sie zwei Geldscheine eingesteckt haben. Kokain wird üblicherweise »geschnupft«, das Pulver also inhaliert, häufig durch eine gerollte Banknote. Reste darauf bleiben nachweisbar. 2002, zur Einführung des Euro, waren nach einem Monat drei Prozent der Scheine mit Spuren von Kokain kontaminiert. Im April 2003 waren es achtzig Prozent – macht vier von fünf aller kursierenden Euro-Scheine. Sie können also statistisch sicher sein, dass auch Sie Kokain bei sich tragen, wenn Sie nur zwei unserer Banknoten in der Tasche haben.

Deutsche Behörden gehen davon aus, dass hierzulande rund 500 000 Menschen Kokain konsumieren. Prof. Fritz Sörgel, einer der bekanntesten deutschen Drogen-Experten, sagt: »Mich ärgert in diesem Zusammenhang die Hochnäsigkeit der Behörden, deren Statistik im Gegensatz zu unserer Methode keine quantitative Grundlage besitzt. Unsere Analyse zeigt, dass der Konsum hierzulande viel höher sein muss.« Und für diese Aussagen führt er auch Beweise an.

Hilfreich hierbei ist laut Prof. Sörgel das Benzoylecgonin, ein Kokain-Abbauprodukt, das im Körper über den Urin ausgeschieden wird. Benzoylecgonin kann durch sensible Messtechnik in unseren Gewässern nachgewiesen werden. Das Verfahren des Instituts für Biochemische und Pharmakologische Forschung Nürnberg ist derart genau, dass in der lokalen Kläranlage eines 8 000-Seelen-Dorfes ein einziger Kokain-Konsument auffällt. Fünfzehn Wasserläufe haben Prof. Sörgel und sein Team in Deutschland untersucht. Ergebnis: Der Rhein führt mehr als zehn Tonnen reines Kokain im Jahr mit sich, in Düsseldorf bis zu 30 Kilogramm pro Tag, in Köln 27. Insgesamt hat Mannheim mit 44 Kilo die Nase vorn. Nahezu unglaubliche Befunde, wenn man bedenkt, dass schon rund 0,2 Gramm Kokain, die durchaus übliche Portionierungsmenge einer Koks-Line, für einen rund halbstündigen Rausch ausreicht.

Willkommen in der Kokain-Republik Deutschland!

Durch den verbotenen Handel mit der Droge fahren hierzulande Kriminelle Gewinne in gigantischer Höhe ein. Kein Wunder bei einem Stoff, der wertvoller als Gold ist. Ein Gramm des Edelmetalls kostet an der Börse rund 30 Euro. Ein Gramm Kokain beim Dealer an der Ecke manchmal 50, meistens aber 60 bis 100 Euro. Seit Ende der Neunzigerjahre ist das weiße Pulver in Deutschland tendenziell günstiger geworden – die meisten aus der Szene sagen, weil das Angebot immer größer werde.

Unsere Behörden wissen um den verbotenen Milliardenmarkt. Darüber hinaus wissen sie kaum Konkretes. Wie viel Kokain hierzulande tagtäglich weggeschnupft wird? Nicht zu ermitteln. Wie die Droge beispielsweise aus Kolumbien in die deutsche Provinz kommt? Schwer zu verfolgen. Wie das Koks in Hamburg vom Schiff durch den Zoll gelangt und anschließend verteilt wird? Keine Ahnung. Und: Wie funktioniert das Geschäft? Wer steckt dahinter? Wie clever sind deutsche Dealer?

Stefan Lieberts Biografie beantwortet einen Teil dieser Fragen ganz konkret – darüber hinaus bietet sein Leben ausreichend Gelegenheit, das deutsche Kokain-Problem in Gänze zu skizzieren. Liebert berichtet aus erster Hand: Er war Dealer, Konsument und später Teil eines Syndikats.

Als Teenager beschaffte er sich das erste Mal Kokain am Hafen. In einem Alter, in dem Azubis monatlich 800 Euro verdienen, wurde er, der Spross einer Hamburger Kiez-Familie, einer der erfolg- und einflussreichsten Drogendealer Norddeutschlands; sein Koks kauften Professoren, Manager, Ärzte und Staatsanwälte. Er gewann sie als Kunden, indem er ihnen auf dem Kiez die Party ihres Lebens bereitete.

Nach kurzer Zeit war er dort angekommen, wo er immer hin wollte: oben, inmitten all der Schönen, der Reichen und der Mächtigen. Das war die eine Seite. Auf der anderen Seite spannte er ein Netz aus Kurieren und Zwischenhändlern, die seinen Stoff an all diejenigen veräußerten, die die Droge ebenfalls nicht mehr missen wollten: an Jugendliche, Hausfrauen, Lagerarbeiter, Studenten und Büroangestellte.

»Seit Jahrzehnten ist Kokain auf dem deutschen Markt, früher war es die Droge für Menschen mit materiellem Exklusiv-Status. Durch den Preisverfall ist Kokain heute bei zusätzlichen Konsumenten angekommen, die sich die Droge vor einiger Zeit noch nicht leisten konnten, darunter auch viele jüngere zwischen achtzehn und fünfzehn Jahren«, berichtet Dr. Raphael Gaßmann, Geschäftsführer der Deutschen Hauptstelle für Suchtfragen (DHS). Und Stefan Liebert sagt: »Ich konnte es anfangs selber nicht glauben. Alle wollten meinen Stoff, alle.«

Koks ist der Aufputscher, den offenbar längst nicht mehr nur gegelte Upperclass-Cliquen konsumieren.

24 Stunden am Tag bestimmte Kokain das Leben von Stefan Liebert, weil seine Kunden von ihm und seinen Mitarbeitern rund um die Uhr Kokain haben wollten: Mittags sniefte der Bauarbeiter für einen Motivationsschub, am frühen Abend die Hausfrau, um den anstrengenden Tag zu vergessen, und um Mitternacht der Teenager auf dem Disco-Klo. Alle hatten sie die Nase voll.

»Ich war einer, der auf einer Party immer in der Ecke stand, Blick nach unten. Dann habe ich das Zauberpulver von ihm genommen – und fühlte mich wie ein Weltmeister«, bekennt ein Kunde von Stefan Liebert. Er ist Polier. »Ich wurde ein anderer Mensch, ein Mensch, der mir viel besser gefiel. Ein kleines Näschen nur – und ich war der coolste Typ im Club. ›Bin ich geil?‹, fragte ich mich. ›Ich bin geil!‹, antwortete ich mir. Dann schleppte ich eine Frau ab. Auf Koks geht das.«

Kokain ist die Droge, die das Ego neu organisiert, ein hochaktives Psycho-Stimulans, das dem Konsumenten ein Hochgefühl bereiten kann, das sich aus göttlicher Allmacht, sexueller Vollkommenheit und rhetorischer Potenz eines Roger Willemsen formt. Kokain entgrenzt. Mit der Droge werden viele auf der Suche nach dem Kick fündig, Koks »ist als ›Brain-Doping‹ mit seiner aufputschenden Wirkung aktuell im Trend der Zeit«, sagt Dr. Gaßmann von der DHS. Das Perfide daran: Das gute Gefühl geht, der Wunsch danach bleibt. Da hilft nur die nächste Nase.

Willkommen in der Kokain-Republik Deutschland!

Der Protagonist dieses Buches erzählt aus einer fremden Welt, die mitten unter uns ist. Diesen Gefallen hatte er zuvor nur zwei Personen getan, nämlich den beiden Kriminalbeamten, bei denen Stefan Liebert nach seiner Inhaftierung sein Lebensgeständnis ablegte. Dort erzählte er, was er musste; mir erzählte er ein paar Geschichten mehr – und zudem aus tiefstem Herzen. Das fiel ihm anfangs schwer, Gefühle sind in der Gangsterwelt Umstände, die es zu verhindern gilt.

Lieberts Leben im Rausch endete, als sein bester Kumpel und Geschäftspartner, ein Albaner, *gesungen* hatte – für ihn brach seine Welt entzwei. Dann sagte auch er aus und verstieß damit gegen die Omertà, das Gesetz des Schweigens, den obersten Erlass vieler Vereinigungen der organisierten Kriminalität. Durch seine Aussage hoffte er, Kokain-Großhändler und Mitglied der albanischen Mafia, auf ein mildes Urteil. Doch für die Albaner gilt er jetzt als vogelfrei, weil er den Ehrenkodex brach. Stefan Liebert ist ein Gejagter.

Trotzdem: »Die Zeit als Dealer waren meine schönsten Jahre«, sagt er rückblickend, »schön und hart. Ich war ein Wichser. Musst du auch sein, wenn du in diesem Business erfolgreich sein willst. Ich wollte raus aus der Gosse, Kokain hat mir das ermöglicht. Die Droge bescherte mir Anerkennung, Frauen und viel Geld. Das alles hätte ich sonst nicht bekommen.«

»Das hört sich an, als seist du der Droge dankbar?«, war eine meiner letzten Fragen, die ich ihm stellte.

»Schwer zu beantworten. Jedenfalls war Kokain nicht nur mein Untergang – Kokain war vor allem auch mein Aufstieg.«

Bei unserem ersten Treffen damals im Café begann Stefan Liebert seine Geschichte mit dem Tag, der ihm die Tür aufstieß zum Leben im Jetset. Es war der Tag, an dem er die Schmerzen kaum ertrug …

DER WEG IN DIE FEINE GESELLSCHAFT FÜHRT DURCH DEREN NASE

»Irgendwann, möglicherweise aber auch nie,
werde ich dich bitten, mir eine
kleine Gefälligkeit zu erweisen.«
Der Pate

1. Juli 2004, 11 Uhr

Der Feind steckte hinten rechts oben. Dort pochte mein entzündeter Zahn schon seit einer Ewigkeit. Da half die ganze Kokserei nichts, dieser verdammte Schmerz war auch mit dem besten Stoff kaum zu ertragen. Zwei Wochen hatte ich mich mit Koks therapiert, der Erfolg war jeweils nur von kurzer Dauer. Mit geschwollener Wange schleppte ich mich nach einer langen Nacht zu meinem Zahnarzt. Meine Lunge rasselte von anderthalb Schachteln Zigaretten, und gegessen hatte ich auch schon lange nichts mehr (bis auf die paar Erdnüsse an der Bar). Kurz bevor ich das Striplokal meines Vaters verließ, hatte ich noch etwas Aftershave nachgelegt und meine Zähne geputzt. Der Schmerz jagte mir dabei hoch bis unter die Fontanelle.

Beschissene Angst hatte ich vor Zahnärzten schon immer, so wie wohl die meisten. Vielleicht sogar noch ein bisschen mehr. Ich hasste sie. Es war nicht diese Art Hass, die ich auf Menschen wie meine Laufburschen verspürte, wenn sie mich wieder einmal um ein paar Hunderter oder ein paar Gramm Koks bescheißen wollten. Diesen Hass konnte ich unter Kontrolle bringen, indem ich meinen »Mitarbeitern« eine klatschende Nackenschelle verpasste, als kleine Lektion. Das wollte ich bei meinem Zahnarzt lieber nicht machen. Also war es für mich hilfloser Hass – und diesen Hass verabscheute ich am meisten.

Zehn Minuten blätterte ich im Wartezimmer in Zeitschriften und zupfte mir dabei immer wieder meine maßgeschneiderte Anzughose zurecht, bis ich an der Reihe war: »Herr Liebert, kommen Sie bitte?!«

Man kann eine prall gefüllte Geldscheinklammer in der Tasche und eine fette Goldkette um den Hals baumeln haben – der Weg auf den Stuhl des Mannes mit dem sterilen Bohrer in der Hand ist einsam. Das Linoleum jaulte unter meinen Schuhen, als ich das Behandlungszimmer betrat, wo ein gut gelaunter Dr. Lanfermann und eine blonde Zahnarzthelferin mich erwarteten. All meine Befürchtungen wurden beim Drucktest mit der Dentalsonde Tatsache.

Es war entsetzlich.

Es war der Backenzahn.

Dabei lief alles so prächtig in den vergangenen Wochen. Ich hatte gute Geschäfte gemacht und mich als vielbeäugter 19-jähriger Newcomer der Hamburger Dealer-Szene bewiesen; hatte Kunden gewonnen, Partys gefeiert, viel Geld in den Boutiquen am Berliner Ku'damm, in der Kaufingerstraße in München, in Hamburg, auf dem Jungfernstieg, sowieso und auch andernorts gelassen. Und langsam wurde mein Dealer-Leben Routine – obwohl ich immer noch Teenager war.

Bis zu dreimal die Woche fuhr ich am Hamburger Hafen zum Kokain-Shopping; je nach Preis (der schwankte teils kräftig) und Nachfrage nahm ich zwischen einem oder vier Kilogramm mit. Wenn ich am Kiosk die Meldung las, dass auf einem Bananendampfer wieder kiloweise Koks sichergestellt worden war, konnte ich über diese Erfolgsmeldungen des deutschen Zolls nur schmunzeln. Ich wusste ja, wie viel Kokain *nicht* sichergestellt worden war. So viel vorweg: Engpässe gab es nie, an manchen Tagen wurde das Zeug von den Zwischenhändlern am Kai zu Sonderkonditionen rausgehauen, weil die Container so voll waren.

Angeliefert wurde in stapelfähigen 500-Gramm-Blöcken, die an schockgefrorene Milch erinnerten, geschält aus einem Tetra Pak. Die Klumpen wurden danach von Käufern wie mir in Heimarbeit aufbereitet, was den zeitaufwändigen Teil meines Jobs ausmachte (das habe ich nie anderen überlassen, denn richtiges Kokain-Strecken braucht viel Fingerspitzen- und Nasengefühl). Das Prozedere läuft wie folgt ab: den Klumpen mit einem Küchenmesser kleinsägen oder raspeln, dann mit einem Porzellanmörser stampfen und abschließend mit Zusätzen um rund die Hälfte verlängern, das heißt fünfzig Prozent Hafen-Koks, fünfzig Prozent Streckmittel. Anschließend gut mischen und wieder pressen. Erst nach dieser Aufbereitung war die Gewinnspanne für mich so groß, dass sich mein Job und das damit verbundene Risiko lohnten. Das meiste ging an meine Straßendealer raus. Die bestellten bei mir vor, ich disponierte, kaufte, streckte. Fertig. Viel Droge vorrätig hatte ich nie: Ein paar Kilo Koks, gefunden bei einer Hausdurchsuchung, bedeuten meistens jahrelanges Einfahren. Das kann man sich ersparen, wenn man ein flinker Durchreicher ist. So wie ich. Ich fühlte mich als Dealer pudelwohl.

Gerade jetzt, mit einem schönen finanziellen Polster im Rücken – ich hatte tatsächlich manchmal Geld in meinem Wohnzimmersessel versteckt (!) –, plante ich die nächste Stufe zu nehmen auf der Karriereleiter hoch zum Gangster im Maßanzug. Und nun das …

»Ah! Da!«, wollte ich schreien. Ging aber nicht. Daher brummte ich so laut und entrüstet, wie ich es mit offenem Mund und Arztbesteck darin vermochte. Zahnschmerzen sind nicht witzig.

Dr. Lanfermann hatte die Karies lokalisiert, der Fall war klar: betäuben, bohren, füllen. Die Zahnarzthelferin lief zur anderen Seite des Raumes, zum Schrank mit den Medikamenten. Auf dem Behandlungsstuhl waren meine Hosenbeine auf Kniehöhe gerutscht, so tief war ich gesunken.

Die junge Dame kam mit einer Spritze in der Hand zurück, die sie Dr. Lanfermann gab.

»Was ist denn das?«, fragte ich.

»Ein Betäubungsmittel.«

»Schon klar – was genau?«

»Lidocain.«

Lidocain kannte ich gut.

Genau wusste ich es nicht, es war auch eher ein schneller Gedanke, der mich ablenken sollte –, aber irgendwie glaubte ich, dass dieser Mann mit Bohrer, der sich bald mit 400 000 Umdrehungen in meinen Zahnschmelz fräsen würde, ein Türöffner sein könnte – ein Türöffner zur High Society Hamburgs. Also dorthin, wo für mich das süße Leben lag. Auf diese Idee brachten mich zwei Dinge: Zahnärzte, dafür muss man nicht Soziologie studieren, haben eher selten Schichtarbeiter und Stundenlöhner als beste Freunde. Zahnärzte kennen andere Zahnärzte, Anwälte, Politiker, Banker, Manager, die ganze Schlipsträgerfraktion eben. Wenn die zusammen sind, sprechen sie samstagvormittags beim Golfen von ihren neuen Autos, ihrem Job und ihren Affären. Und abends schneit es gerne Zauberpulver, das Entspannung und Amüsement verheißt. Dass der Mann vor mir in genau diesem Milieu lebte, war der eine Grund für meine Türöffner-These. Der andere befand sich in der Spritze, die er gerade beängstigend zielstrebig in Richtung meines Zahnfleisches führte: Lidocain eben.

In Dealer-Kreisen erfreut sich dieses Betäubungsmittel großer Beliebtheit, es ist so etwas wie das Kobe-Rind unter den Streckmitteln. Ich nahm zum branchenüblichen Kokain-Panschen normalerweise Milchzucker, 1,49 Euro das Pfund, eigentlich für Babys mit Verdauungsproblemen gedacht. Laktose ist einer der gebräuchlichsten Verschnittstoffe. Daneben sind Mehl, Mannit (ein Zuckeralkohol) und Traubenzucker sehr beliebt, alles nicht schlimm. Da einige meiner Kollegen aber nicht gerade um das langfristige Wohl ihrer Kunden besorgt waren, streckten die ihr Zeug beizeiten mit Ungesundem. Darüber kursieren die absurdesten Geschichten: Die Bullen haben schon Phenacetin (ein krebserregendes Schmerzmittel) oder Levamisol (ein Mittel gegen Fadenwürmer) in verschnittenem Koks gefunden, aber auch Quarzsand oder Waschmittel. Einige erzählten mir, dass sie Strychnin oder Rattengift benutzt hätten – soll zumindest ordentlich prickeln, wenn man das die Nase hochzieht.

Ich habe ein Gramm Koks mit maximal einem Gramm Milchzucker vermengt. Die Frage war immer, wie viel ich beimengen konnte, ohne dass sich meine Abnehmer beschweren würden. Verkaufst du Zeug, das nicht wirkt, suchen sich Kokain-Gourmets andere Verkäufer. Strecken war für mich immer ein schmaler Grat zwischen Geldgeilheit und Kundenbindung. Meistens entschied ich mich für zufriedene Kunden – nicht aus Nächstenliebe, eher, weil ich der Typ werden wollte, von dem es heißt, er verticke den besten Stoff der Stadt.

Wenn ich Lidocain zur Hand hatte, sah die Sache mit dem Verschnitt anders aus. Das war allerdings nicht häufig der Fall, das Zeug ist in der Szene rar. Mit Lidocain konnte ich mir ein Verhältnis von sechzig (Prozent Lidocain) zu vierzig (Prozent Kokain) erlauben. In der Kunden-Nase fühlt sich das Lidocain-Koks aber so wirkmächtig an, als ob das Pulver geradewegs aus einer kolumbianischen Koks-Küche käme. Mit dem eingemischten Betäubungsmittel ist der Placebo-Effekt derart plausibel, dass nur die wenigsten den Unterschied zu hochprozentigem Koks merken. Dann klingelt die Kasse. Vermeintlich bessere Qualität heißt mehr Kunden, heißt mehr Kohle – einfache Rechnung. Denn wer auch immer die Droge nimmt, eines ist so gut wie sicher: Er wird mehr wollen. Früher oder später. Kokain ist ein großes Versprechen, das es halten kann.

Ich rutschte immer weiter in den Behandlungsstuhl. Die Betäubung tat seit einigen Minuten ihre Wirkung, und vor mir sah ich die große gleißende Lampe und enggestellte Zahnarzt-Augen unter einer Schutzbrille. Dr. Lanfermann wollte gerade den Bohrer ansetzen. Dass er schon jetzt, so plötzlich, mit dem Fräsen beginnen wollte, fand ich gar nicht gut.

»Sag mal, Doc!«, warf ich ein, um Zeit zu schinden. »Das Zeug in der Spritze, das bekommst du doch auch in Pulverform, richtig?«

»Ja.« Er setzte ab.

»Hast du dir das schon mal in den Zinken gekloppt?«

»Bitte?«, fragte Dr. Lanfermann mit zu hoher Stimme. Sein verdutztes Gesicht verbarg sich zu guten Teilen unter seinem Mundschutz. »Ähm, nee, heute noch nicht.« Seine Irritation wollte er mit diesem schüchternen Scherz überspielen.

Und ich dachte mir *gute Antwort, sehr gute Antwort*, drehte mich zur Seite, griff in meine linke Hosentasche und nestelte ein kleines Papiercouvert heraus. Es war tüchtig abgegriffen. Meine Koks-Tüte. Drei Gramm. Zumindest das, was von den drei Gramm der vergangenen Nacht übrig geblieben war. Aber immer noch genug, um mich als veritablen Kokser auszuweisen.

»Probier das doch mal!«, sagte ich und lehnte mich wieder zurück in den Stuhl. Hätte Musik die Szenerie begleitet, sie hätte genau jetzt innegehalten. Stille. Ich schaute Dr. Lanfermann an, die hübsche Zahnarzthelferin schaute mich an, und Dr. Lanfermann schaute wie ein Auto. Dann gab er Gas. Der Bohrer begann zu kreischen. Mit dem entsetzlichsten Ton der Welt endete das Gespräch, das keines war. Mein Körper krampfte. Und ein paar Momente später war das Loch im Zahn gefüllt. Tat gar nicht weh.

»So, dann haben wir es jetzt«, sagte der Doktor, sichtlich zufrieden sein Werk beäugend. Seine Assistentin hatte mit meiner Patientenakte das Zimmer verlassen. »Aber eines noch, Herr Liebert: Zeigen Sie eigentlich jedem, dass Sie Kokain in der Tasche haben?«

»Nur ausgewählter Kundschaft.«

»Woher bekommst du das denn?«, fragte Dr. Lanfermann und duzte mich zum ersten Mal.

Ich dachte: *Was stellt der denn für Fragen?*, und sagte: »Aus meiner Hosentasche. Was machst du nach der Arbeit?«

»Heute ist Donnerstag. Ich gehe nach Hause.«

»Das«, sagte ich, »würde ich mir überlegen!«

Ich hatte gehofft, dass er mich noch einmal auf das Koks ansprechen würde. Und ich ahnte, dass er mit seiner Nase schon auf der einen oder anderen Kokain-Bahn rumgerutscht war. Auf jeden Fall war jetzt klar, dass ich etwas besaß, das der Doktor auch gerne gehabt hätte. Und das, was Dr. Lanfermann wollte, war weiß, pulvrig und bei mir besonders gut. Davon wollte ich ihn überzeugen.

»Wir könnten ja nachher eine Kleinigkeit trinken gehen«, schlug ich vor. Mein Zahn pochte ein wenig.

Dr. Lanfermann sortierte ungeschickt sein Arztbesteck. »Ich vertrage kaum Alkohol. Und wir kennen uns doch überhaupt nicht!«

1. Juli 2004, 20.57 Uhr

Wenige Stunden nach der Behandlung saß Dr. Lanfermann rauchend in dem kleinen Bistro Chez Angelica in der Nähe der Hafenstraße. Drei Minuten später betrat ich den Laden. Der Doktor hatte am Panoramafenster Platz genommen und als Auftakt zu einem besonderen Abend eine Weißweinschorle bestellt. Ich hatte mich nach allen Regeln der Gangsterkunst in Schale geworfen, nur meine kleine Rundbrille, die auch Harry Potter gut zu Gesicht gestanden hätte, verlieh mir eine Milde, die ich gar nicht wollte. Mein Spitzname war »Ampel«, ich brachte es als Teenager bei 1,89 Meter Körperlänge gerade einmal auf 70 Kilo – im Gegensatz zu meinem Mercedes S 500, der fast zwei Tonnen wog.

Heute kam ich zu Fuß und wie immer pünktlich. Pünktlichkeit war wichtig. Als ich mich ein paar Jahre später bei einer Verabredung mit albanischen Dealer-Kollegen um acht Minuten verspätete, war das ein Fehler. Damals sagte ich zur Entschuldigung: »Mein Auto sprang nicht an. Sorry.« Es folgte ein schmerzhaftes Lehrstück der Mafia: Wochen später, als ich von mehreren Schlägern bedroht wurde, rief ich die Albaner an und bat um schnelle Hilfe. Normalerweise hätten sie keine zehn Minuten gebraucht. An diesem Tag aber kamen sie nach einer halben Stunde. Währenddessen wurde ich verprügelt, mein Gesicht war geschwollen wie nach der Attacke eines Bienenschwarms, und ich hatte eine Platzwunde unter dem rechten Auge. Als die Albaner schließlich eintrafen, meinten sie, während ich mir Blut von der Wange wischte, nur: »Unsere Autos sind nicht angesprungen. Sorry.«

Ich setzte mich an den Tisch meines Zahnarztes und bestellte einen Gin Tonic. Dr. Lanfermann bekämpfte mit vielen oberflächlichen Fragen seine Nervosität, trank schnell und rauchte Kette. Er war 36 und spielte tatsächlich Golf, ansonsten verlor er über sein Privatleben kein Wort. Ich fragte auch nicht nach, denn Themen wie Freunde und Familie waren bei Kundenanwerbungsgesprächen tabu. Es war aber anzunehmen, dass Frau Dr. Lanfermann gerade in diesem Moment die Kinder ins Bett brachte. Das alles musste ich nicht wissen, für unbedingte Loyalität sorgte ich bei zukünftigen Kunden wie Dr. Lanfermann ein paar Wochen später, ohne dass sie es merkten.

»Schmeckt die Schorle?«

»Danke, gut.«

In diesem Punkt hatte er in seiner Praxis nicht gelogen – er vertrug tatsächlich auffallend wenig Alkohol. Nach dem dritten Glas, mittlerweile purer Weißwein, war er tüchtig angetüdelt und gar nicht mehr so angespannt. Das machte es mir um einiges einfacher, meinem ersten Kunden aus besseren Kreisen zu einem ihn nachhaltig beeindruckenden Abend zu verhelfen: Nach einer Stunde und einem kleinen Snack verließen wir das Bistro in Richtung eines überaus berüchtigten Hamburger Ladens, der nicht weit entfernt lag. Wir gingen vorbei an einem Typen, der lauthals »die besten Weiber und die heißesten Strip-Nummern von janz Hamburch« versprach. Ich nickte ihm zu. Er nickte zurück. Der Koberer und ich kannten uns gut. Reeperbahn, Große Freiheit. Hier kam ich her. Hier, im Tittenschuppen von Ramona, hatte ich schon als Lütte mit Wrestling-Figuren unter den Stehhockern gespielt.

Es war: mein Zuhause.

Heute war nicht viel Betrieb. Ich ging vor, zog die klobigen Vorhänge beiseite, und im nächsten Moment begrüßten uns zwei Damen so herzlich, wie es nur jahrzehntelange Freunde oder Professionelle können.

Bussi links, Bussi rechts.

Linke Hand auf den Bauch von Dr. Lanfermann, rechte auf seine Schulter.

Verruchtes Grinsen.

Das Nahkontaktspielchen hatte begonnen.

Zu den Red Hot Chili Peppers, *Californication*, tanzte an der Stange eine talentierte Prostituierte aus Osteuropa. Sie schmiss ihre Beine in unsere Richtung. Ich nickte auch ihr zu, während unsere Tischdamen nach Getränken verlangten. Der Doktor übernahm die Order. »Für die Damen Sekt, für meinen Freund hier einen Gin Tonic und für mich einen trockenen Weißwein.« Mit Lanfermann, der schon jetzt auf gehöriger Tabledance-Temperatur war (rosa Wangen, zu große Augen, betoniertes Grinsen), hatte ich zu diesem Zeitpunkt noch nicht eine Sekunde über Koks gesprochen.

Olga, die üppige Dame des Hauses, die für den Ausschank und zotige Sprüche zuständig war, wies uns eine ruhige Sitzecke im hinteren Teil des Ladenlokals zu. Der Akademiker ging voraus, ich, der Nachwuchs-Dealer, folgte. Dr. Lanfermann hatte noch nicht sein Jackett abgelegt, als Olga schon mit einer Buddel Whiskey und zwei Gläsern zum Tisch eilte, für die Damen gab es den bestellten Sekt (natürlich alkoholfrei, nur wissen das die wenigsten). Weißwein bekam der Zahnarzt nicht – aber Whiskey war ja auch gut. An der Stange wurde jetzt so gut wie nackt getanzt, Lanfermann gehätschelt wie ein Stammkunde, und ich als Conférencier des Abends schenkte in bauchige Gläser ein, gerade so viel wie richtig.

Prost.

Lachen.

Zigarette an. Ziehen.

Couvert auf den Tisch.

Tasche aufklappen, Koks aufs Tablett tippen.

Mehr als 0,2 Gramm.

Tasche zu.

Klumpen zerstoßen mit der breiten Seite der Kreditkarte.

Zerstauben mit der Kante.

Ein Schwung, die Linie liegt gleichmäßig verteilt im Halbkreis.

Halbkreis zur Geraden ziehen.

Zweite Line.

»Autobahnen fertig!« Ich grinste. »Der Gast beginnt!«

Lanfermann saugte. Zu laut.

Lehnte sich zurück.

Trank etwas Whiskey.

Sog an seiner Zigarette, gemächlich wie der Kontinentaldrift.

Legte seinen Arm um die Braunhaarige.

Augenflackern.

Und Minuten später setzte er ein, der Sprechdurchfall. Eine Suada sondergleichen. *Dope talk*. Lanfermann war haltlos. Koks. Typisch. Rattenbissfieber.

»Krass, echt voll krass«, ratterte es aus ihm heraus, Worte, abgefeuert wie aus dem Lauf eines vollautomatischen Silben-Maschinengewehrs. Er lehnte sich nach vorne. Strich sich mehrmals durch den Seitenscheitel. Kleine Schweißperlen am Haaransatz. Unakademisches Vokabular: »So einen Stoff hatte ich noch nie, das merke ich ja sofort, wie das im Rachen perlt! Fuck! Als wenn du dir Sekt hochziehst. Wie viel Prozent hat das? Da hab ich ja jahrelang Scheißzeug gehabt. Woher bekommst du das? Voll krass. Und die Weiber hier! Mann, da wird man ja nur vom Gucken scharf. Wie teuer ist das denn? Kann man hier überhaupt? Was für Bräute! Kennst du die da? Krass! So eine müsste ich mal in meiner Praxis anstellen. Die Pumps kann sie anbehalten!« Dreckiges Lachen.

Der Zahnarzt zog mein Koks die Nase hoch – und raus kam Graf Rotz.

Die Erste, mit der er nach hinten ging, war die Blonde mit prallem Hintern, der durch ihre zinnoberrote Leggins perfekt die Form einer gigantischen Tomate imitierte. Auf dem Weg zu ihrem Zimmer hörte Lanfermann nicht auf, sie vollzuschwallen. Sie nickte wie ferngelenkt. Sie kannte das. High-End-Großkotzerei.

»Wahrscheinlich«, sagte ich halblaut über den Tisch hinweg zu Olga, »quatscht der jetzt auch beim Vögeln durch.«

Nach einer halben Stunde kam mein Zahnarzt zurück, milde lächelnd. Er war zufrieden mit seiner Performance. Er schwitzte noch ein bisschen mehr, und man sah, dass er sich fühlte wie auf dem Siegeszug nach einer mythologischen Schlacht. Er war der Held. Am Tisch saßen jetzt drei Damen, die vorhin noch nicht da waren, und ein Mann. Allesamt machten sie sich über mein Koks her. Ich legte eine weitere Runde auf, hier wurde offen gesnieft. Die Eindrücke seiner vergangenen Minuten behielt Lanfermann für sich – es fragte auch keiner nach. Dabei hätte er bestimmt gerne ein bisschen angegeben. Und es dann am nächsten Morgen bereut.

Es war eine ungewöhnliche Runde, hinten im Stripclub: drei Prostituierte, ein Hehler, der mit Elektronik aller Art sein Geld verdiente (»Import, Export«), Lanfermann und ich.

Langsam wurde es voller.

»Sag mal«, brüllte mein Zahnarzt, »wer sind denn eigentlich all diese Leute hier? Kennst du die?«

»Ich kann dir sagen, wer die nicht sind: Es sind keine Freunde harter Arbeit, und es sind auch keine Bullen. Aber alle sind hier, um ein büschn Spaß zu haben.«

Die nächste Linie lag parat. Der gerollte 50-Euro-Schein steckte im rechten Nasenloch von Lanfermann, und er imitierte jetzt mit gesenktem Kopf die Bewegung eines Zuschauers beim Tennis. »Sssnnn« machte es. Lanfermann wischte sich mit dem Handrücken über die Nase und wechselte das Nasenloch. »Stefan, sssnnn, ist es bei dir auch so, dass sich dein Dingen beim Koksen einzieht, als ob du in einer eiskalten Badewanne sitzt? Und dann, wenn's so weit ist, wird das Dingen hart wie Krupp-Stahl?«

Ich nickte. »Musst aber aufpassen, ab einer bestimmten Menge bekommst du keinen vernünftigen Ständer mehr hin.« War ihm aber bestimmt egal jetzt. Ihm war alles egal.

»Soso.« Dann lehnte er sich zurück, umarmte die nächste Prostituierte und grinste ihr blöde ins Gesicht. Die Szene hatte etwas von einem Teenager in einem amerikanischen Autokino, um 1950, der gerade seine erste Gehaltstüte bekommen hat und denkt, alles liege ihm verdammt noch mal zu Füßen.

Die Gesprächsthemen waren begrenzt, Sex und Koks, Koks und Sex. Für mich ein Hauptgewinn. Ich konnte mir einigermaßen sicher sein, dass Lanfermann diesen Themenkreis bei seinem Zahnarzt-Stammtisch derart offenherzig sicherlich nicht auf der Agenda hatte – und insofern langweilte er sich bestimmt nicht.

Line um Line legte ich auf. Unsere Kokserei wurde nur unterbrochen durch die Ausflüge von Lanfermann nach hinten, zunächst mit einer Blonden, die diesmal zwar einen kleinen Po, dafür aber einen prächtigen Silikon-Vorbau besaß, und mit einer weiteren Blonden, an deren Äußeres ich mich nicht mehr erinnere.

»Warum muss man eigentlich immer kauen, wenn man kokst?«, fragte Lanfermann.

»Keine Ahnung.«

»Und wie ist es sonst so für dich?«

Die Wahrheit war: vor allem Routine, ein liebgewonnenes Hobby. Ich mochte dieses elektrisierende, konzentrierte, ekstatische Gefühl beim Koksen, das so ganz anders ist als das lethargisch-depressive, bestenfalls belustigende beim Kiffen.

Lanfermann sagte ich jedoch: »Na, wie bei jedem, glaube ich. Du nimmst alles extrem wahr: Gespräche, Weiber, Alkohol. Du kannst so viel saufen, wie du willst, und hast das Gefühl, alles unter Kontrolle zu haben. Wenn du eine Frau siehst, hast du einen Ständer. Und wenn auf der Straße eine Karre an dir vorbeizieht, verspürst du den Drang, auf dem Hockenheimring mit einem Ferrari fahren zu müssen. Dann steigst du in deine Karre und denkst, du fährst mit deinem Ferrari über den Hockenheimring. Selbst wenn du keinen Cent hast und aussiehst wie der letzte Heckenpenner, schreitest du durch die Stadt wie ein Gockel. Ich habe Typen getroffen, die sind zu Hause von ihrer Ollen verprügelt worden, komplette Volltröten – auf Koks wurden die anders. Du fühlst dich wie King Louie! Dir! Gehört! Die! Welt!«

Wirklich aufmerksam war Lanfermann bei meinen kleinen Vorträgen nicht. Er nickte und schaute sich immer wieder um. »Ich hab total Lust, es mal mit zwei Mädels gleichzeitig zu machen.«

»Sprich mal mit den beiden da vorne, wird aber extra abgerechnet.«

Ich winkte zum Tresen. Lanfermann trank noch einen Schluck, den er zwischen Zunge und Gaumen rotieren ließ, als die beiden Damen sich auf den Weg zum Tisch machten. Noch eine beachtliche Nase. Und weiter ging's, nach hinten.

Etliche Lines inhaliert, eine halbe Pulle Whiskey getrunken und das Gefühl, bei etwas Verruchtem absolute Freiheit genossen zu haben – die Rechnung ging für Lanfermann auf, zumal er nur für den Sex bezahlen musste: 50 Euro pro Nummer. Alles andere hatte ich beglichen. Die Getränke verstand ich als Investment (Olga rundete für mich immer ab), und das Koks bekam ich ja sowieso zum Einkaufspreis.

Für meinen Gast war es dann an der Zeit, zu seiner Frau ins Bett zu kriechen. Wir standen auf und gingen durch die

Tür, es war eher ein zufriedenes Torkeln. Lanfermann war glücklich. »In jedem von uns grunzt ein Schwein«, hob er morgens um fünf Uhr zu einer Rede an. Mehr kam nicht, er murmelte nur noch: »Wenn ich mal was für dich tun kann, sag Bescheid!« Die Sonne stahl sich gerade zwischen einer Häuserflucht der Reeperbahn empor, und der Mann vorm Club mit den besten Weibern von »janz Hamburch« war auch schon zu Hause ...

Drei Tage später klingelte mein Telefon, Dr. Lanfermann. Er fragte, wie es mir gehe, ob ich am Freitag etwas vorhabe und wenn nicht, ob er dann drei gute Freunde mitbringen könne; einen Staatsanwalt, einen Geschichtsprofessor und einen Managertypen. »Kein Problem«, sagte ich, aber auch, dass er ab jetzt für das Koks bezahlen müsse: »So wie beim letzten Mal geht das leider nicht mehr. Ich muss das Zeug ja schließlich auch finanzieren!«

»Keine Sorge. Kein Problem!«

Der kommende Freitag wurde wieder ein prima Abend, diesmal waren wir zu fünft. In einer ruhigen Minute erinnerte ich Dr. Lanfermann beiläufig an unsere erste Tour (»Mann, hatten wir einen Spaß!«) und fragte ihn, ob er mir jetzt tatsächlich einen Gefallen tun könne: »Du bestellst doch für deine Praxis immer dieses Lidocain. Ich brauche das als Pulver, je mehr, desto besser. Bekommst du das? Kriegst du das hin für mich?« Ich schenkte ihm nach.

Zwei Wochen später holte ich die erste Lieferung ab. »War nicht einfach, dafür musste ich erst einen Freund klarmachen, der Apotheker ist«, sagte Dr. Lanfermann, den ich mit seinen Freunden jetzt jeden zweiten Freitag traf. Apotheker bekommen ein Kilo Lidocain zum Einkaufspreis von rund 50 Euro, weitere Details wollte ich gar nicht wissen, mir war nur wichtig, dass ich jetzt eine Quelle dafür besaß. Ich verrechnete meinem Arzt das Lidocain mit Koks. Immer wieder ging ich zu Dr. Lanfermann in die Praxis, vorbei am Hans-Albers-Platz, und obwohl ich nicht zur Behandlung kam – das mulmige Zahnarzt-Gefühl ging mit. Das wollte einfach nicht verschwinden.

Aber: Die Tür zum Establishment stand jetzt einen Spaltbreit offen. Genauso hatte ich mir das damals auf dem Zahnarztstuhl erhofft, denn ich hatte viel vor. Ich hatte es auf Geld abgesehen, möglichst viel Geld, je mehr, desto besser. Und noch etwas wollte ich, von dem andere behaupten, man könne es sich nicht kaufen: Ansehen und Selbstbewusstsein.

Natürlich kann man das kaufen! Aber leisten kann sich so ein Hauptschulabbrecher wie ich das nur, solange genug Kohle da ist.

Sie sollten mich alle kennen- und schätzen lernen, die feinen Herren, die werte Gesellschaft. Ich wollte einer von ihnen werden, und mehr noch, sie sollten es toll finden, wenn ich um die Ecke käme.

Dass ich meinen Wunsch nach Geld und Geltung wenig später fast mit meinem Leben bezahlt hätte, konnte ich damals noch nicht absehen. Auch nicht, dass die Chance bis heute groß ist, dass mir hinter dem nächsten Baum mein Mörder auflauert. Hätte ich das damals geahnt – ich hätte all das trotzdem durchgezogen, das Dealen, die Gewalt, die Arbeit für die albanische Mafia. Andere Aufstiegschancen sah ich nicht, und mein Gangsterleben ist mir alles wert, auch den eigenen Tod.

Um zu erklären, wie man so wird wie ich, sollte ich ein bisschen ausholen. Denn meine kriminelle Karriere begann früh: Es war Montagmorgen, 9.30 Uhr. Die Klingel schrillte zur ersten Pause, ich sprang von meinem Stuhl auf und rannte aus der Klasse …

SCHÜLER MIT BESONDERER BEGABUNG

»Vergiss nicht: Das Traurigste auf der Welt
ist ein verschwendetes Talent.«
In den Straßen der Bronx

Großen Hunger verspürte ich nicht, mein Nutella-Brötchen hatte ich schon auf dem Schulweg verputzt. Lust hatte ich aber auf eine Erdbeermilch, und als die Stunde endlich vorbei war, stürzte ich aus der Klasse, hin zum Hausmeisterkiosk im Untergeschoss. Der Pulk aus drängelnden, balgenden, kreischenden Kindern dort war wie an jedem Schultag in der ersten großen Pause für Erwachsene kaum zu ertragen. Die Lehrer hatten aufgegeben, für Ruhe zu sorgen. Nicht mehr lange, dann waren Ferien. Ich stand schon fast vorne am Kiosk, davor nur zwei Mädchen, die auf gutem Wege waren, der Hausmeistergattin als einziger Verkaufskraft einen Spasmus zu bescheren: »Ein Negerkussbrötchen, eine Milch und für 20 Pfennige von den Sauren da vorne!« »Für mich auch, aber keine Milch, sondern einen Kakao und noch eine Lakritzstange und keine Sauren!« »Für mich doch kein Negerkussbrötchen, so viel Geld hab ich nicht, dafür nehme ich für 40 Pfennige von den Monden.«

Das Gedrängel wurde wilder, das Gekeife lauter. Für die Haumeistergattin waren die zwanzig Minuten zwischen 9.30 Uhr und 9.50 Uhr der wohl schlimmste Moment ihres Wochentages. *Also doch kein Negerkussbrötchen.* Sie drehte sich augenrollend weg und legte die klebrige Spezialität des Hauses zurück zu den anderen – währenddessen sich eine Hand zwischen den beiden aufgeregten Mädchen aus der ersten Reihe hindurchschlängelte. Meine Hand bahnte sich den Weg zu den Erdbeermilch-Flaschen, die vorne in der Auslage standen, griff zu, und weg war eine von ihnen. Kurz darauf stand ich auf dem Pausenhof und trank Milch, die herrlich nach Erdbeere schmeckte.

Die große Masse an Schülern wogte vor dem Kiosk weiter hin und her, andere spielten auf dem Hof Fußball oder tauschten Klebebildchen für ihr Album. Ich stand alleine da, stolz auf meine Kaltblütigkeit. Es war keine auferlegte Mutprobe, um im Club der Coolen aus der vierten Klasse Einlass zu finden. Es war keine verlorene Wette. Es war noch nicht einmal so, dass ich der Hausmeistergattin eins auswischen wollte. Ich griff einfach zu. Hin, Hand durch, weg. Die 30 Pfennig für die Erdbeermilch hätte ich zahlen können, genügend Klimpergeld hatte ich dabei. Ich wollte aber nicht zahlen, ich wollte mein Geld sparen. Das hatte geklappt, und was geklappt hatte, merkte ich mir gerne. Kein schlechtes Gewissen.

Nur ein bisschen heiße Ohren.

Es war in ebendiesem Jahr, ich war neun Jahre alt, als mein Vater mir in einem Vater-Sohn-Gespräch Folgendes mit auf den Lebensweg gab: »Stefan«, sagte er, »du darfst alles machen, was du willst – auch, wenn es verboten ist. Aber eines darfst du nie ...«, sagte er, den Zeigefinger in die Luft bohrend, »du darfst dich nicht erwischen lassen! Nie! Und deiner Mutter erzählst du von diesem Gespräch auch nichts! Verstanden?« Die Definition von Recht und vor allem Unrecht war bei meinem Vater immer schon eine ganz eigene gewesen. Er hat mir nie in den Hintern getreten, weil ich etwas anstellte, er hat mir in den Hintern getreten, wenn ich dabei auffiel. Die Straftat bei einer Straftat war für meinen Erzeuger der Moment der Entdeckung.

All das, was Väter gemeinhin tun, einer ehrlichen Arbeit nachgehen beispielsweise, sich bedingungslos um das Wohl ihrer Familie kümmern oder dem Sohn ein rechtschaffenes Vorbild sein – all das hat mein Vater nicht getan. Er machte Geschäfte, andere würden sagen: Er drehte Dinger. Immer unterwegs im Hamburger Milieu, dessen Teil er war. Ein Gangster. Und ich sollte auch einer werden, mindestens ein Alphatier wie er, einer, auf den er stolz sein könnte. Einer also, der die moralfreien Vorzüge einer kriminellen Karriere genoss. Und ich selbst wollte auch immer ein Krimineller werden. Ich wollte sogar ein noch erfolgreicherer Gauner werden als mein Vater.

Wie sportliche Eltern höchstwahrscheinlich ein athletisch begabtes Kind zur Welt bringen, war mein Genpool bestens für ein Leben auf der anderen Seite des Rechts gefüllt, mein Blut war angerührt mit Gangstertalent.

Bei uns war alles etwas anders, selbst die Geburtstage: Einmal hatten mein Vater und mein Onkel sich ein ganz besonderes Präsent ausgedacht. Sie hatten eine Nutte bezahlt und mich dann zu ihr ins Zimmer geschubst, auf dass ich endlich entjungfert würde. Ich war gerade dreizehn geworden. Grund des Geschenks war weniger ein rumpeliger pädagogischer Akt sexueller Aufklärung als die Angst der beiden, dass ich schwul werden könnte. Das hätten mein Vater und mein Onkel ihren Kiez-Kumpels keinesfalls verklickern können. Jedenfalls tat dieses Geschenk seine Wirkung, seit jenem Tag rannte ich regelmäßig ins Bordell und besuchte dort Frauen für schnellen Sex. In einem Puff meines Vaters habe ich allerdings nie gevögelt – die Nutte wäre bestimmt nach dem Besuch zu ihm gerannt, um von meinen Vorlieben zu berichten. Diese Schmach wollte ich mir ersparen.

Seit drei Generationen geht es den Kerlen unserer Familie darum, wer mit möglichst wenig Arbeit und hauptsächlich unerlaubten Mitteln möglichst viel Geld verdient. Mein Großvater hatte direkt nach dem Krieg einen der ersten Tabledance-Läden Hamburgs eröffnet. Er wollte damals keine schillernde Reeperbahn-Figur werden, sondern erhoffte sich schlicht, mit einem Tittenclub viel Geld zu machen. Und so kam es auch, der Laden war eine Goldgrube, zusätzlich blühten die illegalen Geschäfte. Während der Fünfziger-, der Sechziger-, Siebziger- und als Höhepunkt noch Anfang der Achtzigerjahre scheffelten mein Opa und alle anderen aus dem hanseatischen Amüsierbetrieb mächtig Penunzen. Es war die Zeit, als Zuhälter noch derart reich waren, dass sie sogar ihre Nutten bestmöglich behandelten und manchmal reich beschenkt haben sollen. Traumhafte Zeiten, die ich nur aus Erzählungen kenne, die mir trotzdem als schöne Erinnerung immer präsent sind.

Im Laufe der Zeit vergrößerten mein Opa und mein Vater das Liebert'sche Huren- und Saufterritorial sukzessive. Beide waren gute Unternehmer, die tüchtig auf ihre Kohle achteten, echte Hamburger Pennich-Schieter eben. Mein Vater übernahm dann im Laufe der Zeit den Gesamtbetrieb. Die bekanntesten Kiez-Größen fühlten sich bei uns wie zu Hause, und so dauerte es nicht lange, bis mein Vater auch zu ihnen gehörte, zu denjenigen, vor denen selbst die Polizei kuscht. Nebenher leistete er sich uns, seine Frau und seine drei Kinder. Wir waren seine spießige Zuflucht. Typen wie mein Daddy halten die Bürgerlichkeit hoch, ein Konservatismus, der sich allerdings in engen Grenzen hält. Er saß insgesamt vierzehn Jahre im Knast, und seine Sühne ging nur so weit, dass er sich schwor, nie wieder erwischt zu werden. Knast macht vorsichtig.

Mein alter Herr war mein *role model*. Auf der anderen Seite stand meine Mutter, der exakt gegenteilige Entwurf zu meinem Vater: Sie wollte mich rechtschaffen erziehen, kam aus einfachen Verhältnissen, und für sie war immer klar, was das Leben für sie ausmachte: einen ordentlichen Mann, ein paar Kinder, die einmal etwas Anständiges lernen sollten, und eine nette Wohnung, für deren perfektes Äußeres und klinische Reinheit sie verantwortlich zeichnen wollte. Doch anstatt in einen ordentlichen Mann verliebte sie sich ausgerechnet in meinen Vater. Und er sich in sie – er genoss die familiäre Geborgenheit, die meine Mutter zu jeder Sekunde verströmte …

Heute, in der ersten großen Pause, hatte ich also meine erste Gaunerprüfung bestanden. Es war zwar nur eine geklaute Erdbeermilch, aber besser hatte mir bislang keine Erdbeermilch geschmeckt.

Bestens!, dachte ich, als die dritte Stunde begann.

An diesem ersten Tag meines kriminellen Lebens war es Sommer, ich trug eine Dreiviertelhose, ein T-Shirt und weiße Socken in Sandalen. Unter meinem Shirt baumelte eine Beule, mein Brustbeutel, in dem das Geld für meine Erdbeermilch steckte. Meine Igelfrisur knetete morgens meine Mutter in Form, ich trug damals schon eine Brille und sah ein bisschen aus wie die schlitzohrigen Jungs aus skandinavischen Kinderbüchern. *Stefan, der Klassenkasper!* In diesen Büchern schlagen die Spitzbuben aber bestimmt ihren Mitschülern nicht jähzornig ins Gesicht, eher beschmieren sie wohl den Stuhl des Lehrers mit Honig. Das machte ich nicht, aber ich drohte, trat und boxte, wann immer ich das für angemessen hielt. Skandinavische Kinderbücher las ich schon mal gar nicht.

Manchmal hatte ich Lust auf den Unterricht, beteiligte mich sogar und brachte meine Lehrerin zum Lachen – meistens aber nicht, meistens trieb ich meine Lehrerin in die Verzweiflung. Ich ging während der Schule einfach nach Hause, stand im Unterricht auf und verließ holterdiepolter die Klasse. Ich machte all das, wozu ich gerade Lust hatte. In etwa so, wie ich es von meinem Vater kannte. Ich war ein neunjähriger Borderline-Klassenclown, im Unterricht so gut zu kontrollieren wie ein Knallfrosch in der Telefonzelle.

In besagter Woche klaute ich mich dann noch ein paar Pausen lang durch die Kiosk-Auslage.

Am Donnerstag lehnte ich gerade wieder erdbeermilchtrinkend auf dem Hof an einer Wand, als plötzlich Malte vor mir stand, ein Schüler aus der Parallelklasse. Er blaffte mich an: »Ey, die Erdbeermilch, die hast du geklaut. Das sag ich!«

»Hab ich nicht!«, log ich laut.

»Doch, wohl, hab ich gesehen!«

»Hab ich nicht. Und wenn du was sagst, polier ich dir die Fresse«, sagte ich etwas leiser.

»Sag ich trotzdem!«

»Sag es – ich polier dir die Fresse!«, wiederholte ich.

Aus dem Mund eines Neunjährigen zu hören, dass er dem anderen »die Fresse polieren« werde, müsste für einen danebenstehenden Erwachsenen sicherlich lustig gewesen sein. Aber da war kein Erwachsener, und die Drohung würde ihre Wirkung bestimmt nicht verfehlen, hoffte ich. Die Möchtegern-Petze ging zurück zur Tischtennisplatte.

In der nächsten Pause klaute ich einen Schokoriegel, Malte sah mir dabei zu. *Der wird nichts sagen*, da war ich mir sicher. Zumindest war ich mir das einen Tag lang, bis zum folgenden Freitagnachmittag nämlich. Das Telefon klingelte, meine Klassenlehrerin, Frau Ebert, war dran. Ich stand in der Küche und beobachtete während des Telefonats meine Mutter im Flur. Frau Ebert schilderte ihr gerade sehr eindringlich, dass ich klauen würde, sie habe einen Tipp bekommen und es dann in der Pause mit eigenen Augen gesehen. Und überhaupt: So könne es nicht mehr weitergehen. Man müsse sich ernsthaft Gedanken machen und eine Klassenkonferenz einberufen; im Unterricht würde ich nur stören, und Hausaufgaben machte ich auch so gut wie nie. Es stünde schlimm um mich.

Meiner Mutter entglitt die Gesichtsfarbe. Ich war doch erst neun! Ich sollte doch ein guter Junge werden!

Eine Abreibung bekam ich trotzdem nicht. Nicht von meiner Mutter (die war viel zu verzweifelt und hatte viel zu wenig zu sagen), nicht von meinem Vater – obschon ich mich hatte erwischen lassen. Er reagierte mit einem Grinsen im Gesicht, als er die Eskapaden seines Stammhalters am kommenden Morgen geschildert bekam. Abends war mein Vater so gut wie nie zu Hause. Er war wie immer auf'm Kiez unterwegs.

Von Jahr zu Jahr wurde es für meinen Vater schwieriger, sein Leben mit uns auf der einen und sein ausschweifendes Leben mit den schweren Motorrädern und den wilden Partys auf der anderen Seite zu finanzieren. Mit all jenem eben, was das Gangsterleben ausmachte. Die Läden liefen schleppend, die goldene Zeit der Reeperbahn war passé. Seine Etablissements waren zwar abbezahlt, wie alle anderen alteingesessenen Puff-Betreiber kämpfte aber auch er seit spätestens Mitte der Achtzigerjahre ums Überleben.

Die Konkurrenz fern der alteingesessenen hanseatischen Gangsterdynastien roch das Geld und kam von außerhalb. Arabische und osteuropäische Schlägertrupps und Familien-Clans machten sich in der Stadt breit. Auf einmal galt der Ehrenkodex (die Normen des ehrenhaften Gaunerverhaltens: Spreche nie mit den Bullen! Kämpfe wie ein Mann! Löse deine Probleme Aug in Aug!) unter den Kriminellen Hamburgs nicht mehr: Es wurden hinterrücks Messer in Rücken gerammt, ohne Vorwarnung Schusswaffen gezückt und Auftragsmorde verübt – ein typischer Revierkampf ohne Rücksicht auf Verluste, Verteilungskämpfe auf dem Strich, auf dem Drogenmarkt und in der Nachtclubszene.

Mächtige Hamburger Unterwelt-Gruppierungen wie die *GMBH* (rund neunzig Luden mit tausend Prostituierten) und die *Nutella-Bande* (rund achtzig Luden mit dreihundertfünfzig Prostituierten – der Name war eine Folge des recht jungen Alters der Mitglieder), die bis dato die ungeschriebenen Gesetze formuliert hatten, verloren an Einfluss und Ansehen, die Gangs erodierten. Das alles brachte Unruhe auf den Kiez – plötzlich konnten Freier schon für 30 Mark bumsen, statt für 200. Ein Kernstück der Geldmaschinerie Reeperbahn brach weg, immer billigere Nutten der verschiedenen Organisationen standen am Straßenrand. Die Preise waren kaputt, der Marktfrieden aufgekündigt.

Die Russen beispielsweise boten Nutten an, die auf dem Strich schon für 25 Mark einen Blowjob machten, viel zu wenig, um mit der Prostitution noch Kohle zu machen. Hinzu kamen die Angst vor AIDS und klamme Privatkassen, die die Kundschaft zu Hause hielten. Rezession in der Herbertstraße. Nutten standen sich die Füße platt, in den Tabledance-Läden wurde kaum mehr gesoffen. Lieber gingen die Leute in den neuen Penny-Markt an der Reeperbahn 108, kauften sich für 4,99 Euro eine Flasche Wodka und kloppten sie sich direkt auf dem Trottoir in den Kopp. Kurzum, die Reeperbahn war tot. Die Reeperbahn ist tot. Die anziehende und gleichzeitig abstoßende Verruchtheit des Ortes, an dem alles möglich schien, ist verflogen, der schillernde Glanz abgeblättert. Mich stimmte das traurig.

Selbst der lukrative Hamburger Drogenmarkt, der auch für den bundesdeutschen Nachschub sorgte, ging nachhaltig kaputt. Grund war unter anderem das Auftauchen der Albaner in den Neunzigerjahren, die sich in der Hansestadt mit blutigen Messern und Kampfpreisen breitmachten. Noch zehn Jahre zuvor kostete ein Gramm Koks rund 400 Mark. Doch auf einmal bekamst du es für die Hälfte und deutlich darunter – in sehr viel schlechterer Qualität. Noch heute ist das Koks-Geschäft zu großen Teilen in den Händen der Albaner, die dann später, dank gestiegenen Einflusses, die Preise wieder anzogen. All das passierte genau vor meiner Nase und nicht allzu weit entfernt von dem Ort, wo ich aufwuchs, in unmittelbarer Nähe zur Elbchaussee, die sich neun Kilometer von Ottensen bis nach Blankenese erstreckt.

Hier wohnt die Hautevolee der Hansestadt. Hier, nahe eines dieser besseren Hamburger Viertel, wuchs auch ich auf. Die Kinder aus der Nachbarschaft trugen schicke Schuhe, ich habe mir auf meine No-Name-Schuhe das Markensymbol draufgeklebt. Damit fühlte ich mich zwar lächerlich, aber nicht mehr ganz so lächerlich wie in blanken Billigschuhen. Mit einigen Kindern durfte ich nicht spielen, die Eltern hatten es verboten. Sie sagten ihren Kindern, dass sie sich von mir fernhalten sollten – wohl aus Angst vor meinem Vater. Schon damals habe ich mir geschworen: Wartet ab, ihr Pfeffersäcke, ich gehöre bald auch zur feinen Gesellschaft! Anzüge, dicke Autos, dann können mich alle mal gerne haben! Das war mein Ziel. Ich wollte der Geilste werden. Punkt.

Die Reeperbahn war gleich um die Ecke, und das hatte zur Folge, dass sich auf meiner Grundschule sowohl die Töchter und Söhne des hanseatischen Geldadels tummelten als auch Milieu-Kinder wie ich. Schon dort registrierte ich die Unterschiede zwischen Leuten wie mir und denen, die mit mir nichts zu tun haben wollten. Und nach der Schule ging ich dann eben nicht in die schöne langweilige Welt der Elbchaussee, sondern in die schöne aufregende Welt der Reeperbahn. Prügeleien, Nutten und besoffene Typen machten meinen Alltag aus. Das Leben strukturiert dich dort stärker als die Schule. Und das Motto, das ich aus alldem für mich formte, lautete: Du brauchst Geld! Denn wenn du Geld hast, liegt dir die Welt zu Füßen. Mit Geld kannst du dir deine Träume kaufen. Das war die Lektion meines jungen Lebens.

Meine Kinderkumpels vom Kiez und ich waren rund um meine Grundschule die stadtteiltypischen Strolche, die aber schon damals so viel Scheiß im Sinn hatten, dass wir nicht mehr als Flegel durchgingen. Ich war der Jüngste und Kleinste der Gruppe und stromerte meistens zusammen mit meinen zwei Cousins Christian und Alex sowie meinen Kumpels Micha und Sibbi (das soll auf Arabisch übrigens Schwanz heißen – darunter hat er jahrelang gelitten) durchs Viertel.

Immer mit dabei war auch Najim, ein Albaner aus der Nachbarschaft. Ich kannte ihn als Haudrauf, der nur wenige Jahre seines Lebens mehr Haare auf dem Kopf als auf dem Rücken hatte. Insgesamt waren wir zu zehnt und sorgten dafür, dass ganze Straßenzüge nicht von unseren verhassten Mitschülern betreten werden durften. Und obwohl der Jüngste und Kleinste, konnte ich mitunter bestimmen, wen wir demnächst vermöbelten oder wann wir nach der Schule noch hinter dem Gebäude eine rauchten. Auch Christian, Alex,

Sibbi und Micha kamen aus Elternhäusern mit Familienvorständen, für die Arbeit im herkömmlichen Sinn ein Grund gewesen wäre, etwas an ihrem Leben zu ändern. Ich aber hatte den mit Abstand längsten und kriminellsten Stammbaum – und das zählte einiges, da, wo ich herkomme. Es war, als sei ich von blauem Blut: Meine Familie gehörte zum Königsgeschlecht derer von der Reeperbahn.

Die Erdbeermilch-Petze vom Schulhof kam übrigens zwei Wochen später mit zerrissenem Hemd, zerknitterten Schulheften voller staubiger Fußabdrücke und Schürfwunden im Gesicht nach Hause. »Wer war das?«, fragten seine entsetzten Eltern. Malte wischte sich schluchzend mit dem Ärmel die Tränen aus dem Gesicht und schwieg. Er traute sich nicht, mich ein zweites Mal zu verraten. Es war das erste Mal, dass ich ein Exempel statuiert hatte. Malte würde mich nie wieder verpfeifen. Und er würde auch seinen Freunden erzählen, dass man das besser nicht machte bei mir.

Wenn man als Strauchdieb früh beginnt, wird man nicht unbedingt ein besserer Krimineller, auf jeden Fall aber abgebrühter. Und so habe ich bald schon nicht mehr nur am Kiosk geklaut, sondern auch im Supermarkt, in Klamottenläden oder an der Tankstelle. Kinkerlitzchen, aber als heranwachsender Gauner kommt man mit Überfällen am einfachsten an Geld. Später, in unserer Gang, waren für diese Arbeit andere zuständig.

Dann brauchte ich Startkapital, um meine Gangsterkarriere richtig in Gang zu bringen. Dafür war mir jedes Mittel recht. Ich machte jetzt in Autos, schloss sie kurz und schmuggelte sie über die Grenze. Damals war ich vierzehn Jahre alt und konnte noch nicht wissen, dass ich schon vier Jahre später meine erste Tüte Koks verticken würde. Aber dafür brauchte es eben eine gewisse Vorarbeit.

Mit einem geklauten Auto nach Lyon

Anders als meine Lehrer dachten, hatte ich in der Schule etwas gelernt. Vier Dinge, um genau zu sein. Erstens: Stehlen kann zum Problem werden, denn Petzen gibt es überall. Zweitens: Das Klauen von Erdbeermilch-Flaschen rechnet sich in Relation zum Aufwand, den Langzeitfolgen und dem Eigennutz nicht. Drittens: Wenn man Petzen bestraft, spricht sich das rum, und somit lohnt es sich, Exempel zu statuieren. Viertens: Es macht diebischen Spaß, an anderer Leute Habseligkeiten zu kommen. Da passte es gut, dass mir damals erklärt wurde, wie sich Autos leicht aufbrechen und geschickt kurzschließen ließen.

Zum Wochenende fuhr ich gerne und oft mit meiner Mutter ein Stück vor die Tore Hamburgs, noch hinter den städtischen Speckgürtel. Dort besaßen wir eine Zweitwohnung, in die wir uns dann zurückzogen, wenn es zu Hause ordentlich krachte. Zwar wusste meine Mutter schon immer ein bisschen, was mein Vater so alles trieb, beizeiten war es ihr aber nicht egal. Dann gab es Streit, und wir fuhren weg.

Hier, in der Kleinstadt Langbergen, wohnten rund 20 000 Menschen, und einer von ihnen war Hölzemann, der König des Kaffs. Hölzemann unterhielt neben seinem viel zu großen Haus eine sehr erfolgreiche Kfz-Werkstatt, spezialisiert auf protziges Auto-Tuning, und zahlte sogar einigermaßen seine Steuern. Ungeplant hatte er ein paar Jahre zuvor diese Nische gefunden, der er verdankte, dass er sein einstiges Leben als Autoknacker schon fast vergessen hatte. Mit seiner Firma hatte Hölzemann mehr Geld gemacht, als er ausgeben konnte. Da er das aber trotzdem probierte, hatte er sich zuletzt ein paar Renngäule zugelegt.

An seinem Haus mit der Werkstatt und den Pferden radelte ich jedes Mal mit großen Augen vorbei, unseres war nicht weit davon entfernt. Hölzemann hatte mich bestimmt manches Mal an seiner Auffahrt vorbeiradeln sehen, eigentlich schlich ich auch mehr, wenngleich das auf meinem wackeligen Rad schwierig war. Der König des Kaffs kannte aber nicht nur mich vom Vorbeiradeln, sondern vor allem meinen Vater. Viel zu tun hatten die beiden nie miteinander, dafür war Hölzemann zu seiner aktiven Zeit als Krimineller eine zu kleine Nummer. Mein Vater war für ihn so etwas wie der Hamburger Don Corleone. Einer, vor dem man Respekt hatte. Immer noch. Einmal Gangster, immer Gangster.

An einem Samstag gegen zehn Uhr radelte ich dann nicht vorbei an Hölzemanns Einfahrt, die von zwei großen Säulen eingerahmt wurde, sondern ich blieb stehen, fasste mir ein Herz, sortierte noch einmal die Worte, die ich mir zurechtgelegt hatte – und zog mit ein wenig Mühe an der Kordel, bis ein Klingelton mein Kommen ankündigte. Der linke Flügel der weißen Doppeltür öffnete sich. Eine junge Dame, die ich zuvor noch nie gesehen hatte, stand vor mir.

»Hallo, ich heiße Stefan und würde Ihnen gerne bei den Pferden helfen!«

»Was du wolle? Musst Hölzemann fragen! Der ist hinten, in Garage. Kannst durchgehen.«

Die schlanke Frau mit dem aufwändigen Gesicht, den rustikalen blonden Locken und der russischen Sprachfärbung zeigte mir den Weg. Hölzemann schrubbte gerade auf der Veranda seinen Riesengrill blank. Grillen war neben seinen Pferden (und bestimmt auch blonden Damen russischer Herkunft) das andere Steckenpferd Hölzemanns. Hölzemann, Ende vierzig, unverheiratet, ein Kind, bulliger Typ, war fast zwei Meter groß, Anzüge trug er nie. Mit Trainingshose fühlte er sich wohler. Seine Hände waren groß wie Pfannkuchen. Und so groß wie seine Hände war sein Herz.

»Hallo!«, sagte ich angestrengt und sehr konzentriert, als ich vor dem einschüchternden, aber auch ein wenig überraschten Hölzemann stand und erneut meinen Satz loswurde: »Ich heiße Stefan und würde Ihnen gerne bei den Pferden helfen!«

»Ach«, sagte Hölzemann. Mit dramatischer Miene und tiefer Stimme fragte er: »Wie kommst du hierher?«

»Mit dem Rad.«

»Warum?«

»Weil ich Ihnen gerne bei den Pferden helfen würde.«

»Was kannst du?«

»Alles! Müssen Sie mir nur zeigen.«

»Na gut«, urteilte Hölzemann mit weniger finsterem Gesicht. »Jetzt passt es gerade nicht, aber um 15 Uhr gehe ich zum Stall rüber. Dann kannst du mitkommen und beim Ausmisten helfen, wenn du willst.«

»Super! Werde pünktlich da sein«, sagte ich, ohne auch nur einmal zu blinzeln. Für ihn musste es ausgesehen haben, als schwöre ich den Eid auf die Fahne, derart muskelfasergespannt stand ich da. Er lachte.

Ich wurde dann so etwas wie der Hausgeist, schwirrte immer irgendwie bei ihm herum. Viel besser hätte es mich auch nicht treffen können, das Hölzemann'sche Anwesen wurde mein Abenteuerspielplatz. Hier durfte ich fast alles. Ich striegelte Pferde, mistete die Ställe aus, strich Wände, zertrümmerte Autos und versuchte sie wieder zu reparieren.

Einer der Angestellten, Charly, Mitte dreißig, Kfz-Mechaniker, ebenfalls ehemaliger Autoknacker, fand Gefallen an mir. Ich mochte ihn von Beginn an sehr, obwohl er eigentlich immer einen Popel in der Nase hatte, auf den ich andauernd starren musste. Charly erklärte mir, was ein Zweitaktmotor ist, wie ein Viertaktmotor funktioniert und wie man Motoren aus- und wieder einbaut und dazwischen säubert und frisiert. Charly war es auch, der mir demonstrierte, wie man sich in einem ausrangierten Golf 1 fortbewegt. Zwar musste ich als vorpubertärer Zwerg dafür fast im Fußraum stehen und mich am Lenkrad festkrallen, aber nach ein paar Versuchen gelang es mir, den Motor nicht mehr ganz so häufig abzuwürgen. Später erlaubte mir Charly sogar, ein paar Runden alleine zu fahren.

Nach ein paar Monaten verriet er mir dann sein Geheimwissen: wie ich nämlich geräuschlos die Beifahrerseite eines Autos einschlagen könne, wie ich an die Kabellage unter dem Lenkrad herankäme und welche Streben ich wie miteinander verdrechseln müsse, um den Motor ohne Schlüssel zu starten. Ich war bei dieser Lektion konzentrierter als jemals zuvor bei Frau Ebert im Deutschunterricht. Hölzemann beschaute sich das Ganze von seiner Veranda aus und aß ein Stück Nackenkotelett.

Für meine Arbeit bei ihm bekam ich manchmal zwei Mark, manchmal zehn. Aus seiner Werkstatt oder aus dem Stall ließ ich nie etwas mitgehen, das gebot mir mein Anstand: Kriminelle beklauen sich nicht untereinander. Meine Eltern und gute Freunde waren tabu, bei denen hätten 100 000 Euro auf dem Tisch liegen können, ich hätte die Finger davon gelassen.

Hausgeist bei Hölzemann war der erste und letzte Job meines Lebens, der das Prädikat »ehrliche Arbeit« verdiente. Charly wurde so etwas wie mein großer Bruder, Hölzemann so etwas wie mein Dorf-Papa. Viel mehr als für Pferde interessierte ich mich jedoch seit einiger Zeit fürs Boxen und für Autos.

Ich saß mittlerweile in der sechsten Klasse der Hauptschule, die inhaltlich ähnlich befruchtend für mich war wie die ersten Jahre auf der Grundschule. Kurz zuvor war ich zum ersten Mal für drei Wochen vom Unterricht ausgeschlossen worden, weil ich im Sportunterricht meinem Mitschüler vor den Augen des Lehrers ins Gesicht geschlagen hatte. Immer wieder. Ich drehte durch. In diesen Momenten spürte ich nichts, nur den Wunsch, meinem Gegenüber bestmöglich wehzutun. Für meine Gewaltschübe reichten Kleinigkeiten aus – der Typ hatte mir zuvor einen Ball ins Gesicht geworfen und nicht gebührend genug um Entschuldigung gebeten. (Obwohl ich gar nicht weiß, ob das überhaupt möglich gewesen wäre.) Mein Lehrer konnte nichts machen. Wäre er eingeschritten, hätte ich versucht, auch ihn zu vertrimmen, so wie meinen Mitschüler mit den blutigen Zähnen. Der ging mir auf den Sack, weil er keinen Respekt vor mir hatte. Und wenn jemand keinen Respekt vor mir hatte, dann musste er die nötige Achtung eben lernen.

Meinen ersten Schulverweis fand ich überhaupt nicht schlimm, dadurch hatte ich nämlich mehr Zeit, um zu klauen und Scheiße zu bauen. Als ich dann wieder zur Schule durfte, ging ich nur noch selten hin. Die Ausschlüsse häuften sich jetzt. Die achte Klasse der Hauptschule musste ich wiederholen. Mir fehlte noch ein zehntes Schuljahr, das ich auf der Berufsschule absaß, meine alte Penne war heilfroh, mich endlich vom Hals zu haben. Selbst wenn ich gewollt hätte, hier hatte schon lange keiner mehr an mich geglaubt. Mehr als je zuvor verstand ich den Besuch einer Lehranstalt als Zeitverschwendung erster Güte. Wofür sollte ich auch lernen? Für eine Ausbildung, einen Beruf? Um mir irgendwann für 1 500 Euro den Buckel krumm zu malochen – das kam für mich nicht infrage.

Niemals.

An meinem letzten Schultag stand eine Mathematikarbeit an. Ich hatte mich vorbereitet wie auf jede Klausur: gar nicht. »Wer fertig ist, gibt ab und kann gehen«, sagte Herr Treger, mein Lehrer, der mir vorkam, als verabscheute er nichts so sehr wie seinen Beruf und seine Schüler. Mir schaute er schon nicht mehr ins Gesicht. Herr Treger ertrug das alles hier mit dem Fatalismus eines Piloten, der weiß, dass das Kerosin nicht bis zum nächsten Flughafen reichen wird. In der Sekunde, als Bruchpilot Treger mir den Fragebogen mit den Aufgaben gab, schrieb ich meinen Namen darauf, stand auf und ließ den Bogen unbeantwortet auf dem Tisch liegen. Ich sagte überfreundlich und sehr laut »tschüsing«, die Klasse lachte. Herr Treger überhörte meine Verabschiedung und teilte weiter Bögen aus. Ich ging den langen Flur entlang, die Treppen runter und stellte mich an den überquellenden Aschenbecher neben dem Haupteingang. Dann rauchte ich eine Zigarette, schnippte den glimmenden Stummel weg – und los ging's. Wohin, wusste ich nicht genau. Ich wusste aber, was ich suchte: einen BMW. Farbe egal, Baujahr egal, nur sollte der Wagen nicht gerade neben einer Polizeiwache stehen.

Ich schlenderte durch die Straßen, während ich mit der linken Hand in der Hosentasche an einem Bruchstück einer Zündkerze, dem Keramikaufsatz, spielte. Weit weg von meiner Penne war ich noch nicht, dann nahm ich das Stück Zündkerze in den Mund. Jetzt musste alles schnell gehen.

Wenige Momente später hätten bei genauem Hinhören meine Klassenkameraden und Herr Treger das Aufheulen eines Motors wahrnehmen können, den ich gerade kurzgeschlossen hatte. Davor gab es nichts zu hören, es tat nur einen müden Schlag. Ich hatte die fast lautlose Methode, Autoscheiben zum Bersten zu bringen, etliche Male vor der Werkstatt von Hölzemann ausprobiert: Dafür musste ich nur den Keramikaufsatz der Zündkerze in den Mund nehmen, um ihn zu befeuchten. Genau wusste ich nicht, warum das wichtig war, aber wenn das Ding nicht speichelnass war, klappte es nicht. Ich holte aus, schmiss den Aufsatz gegen die Scheibe, und das Stück Zündkerze glitt glatt durch das Glas, die Scheibe zerstob an der Aufschlagstelle nahezu geräuschlos. Durch das Loch langte ich mit meinem rechten Arm hindurch und konnte so von innen die Tür öffnen. Hätte das nicht geklappt, hätte ich zur Not die restliche Scheibe herausgebrochen und mich durch das Fenster gezwängt.

Vom Einschlagen des Fensters bis zum Zeitpunkt, an dem ich mich an der Kabellage des Wagens zu schaffen machte, vergingen nur ein paar Sekunden. Einige Male musste ich gegen die Verschalung unter dem Lenkrad treten, was aufgrund der Enge im Auto einer akrobatischen Übung gleichkam. Dann hatte ich nur noch das richtige Kabel an das Zündkabel zu halten, und der Motor heulte auf.

Mit meinem neuen BMW rollte ich durch die Stadt. Ich fühlte mich schwer erwachsen, obschon noch ein pickeliger Pubertierender, und war mächtig stolz, dass ich das Knacken der Karre derart professionell hinbekommen hatte – über den Matheaufgaben von Herrn Treger hätte ich Glücksgefühle dieser Art nicht entwickelt. Ich kreuzte mit meiner Anschaffung genüsslich durch die Straßen Hamburgs. Bullen waren keine zu sehen.

So hatte ich mir das vorgestellt.

Ich hatte noch nicht einmal heiße Ohren.

Nach einigen Schlenkern führte meine Tour zu meinem Elternhaus. Hier wartete bereits meine sieben Jahre ältere Schwester mit einer kleinen Reisetasche auf mich.

Ein paar Tage zuvor, meine Mutter erledigte in der Stadt gerade ein paar Besorgungen, hatte ich meinen Vater in der Küche getroffen. Er brühte einen Kaffee, und ich fragte ihn nach einem Rat: »Wenn ich ein paar Autos verkloppen will, wen frage ich denn da am besten?«

»Es gibt da einen Typen in Frankreich«, antwortete er, ohne seine Tätigkeit zu unterbrechen. »Der spricht Deutsch und hat eine Werkstatt. Den kenne ich schon lange, er wohnt in einem Vorort von Lyon. Du bekommst rund fünf Mille für einen BMW, je nachdem. Soll ich Bescheid geben, dass du kommst?«

»Ja.«

Danach haben mein Vater und ich nie wieder darüber gesprochen, warum ich diesen Tipp haben wollte, woher ich ein Auto bekam, wie ich das dann nach Frankreich zu transportieren gedachte und was ich überhaupt vorhatte – all das interessierte ihn nicht. Aber er war bestimmt stolz auf seinen Spross, der gerade zum ersten Mal Hilfe von ihm erbeten hatte. Zeigen wollte er mir das jedoch nicht, Gefühle sind so eine Sache bei ihm. Aber nahe Lyon wusste jemand Bescheid, dass er bald einen geklauten BMW aus Hamburg bekommen würde. Ich wusste, dass er mich nicht bescheißen würde – war ja ein Bekannter meines Vaters.

Ganz allein wollte ich diese Tour aber nicht machen, die Karre über die Grenze zu fahren würde für mich sonst zu heikel werden. Auch wenn ich älter aussah – mit ein bisschen Wohlwollen und vorausgesetzter Augenschwäche bei dem Grenzkontrolleur vielleicht wie achtzehn –, ein sehr junger Mensch in einem 5er-BMW fällt auf. Das Risiko minimierte schließlich die Anwesenheit einer meiner beiden älteren Schwestern, die ich kurzfristig um diesen Gefallen bat. Wir hatten ein gutes Verhältnis, obwohl sie ganz anders war als ich. Sie kam nach unserer Mutter: treuherzig, anständig, unauffällig. Natürlich wusste sie, was unser Vater tat und was ich schon so alles anstellte, nur wollte sie mit alldem nichts zu tun haben. Für ihren Bruder machte sie indes eine Ausnahme. Nicht wegen des Geldes, das ich ihr versprach, wohl eher wegen unseres stark ausgeprägten Familiensinns, der einen unbedingten Korpsgeist einschloss.

Wir entfernten noch mit einem Handstaubsauger die Glassplitter von den Sitzen, stiegen in das Auto – und los ging die wilde Reise. Sie verlief völlig problemlos. Mit dem Fahren wechselten wir uns ab, am Grenzübergang wurde nicht kontrolliert und in Lyon nicht viel geredet.

»Hallo!«

»Sieht gut aus. Hier ist das Geld. 5000.«

»Bis zum nächsten Mal!«

»Wann?«

»Nächste Woche. Montag?«

»Okay.«

Wären wir angehalten worden, hätten wir Folgendes gelogen: »Das ist das Auto unserer Eltern, die gerade in Frankreich Urlaub machen. Das Hotel wurde falsch gebucht, und ihr Flug geht erst in zwei Tagen – wir holen die jetzt ab!« Diese allenfalls halb gute Ausrede mussten wir aber zum Glück nicht erzählen. Zurück ging es mit dem Zug und einem Bündel Geldscheine in der Tasche.

Bin ich ein cooler Macker – oder war das vielleicht doch eine Nummer zu krass?

Mein Vater hatte mich bis dato nicht für voll genommen.

Jetzt kam ich zu Hause an mit dem Ausdruck eines Gewinners im Gesicht. Er kannte dieses Gesicht von sich selber.

»Alles gut gegangen?«, fragte er.

»Kein Problem.«

Ich glaube, das war der Moment, in dem mein Vater erstmals wirklich dachte, dass sein Lütten auf der richtigen, nämlich falschen Bahn war.

Fast zwei Jahre lang zogen meine Schwester und ich die Lyon-Fahrt durch. Die Strecke war immer dieselbe: raus aus Hamburg, durchs Ruhrgebiet, und kurz vor Lyon gingen wir vom Gas. Ein, zwei Mal in der Woche fuhr ich mit meiner Schwester los. Für die rund 1100 Kilometer brauchten wir im Schnitt zehn Stunden. Jeden Wagen wurden wir los. Normalpreis 5000 Mark, wenn es die Felgen hergaben, bekamen wir ein bisschen mehr. Die Autos wurden direkt weiterverkauft oder ausgeschlachtet. Eine Karre zu finden, die sich kurzzuschließen lohnte, war leicht – zumal ich nicht immer die aktuellsten Versionen nahm. 3er- oder 5er-BMW und VW Passat waren meine Lieblingsmodelle. Am liebsten habe ich auf Schulparkplätzen Autos geknackt, zum Beispiel die Karre meines Direktors. Es war ein letzter Gruß von mir.

Nie wurden wir nach unseren Papieren gefragt, wir rollten ohne Probleme mit den Autos, die ich im Umkreis von hundert Kilometern klaute, quer durch Europa. Ich frage mich heute selbst manchmal, warum wir die ganze Zeit nicht erwischt wurden. Die Spinner an der Grenze haben entweder gar nicht geguckt, oder sie haben uns gelangweilt durchgewinkt. Sie waren noch nicht einmal verwundert, warum wir auch im Winter mit heruntergelassener Scheibe auf der Fahrerseite über die Autobahn jagten.

Schiss bei der ganzen Sache bekam ich nur ein einziges Mal.

Wir waren schon hinter der französischen Grenze – es war rund ein Jahr nach der ersten geknackten Karre –, als wir kurz vor dem Ziel ein ungutes Gefühl bekamen. Ich kann das bis heute nicht erklären, aber wir hatten beide ein Bauchgrimmen, das uns etwas sagen wollte und uns für die Begleitumstände sensibilisierte. Der Grenzer schaute an diesem Tag ungewöhnlich eindringlich, böse und lang, winkte uns dann griesgrämig durch, und die Leute in den anderen Autos glotzten blöde zu uns rüber. Ich machte mir fast in die Hose. Es war diese ungute Ahnung, die uns reichte: Wir fuhren von der Autobahn, stellten die Karre auf einem Parkplatz ab, liefen querfeldein, und zurück ging's mit der nächsten Bahn. Dabei waren wir schon so kurz vor Lyon. Das Gefühl ist und bleibt bei unseren Jobs der beste Ratgeber.

Geklaut habe ich die Autos immer alleine; erstens war ich so schnell, dass ich keine Schmiere brauchte, zweitens hatte ich keine Lust, noch einen Dritten zu bezahlen. Ich beteiligte ja schon meine Schwester mit einem Drittel des Gewinns, dann noch Sprit, die Zugreise zurück, manchmal noch eine Hotelübernachtung.

Woher mein Vater den Kontakt nach Frankreich hatte, wusste ich nicht; und er wusste nicht, wie lange ich das durchzog. Es war ihm egal. Anders als meiner Mutter, die natürlich merkte, dass ihr Sohn und ihre Tochter – wir wohnten noch zu Hause – wieder einmal 24 Stunden weg waren. Sie war Hausfrau in höchster Vollendung – und immer daheim. Um sechs Uhr morgens stellte sie sich den Wecker, um das Haus zu wienern, und hörte damit eigentlich den ganzen Tag nicht auf. Ich glaube, es war ihr therapeutischer Ansatz, um mit ihren Sorgen wegen uns fertigzuwerden. Um sie zu beruhigen, haben wir ihr Lügen erzählt: Meine Schwester sei bei ihrem Freund gewesen, ich bei einem Kumpel. Die einzige Ausrede, die mir einfiel, um meine neuen Designerklamotten zu erklären, war: »Habe ich getauscht.« Meine Levis-Jeans gegen den neuen Boss-Anzug beispielsweise. War ein guter Tausch! Meine Jeans musste ich dann leider wegschmeißen.

Aufgehört habe ich mit dem Autoklau, weil mich die ewige Fahrerei annervte. 10000 bis 20000 Mark habe ich damals im Monat gemacht. Als Teenager kam ich damit gut über die Runden. Aber Respekt, wie ich ihn mir wünschte, zollte mir meinesgleichen noch nicht. Dafür müsste ich an mehr Kohle kommen, müsste größere Dinger drehen, Leute haben, die für mich die Arbeit erledigten – und ich müsste mindestens einmal den Knast von innen gesehen haben.

Der letzte Punkt kam dann schneller als gedacht.

DEALEN FÜR ANFÄNGER

»Du hast die erste Verhaftung hingenommen wie ein Mann, und du hast die zwei wichtigsten Dinge im Leben kapiert! (...) Du verpfeifst nie deine Freunde und hältst immer den Mund!«
Good Fellas

Der Sommer war wunderbar, ich war sechzehn Jahre alt. Einer der kalendarischen Höhepunkte Langbergens, wo wir unseren zweiten Wohnsitz hatten, stand bevor: ein traditionelles Volksfest, aber eigentlich eher ein Rummel mit Reibekuchen, Riesenrad und billigem Fusel. Wir hatten geplant, es auf diesem Stadtfest ordentlich krachen zu lassen. Es wurde ein spezieller Abend, der Abend, der nichts mit Kokain zu tun hatte, mir aber den Weg ins Business eröffnete. Der Abend, an dem ich das Herz meines zukünftigen Geschäftspartners gewann.

Qua Geburt war Najim ein Teil des albanischen Drogen-Kartells in Hamburg, also jener Typen, die vor nicht allzu langer Zeit das Leben meines Vaters und seiner Jungs schwergemacht hatten. Den Status des Dealer-Azubis hatte Najim bereits vor einiger Zeit hinter sich gelassen, er war jetzt so etwas wie Geselle, seine Ausbildung hatte er mit Bestnoten in Sachen Markteroberung und Szene-Know-how abgeschlossen. In Najim sah ich den kommenden Star am Hamburger Drogenfirmament; einer, dem sein Clan alles zutraute, weil er fair, aber auch skrupel-, bedingungs- und erbarmungslos war – und zwar immer genau dann, wenn er sich hintergangen fühlte. Dann war Najim ein Sadist – insgesamt keine schlechte Eigenschaft, um sich im Gewerbe einen Namen zu erarbeiten. Er hatte es durch Koks-Geschäfte schon zu ordentlich Kohle gebracht.

Mit ebenjenem Najim und meinem Cousin Christian war ich abends bei unserem Freund Stanko eingeladen, nachdem wir die Stunden zuvor auf der Kirmes herumgelungert hatten. Wir fluteten uns tüchtig die Glocke, schäkerten mit Mädels und stellten deren männliche Begleitungen bloß, indem wir den Frauen derbe Komplimente hinterherschmissen und den Jungs Angst machten, die ihre Mädchen vor unseren Plumpheiten schützen wollten. Danach gingen wir fröhlich zu Stanko, einem Kroaten, zwanzig Jahre alt, Steinmetz, einem alten Schulfreund. Er war einer der wenigen, der mit Illegalem nichts am Hut hatte.

»Kommt vorbei, wird super, ich schmeiße eine Party«, hatte er nachmittags telefonisch seine Abendveranstaltung angepriesen, »frei saufen!«. Stanko wohnte in der Stadtmitte in einer kleinen Mietskaserne, die öfter als Party-Wohnung herhielt und schon ordentlich vibrierte, als wir gegen 21 Uhr die Gesellschaft mit unserer Anwesenheit komplettierten. Die Haustür war offen. Im Vorgarten standen Leute, im Flur standen Leute, und im Wohnzimmer standen noch viel mehr. Bierflaschen wurden am hölzernen Esstisch aufgestemmt, Sektflaschen ploppten, entluden sich ordinär, und im Flur roch es schon von den Wänden. Aus den Boxen der imposanten Anlage rappte gerade Snoop Doggy Dog. Als ich Stanko sah, tief und selig im Sofa vergraben mit glasigem Blick, schrie ich zu ihm rüber:

»Stanko, alte Säge! Ich würde an deiner Stelle die Bude später lieber abbrennen und neu tapezieren. Ist bestimmt einfacher, als morgen früh aufzuräumen.« Der vollgekiffte Stanko grinste breit, die vielen Sportzigaretten stimmten ihn gelassen.

»Ja, ja, hihi … nehmt euch, was ihr braucht … steht alles in der Küche«, formulierte er monoton im Stile eines Sprachcomputers, dessen Akku bald den Geist aufgeben würde.

Jetzt rappte Eminem auf Anschlag, und die Toilette war wegen eines fickenden Pärchens dauerbesetzt. Das konnten wir von außen recht passabel durch die halb geöffnete Klofensterscheibe hören und noch viel besser sehen. Cousin Christian hatte mich eilig zu sich gewunken. Das Mädel, das seine Hände auf dem Waschbecken abstützte, flehte gerade darum, dass ihr Sexualpartner mit dem, was er gerade tat, nie mehr aufhören dürfe. Bumsgewäsch. Ein Riesenspaß. Der Kerl im Klo, ein Freund von uns, gefiel, dass die Meute mitbekam, wie er seine Bekanntschaft gerade auf einen anderen Planeten vögelte.

»Und, wie ist das?«, spornte er sie an. Sie stöhnte.

Wir beschauten das Spektakel und begleiteten die Vorgänge wie Sport-Kommentatoren, tranken dabei Wodka und hatten im Laufe der Veranstaltung immer mehr Spaß daran, die gutturalen Laute des Mädels und unseres Kumpels nachzuahmen. Das taten wir derart laut, dass vorbeiziehende Passanten uns entweder empört oder amüsiert anschauten. Die Aufmerksamkeit der Partygäste hatten wir sowieso sicher.

»Ja, tiefer!«, brüllte Christian und schlug sich mit der flachen Hand auf seinen Hintern.

Wieherndes Gelächter.

»Du meinst so?!«, ächzte ich und besorgte es einer imaginären Luftbraut im Stehen.

Noch größeres Gewieher.

Das Pärchen aber störte sich immer noch nicht an uns. Nach weiteren Minuten und angesichts schwindender Einfälle verlor Christian die Lust an unserer Parodie, er wollte jetzt den Geschlechtsakt der beiden unterbrechen. »Achtung! Achtung!«, tat er durch das Toilettenfenster kund. »Hier spricht die Fick-Polizei! Sofort das Penetrieren einstellen!«

Die beiden vögelten weiter.

Alle grölten. Auch Najim. Er stand etwas abseits.

Christian daraufhin lauter: »Fick-Polizei! Unterlassen Sie das! Sonst müssen wir eingreifen!«

Die beiden arbeiteten weiter an einem gemeinsamen Koitus.

Noch lauter: »Letzte Warnung!«

Christian zückte seine Gasknarre, die er den ganzen Tag bei sich trug, kontrollierte die Munition, entsicherte – und drückte ab. Durch den Fensterschlitz feuerte er ein ganzes Magazin Gaspatronen in den kleinen Raum. Das Grölen verstummte.

Sekunden später stürzte das Pärchen halb nackt, fluchend und mit tränenden Augen auf den Flur – unter dem wieder einsetzenden Johlen und Juchzen der Anwesenden, die sahen, dass die zwei diese Unterbrechung wider Erwarten lustig fanden. Sie spülten sich in der Küche die Augen aus und hörten nicht auf zu lachen. Die Brüste des Mädels, die nur in BH und Höschen dastand, bebten eindrucksvoll. Auf dem Klo konnte man auch Stunden später nicht atmen.

Das Typische an unseren Partys war die Ekstase, das komplette Hohldrehen. Unsere Feiern unterschieden sich nicht groß von denen anderer Jugendlicher, nur waren unsere Frauen promisker, die Musik lauter und die Räusche härter. Es handelte sich um Ausflüge deutlich hinter die Grenze des Alltäglichen, in ein Land, in dem alles erlaubt war: das gelobte Land der Ausschweifung. Kein Scherz war zu unlustig, keine Peinlichkeit peinlich genug. Wir hätten uns an diesen Abenden auf einen Stuhl stellen und mit dem nackten Gemächt wedeln können – alle anderen Jungs hätten mitgewedelt. Unser Antrieb war eine Mischung aus jugendlichem Übereifer, dem Wissen darum, dank unserer »Geschäfte« immer genügend Geld zu haben, und einem gerüttelt Maß an Hass auf die Spießergesellschaft, die sowieso gerne auf uns verzichtet hätte.

Es war gegen kurz vor vier Uhr, und die Party schien langsam eine gute gewesen zu sein. Wir standen an diesem warmen Sommermorgen immer noch vor Stankos Wohnungstür. Die Sonne war noch nicht aufgegangen, lange würde es aber nicht mehr dauern. Wir diskutierten gerade Belanglosigkeiten, als zwei pöbelnde Typen des Weges kamen, sie hatten uns im Visier und deuteten mit den Fingern auf uns. Sie lachten höhnisch. Die beiden waren wohl Reste der Stadtkirmes und suchten definitiv Streit. Den würden sie bei uns finden, denn genauso enthemmt, wie wir feierten, prügelten wir uns auch.

Der Ablauf unserer Keilereien war stereotyp: Christian besaß eine ähnlich große Fresse wie ich, die er sich in dieser Drastik aufgrund seiner Körperstatur (klein und dick, kurze Laufwarzen, feiste Hände, Typ Wegducker) eigentlich nicht leisten konnte. Weil Najim und ich hinter ihm standen, konnte er es dann aber doch. Christian besorgte also die verbale Vorarbeit, und wir erledigten den Teil mit den Schmerzen. Unzählige Straßenprügeleien hatte ich schon hinter mir, wir waren ein eingespieltes Team mit zigfach getesteter Choreografie ...

Die zwei Besoffenen kamen näher, und Christian legte los. »Was seid ihr denn für Nudeldreher?«, herrschte er sie an. Wir beobachteten von der anderen Straßenseite aus und fragten uns amüsiert, wie viele Beleidigungen er diesmal schaffen würde, ehe er uns benötigte oder die beiden womöglich verschwinden würden. Zwei, drei Minuten ging das gut, doch diesmal war es anders als sonst. Der eine der beiden zog plötzlich ein Klappmesser aus seiner Hosentasche und ging damit auf Christian los. Mein Cousin wurde blass. Üblicherweise benutzten wir die Fäuste, ein Messer zu zücken verstieß gegen die allgemeinen Spielregeln bei Straßenkeilereien. Der Erste, der reagierte, war Najim, seine Augenfarbe kippte auf Weiß – dann sah er rot. Im Moment seines Antritts wusste ich, dass es heftig werden würde. Najim – breiter Rücken, breite Arme, breiter Oberkörper, gepflegter Bart, der den Verlauf seines breiten Kiefers unterstrich – war ein Stier, ein Stier, der sich selber die Muleta vor der Nase schwenken konnte.

Immer noch stand der Typ da mit dem Messer in der Hand, bereit zuzustechen. Er ging auf Christian zu, Christian wich Schritt um Schritt zurück. Najim kam von der Seite, sortierte im Spurt seine Füße und trat das Messer aus der Hand, es flog in hohem Bogen in das angrenzende Blumenbeet. Der Schmerz war bei dem Typen noch nicht angekommen, als ein zusätzlicher Faustschlag krachend in seinem Gesicht landete. Diese Nase war definitiv gebrochen. Das reichte Najim aber noch nicht. Wenn ihn der Furor erfasste, half kein Winseln. Manche glauben, derart durchdrehende Typen gibt es ausschließlich in Tarantino-Filmen. Das stimmt nicht.

Der zweite Faustschlag von Najim verfehlte diesmal das Gesicht, weil der Messerzücker ohnmächtig nach hinten schlug. Aus Mund und Nase blutend lag er auf dem Gehsteig. Mein albanischer Kumpel griff sich die Hinterkopfhaare und schlug den Schädel, Gesicht voraus, auf den Asphalt. Immer wieder. Drei, vier Mal, mit aller Gewalt versuchte er diese Visage zu zerstören. In den Momenten, wenn Najim mit dem Kopf des Typen wieder ausholte, sah ich, wie die Blutlache größer wurde.

»Ist gut jetzt«, schrie ich. Die ersten Autos hielten an, einer hatte sein Handy gezückt und wählte eine Nummer. Natürlich die Polizei. Der Freund des Blutenden stand fassungslos daneben, für einen langen Moment versteinert, weil alles schnell ging und er nicht wusste, was zu tun war. Ich stand da und beobachtete. Dann wollte er seinem Freund zu Hilfe kommen, das unterband ich. Mit einem Fausthieb gegen seinen Kehlkopf schlug ich ihn zu Boden. »Abhauen! Jetzt!«, herrschte ich Najim wieder an und riss ihn weg. Wir rannten in Richtung unseres Viertels. Bei den Bullen waren wir schon bekannt und leicht zu beschreiben, deswegen gab es sicherlich schlauere Entscheidungen, als direkt nach Hause laufen zu wollen. Also bogen wir ab in die Hansestraße, hundert Meter weiter lag ein unübersichtliches Industriegebiet mit vielen Verstecken. In unserem Schlepptau war auch Christian, mein Cousin. Im Spurt besprachen wir uns kurzatmig und hauten dann in verschiedene Richtungen ab, in der Hoffnung, dadurch die Suche der Bullen zu erschweren. Eine Straße weiter zerstob diese Hoffnung: Ein Streifenwagen sah Christian und mich, wir wurden einkassiert. Einen Abend blieben wir in der Zelle. Najim hatte es geschafft.

Es kam zur Gerichtsverhandlung. Die ganze Zeit über haben mein Cousin und ich gegenüber niemandem auch nur ein Wort über Najim verloren. Die beiden Typen, die von uns übel zugerichtet wurden, konnten sich nicht mehr an die Details der Nacht erinnern, und einer von ihnen beschuldigte sogar unseren Gastgeber, Stanko, den vollgekifften Kroaten, der damals aber nur von der anderen Straßenseite aus zusah.

Ich bekam wegen der Körperverletzung vier Wochen Jugendarrest. Najim saß während des Urteilsspruchs in einem Bistro in einer Seitenstraße des Gerichts und trank einen Kaffee. Natürlich hätte ich aussagen können, dass ich nur einen der beiden zu Boden geschlagen hätte. Natürlich wäre meine Strafe dann geringer ausgefallen. Aber natürlich hätte Najim dann gewusst, dass er auf mich nicht zählen konnte. Da war mir Knast lieber. Das vergaß Najim mir nie – und dankte es mir wenig später mit einem Angebot, das ich nicht abschlagen wollte. Es handelte sich um eine Tüte weißen Pulvers.

Knast macht dich zum Kerl

Die Schlägerei fand ein paar Tage nach jenem Morgen statt, an dem meine Mutter plötzlich in meinem Zimmer gestanden war, mich recht unsanft geweckt hatte und mir Folgendes sagte:

»Stefan, ich mache mir große Sorgen! Ich habe Angst, dass du so wirst wie dein Vater. Du hast dich verändert!« Ich war noch im Halbschlaf.

»Mach dir mal keine Sorgen!«, antwortete ich ihr mit kniependen Augen. »Und jetzt lass mich bitte noch fünf Minuten pennen!«

»Eines sag ich dir: Ich werde es nicht ertragen, wenn du eines Tages auch in den Knast gehst!«

»Mach dir keine Sorgen!«

»Stefan – ich verspreche dir jetzt eines, so wahr ich hier stehe: Ich werde nie in ein Gefängnis fahren, um meinen Sohn zu sehen!«

»Mach bitte das Licht aus …«

Schlafen konnte ich dann doch nicht mehr, als sie endlich mein Zimmer verlassen hatte. Ich hätte ihr keinesfalls das geben können, was sie hören wollte – nämlich ein Versprechen. Denn das hätte ich auf jeden Fall brechen müssen, und das wollte ich nicht. Für mich war zeitlebens klar, dass ich so werden wollte wie mein Vater. Warum? Das habe ich mich auch häufig gefragt. Eine Antwort habe ich darauf bis heute nicht gefunden. Vielleicht die Gene? Jedenfalls habe ich selbst bei James-Bond-Filmen immer schon zu Doktor No gehalten und nicht zu diesem britischen Beau. An dem fand ich eigentlich nur seine Frauengeschichten gut und Q, seinen technischen Ausrüster. Liebend gern wäre ich ein besserer Sohn für meine Mutter gewesen. Ich wusste, dass ich sie enttäuschen würde. Und ich hoffte, sie würde damit klarkommen.

Wenig später besuchte sie mich dann doch im Knast.

Zwischen der Prügelei und meiner Inhaftierung lag fast ein ganzes Jahr. Dann erst musste ich zu den vier Wochen Knast antreten. Es sollte eine Abschreckung sein, ein Resozialisierungsversuch, um junge Typen wie mich wieder auf den Pfad der Tugend zu leiten. Ich wollte nicht in den Knast, einerseits. Aber ich *musste* in den Knast, und das nicht bloß, weil der Richter so entschieden hatte, sondern vor allem, weil ich nur hier den Ruf als veritabler Krimineller bekommen würde, den ich für meine Karriere brauchte. Reputation ist in kriminellen Kreisen entscheidend. Und Knast ist der Ritterschlag für einen jeden bösen Jungen.

Am Tag des Haftantritts brachte mich meine heulende Mutter zum Bahnhof. Am Abend zuvor hatte sie mir noch mein

Lieblingsessen gemacht, Knipp, eine norddeutsche Variante der Grützwurst. Zehn Minuten blieben uns noch am Gleis, ehe der Zug nach Nienburg einfahren sollte. Es waren endlose Minuten, vor allem für sie, unablässig kullerten die Tränen. Sie schluchzte und strich mir über die Haare. Ich konnte sie nicht trösten, konnte ihr nicht sagen, dass jetzt alles besser würde, da ich es erneut nicht übers Herz brachte, ihr ins Gesicht zu lügen. Sie hatte mir immer beigestanden, ob während meiner missratenen Schulzeit bei Klassenkonferenzen, bei Prügeleien mit den Nachbarskindern, wenn erzürnte Eltern bei uns klingelten, bei Scharmützeln mit meinem Vater oder sonst wann – sie war mein großer Beschützer und redete unablässig auf mich ein, dass es nicht zu spät sei, mich zu ändern. Dabei war es allzeit zu spät gewesen. Sie jedoch glaubte an mich. Hier, am zugigen Gleis, hatte ich ihre Hoffnungen in mich erst einmal für einen kurzen Moment zerstört. »Stefan, es muss jetzt endlich Schluss sein mit der Scheiße«, sagte sie mit dünner Stimme. Diesen Satz hatte ich schon etliche Male gehört, heute aber fühlte er sich nicht nur dahergesagt an.

»Tschüss, Mami, ich melde mich«, verabschiedete ich mich, gab ihr einen Kuss und stieg auf die erste Trittbrettstufe des Zugs, in meiner linken Hand eine kleine Sporttasche, mehr hatte ich nicht dabei. »Tschüss!«

Als ich im Abteil war, beobachtete ich durch die Fensterscheibe ihre Weinkrämpfe, die nicht aufhören wollten, ihren Körper zu schütteln. Sie drehte sich ab, zum Winken hatte sie keine Kraft mehr. Sie tat mir leid. Mein Magen krampfte. Als der Zug aus dem Bahnhof rollte, vergingen aber meine Bauchschmerzen schon wieder. Ich hatte mich damit abgefunden, auch meiner Mutter gegenüber ein Arschloch zu sein.

Die Jugendarrestanstalt Nienburg ist ein uraltes Gemäuer mit offiziell etwas mehr als zwanzig Plätzen für heranwachsende Straftäter. Ich freute mich auf die vielen Kollegen, denen ich begegnen würde. Einen kannte ich: Andy, die Ameise. Seinen Beinamen trug er aus mir unerfindlichen Gründen. Andy, die Ameise, war nicht klein, emsig und stark, sondern ein wandelnder Wandschrank, ein bisschen älter als ich und ursprünglich aus Bremen. Eine echte Kanaille. Er bediente schon das komplette Betriebsspektrum der Hamburger Unterwelt: Er war Lude, vertickte Drogen und machte ein bisschen in Erpressung, wenn es mit seinen Mädels nicht so lief. Andy, die Ameise, war einer der Ersten, den ich auf dem Flur traf. Wir grüßten kurz.

Es folgte die Einweisung. Dazu gehörte auch, dass man nach Drogen untersucht wurde. »Wir können Sie festhalten bei der Untersuchung, oder aber Sie kooperieren«, sagte der Arzt, während er sich die Handschuhe über die Finger stülpte. Ich kooperierte und dachte an etwas Schönes.

Es ging tiefer hinein ins Gebäude, rechts, links, Treppe hoch, links, noch einmal Treppe hoch, und dann stand ich auf einem langen Flur. Ich wurde Häftling Nummer 13 auf der Station 2, Zelle 16, ganz hinten am Fenster. Mir wurde die Tür geöffnet. Ein Blick und das Erste, was mir durch den Kopf schoss: Hier, auf dieses einbetonierte Edelstahl-Scheißhaus, auf dem schon jahrzehntelang Knacki-Ärsche saßen, würde ich mich nicht setzen können. Allein die Vorstellung zog einen ernsten Würgreflex nach sich. Mehrere Tage schlug ich nicht ab. Dann siegte die Natur. Ich nahm meine Toilettenrolle (man bekam in der Woche eine) und umwickelte den Sitz. Gewürgt habe ich trotzdem, als ich endlich saß …

Ähnlich entsetzlich wie die Umgebung war das Essen. Mir haben die Schließer erzählt, dass der Fraß aus dem benachbarten Krankenhaus kam. Wenn dem tatsächlich so war, wäre ich lieber gestorben, als mir da den Blinddarm operieren zu lassen. Die Nudeln waren keine Nudeln mehr, sondern restlos zerkocht, es war Nudelbrei. Mit der Gabel konnte man die jedenfalls nicht essen. Ich wurde spindeldürr.

Nachts konnte ich, wenn es ruhiger wurde, Autos hören, die lautstark beschleunigten. Dann blökte der komplette Block, eine schöne Abwechslung. Das Röhren des Auspuffs war für unsere Ohren die Musik der Freiheit. In meiner Verzweiflung schrieb ich meiner Mutter Briefe.

Meine Freundin zu der Zeit hieß Agnes. Sie war ein Jahr jünger als ich, im Gegensatz zu mir verliebt, und sie schrieb mir einmal die Woche. Von den anderen hörte ich nichts. Dabei interessierte es mich brennend, wie es den Jungs und vor allem Najim ging.

Ist meine Kohle noch da?

Was mache ich, wenn ich wieder draußen bin?

Was denkt Najim darüber, dass ich jetzt für ihn einsitze?

Antworten darauf fand ich nicht, aber ich wusste, dass mich meine Kiez-Kumpels feiern würden, wenn ich wie ein Kerl diese verdammte Zeit hier absäße.

7 Uhr aufstehen, 7.30 Uhr Frühstück, 12 Uhr Mittagessen, 15 Uhr Hofgang, 18 Uhr Abendessen, 22 Uhr Licht aus. Ich saß auf meiner Pritsche, schaute auf die Uhr, wartete einen Moment, schaute wieder auf die Uhr, und ich war mir sicher, dass sich der Zeiger in die falsche Richtung bewegt hatte. Linksrum. Also rauchte ich. Zigaretten sind zentraler Bestandteil des Knacki-Lebens, auch weil sie sich bestens als Zahlungsmittel eignen. Für fünf Fluppen gab es schon ein Tattoo, Drogen kosteten mehr. Und auch als Tötungsmaschine für die vermaledeite Zeit eigneten sich Zigaretten gut: Auf dem Weg vom Anzünden über die tiefen Züge bis hin zum Stummel brachte man mit einer Fluppe bestimmt sechs Minuten um, ohne auch nur einmal auf die Uhr zu schauen.

In der Zelle gleich neben mir wohnte Andy, die Ameise. Auch er war ein Kiez-Kind. Wenn wir uns unterhielten, dann über die Reeperbahn, zu der wir uns zurücksehnten. Ich merkte Andy an, dass ihm sein kriminelles Leben schon am Zeug flickte. Er war nervös und litt unter Verfolgungswahn. Selbst im Knast drehte er sich alle zwanzig Sekunden um, weil er ein Unglück kommen spürte.

Dann brach meine dritte Knastwoche an, und langsam wurde ich wahnsinnig. Wegen einer halben Schachtel Zigaretten haute ich einem Jugoslawen aufs Maul. Wir lungerten beim Freigang gerne miteinander herum, doch an diesem Tag hatte ich Schmacht.

»Gibst du mir eine?«

»Sorry, sind meine letzten.«

»Aber du hast noch eine halbe Packung!«

»Sind meine letzten!«

»Alter, ich würde dir auch welche geben, wenn ich welche übrig hätte. Los jetzt!«

»Nein.«

Ich holte aus. Meine Fingergelenke schmerzten, ich hatte sie an seinem Kieferknochen geprellt. Er lag vor mir. Ich nahm eine seiner Zigaretten aus der Packung und begann zu rauchen. Zwei Züge schaffte ich, dann kamen die Wärter. Sie blieben entspannt, als sie mich rauchend und den Jugoslawen am Boden liegend vorfanden. Ein Schließer schüttelte nur den Kopf und gab mir ein bisschen Muttergefühl: »Mach nicht so einen Scheiß! Du versaust dir mit solchen Aktionen alles!« Ich kam in Isolationshaft.

Das hieß: 24 Stunden Einschluss. Aus Verzweiflung machte ich Kraftübungen. Das Ziel war nicht, eine Strandfigur für die Zeit nach der Entlassung zu bekommen, sondern müde zu werden. Ich rauchte, trainierte, schlief, rauchte, trainierte, schlief. Der Knast machte mich fit und ausgeschlafen. Nur meine Lunge litt.

Mein großer Tag rückte näher, ich freute mich wie ein Zwölfjähriger am 23. Dezember. Am letzten Tag hatte ich das Entlassungsgespräch.

»Herr Liebert, was haben Sie durch die Zeit bei uns gelernt?«

»Knast ist keine gute Sache.« Ich wollte nicht zugeben, dass mir die Zeit zugesetzt hatte.

»Was wollen Sie jetzt machen? Eine Lehre vielleicht?«

»Nein.« Ich dachte kurz an meine Mutter, ihr zuliebe hätte ich mir auf diese Frage ein wenig mehr Zeit für die Antwort gelassen.

»Nein?! Was dann?«

»Mal schauen.«

»Wie wollen Sie Geld verdienen?«

»Mir wird was einfallen.«

»Na dann, hoffentlich nicht: auf Wiedersehen!«

»Ganz bestimmt nicht!«

Für den ersten Tag zurück in Freiheit hatte ich mir etwas Besonderes überlegt: Ich wollte saufen, ficken und Fastfood essen. Um genau zu sein, war die Reihenfolge: essen, vögeln, saufen, vögeln. Drei Autos mit insgesamt dreizehn Leuten standen vor dem Gefängnis, als ich aus der Tür schritt und wieder ein freier Mann war. Es waren meine besten Kumpels und ein paar Mädels. Dreizehn Mal wurde ich in den Arm genommen, von den Mädchen gab es Küsschen rechts, Küsschen links. Mit Agnes knutschte ich ausführlich. Die erste Flasche Sekt köpfte ich direkt, als ich mit dem Knutschen fertig war, und ich schluckte so viel, dass mir der Sekt aus der Nase schoss.

Es war jetzt an der Zeit, mit unseren Karren Nienburg unsicher zu machen. LL Cool J dröhnte aus den Boxen, und wir testeten die Beschleunigung unserer tiefergelegten Sechs-Zylinder-BMWs mit Chromfelgen. Wir drehten Town-Runden. So haben wir das genannt, wenn wir komplett sinnlos immer wieder im Kreis durch die Innenstadt fuhren. Wir saßen im Fensterrahmen unserer Autos, hauten mit der flachen Hand aufs Dach und bepöbelten Passanten, an denen wir vorbeifuhren. Unsere Auspuffe heulten auf. Genauso wie die, die ich abends in meiner Zelle hören konnte und die das große Hallo unter den Insassen verursachte. Ich wollte meinen Knastkumpels einen Gruß schicken.

Keine Ahnung, wann ich an dem Tag das erste Mal mit Agnes alleine war, aber insgesamt auf jeden Fall mehrmals …

Zu meinem Vater hatte ich die Zeit meiner Inhaftierung über keinerlei Kontakt. Er schrieb keinen Brief, brachte keine Zigaretten, ließ keinen Gruß ausrichten, gar nichts. Mit acht Jahren war er damals ins Heim gekommen, weil er mit seinen Freunden einen Zug entgleisen ließ. Der Zug kam aus einer Keksfabrik – und er wollte Kekse. Mit vierzehn saß er zum ersten Mal im Knast. »Um mich hat sich damals auch keiner gekümmert«, hat er zu mir gesagt, als ich ihn wiedersah.

Seine erste Frage allerdings war: »Und, brennt der Arsch?«

Mein Arsch tat mir nicht weh, von Vergewaltigungen hatte ich nichts mitbekommen. Mitbekommen hatte ich aber ein neues Selbstbewusstsein – die Losung lautete: Ich habe den Knast überlebt, mir gebührt Respekt. Als Krimineller gehst du erhobenen Hauptes durch die Gefängnistür, nicht gebrochen und reumütig. Knast ist eine Auszeichnung, ein Dienstgrad-Abzeichen, das zwar unsichtbar an der Gaunernuniform hängt, aber für Leute meines Schlages deutlich erkennbar ist. Egal, durch welchen Stadtteil Hamburgs ich danach fuhr, es gab immer Leute, die wussten, dass es besser ist, mit mir und meinen Freunden keinen Streit zu haben.

Es war nicht meine letzte Inhaftierung. Die Gründe waren verschieden: Körperverletzungen aller Art, Sachbeschädigung oder Nötigung. Unser Staat hat sich die Institution Gefängnis ausgedacht, um Leute wie mich zu bessern. Resozialisierung aber klappt nicht, zumindest bei den allermeisten. Nirgendwo, nicht in U-Haft, nicht im Kinderknast und erst recht nicht im Strafvollzug, wo du lebst wie im Urlaub. Ob russisches Arbeitslager, Wellness-Urlaub, moralische Belehrung, Beschäftigungstherapien, Handauflegen oder eine echte berufliche Alternative – all das hätte nichts genützt, um aus mir einen anderen Menschen zu machen. An mir und meinen Brüdern scheitert unser Staat. Er schenkt uns sogar noch etwas, nämlich das Mann-Werden, die kriminelle Reputation.

Party on!

Jeder ist hochbegabt. Zumindest denken das die Eltern von ihren Kindern. Sie sollen Ärzte werden oder Manager, sie sollen die Weltformel finden – und überhaupt all das machen, wozu ihre Eltern zu blöde waren. Mein Vater war anders. Vielleicht dachte auch er, dass ich hochbegabt sei, wenn, dann aber nicht als Entdecker der Weltformel, sondern als Schwerverbrecher. Er tat vieles dafür, mir diesen Weg zu ebnen – und er tat nichts dagegen. Wenn es um mich ging, war er meist einsilbig, umso eindringlicher waren die Momente, in denen er mir fürs Leben etwas mit auf den Weg gab. Und das kam meistens unvermittelt: Tagelang hatten wir zuletzt nur das Nötigste gesprochen, über ein »Hallo« und »Tschüss« ging das selten hinaus. An diesem Tag, es war nach dem Abendessen und meine Mutter erledigte in der Küche gerade den Abwasch, redeten wir über einige bekannte Typen vom Kiez und deren »Geschäfte«, die in die Hose gegangen waren. »Aber alles halb so wild«, meinte mein Vater, »die bekommen das wieder hingebogen.«

Und dann sagte er Folgendes (wohl auch, weil er dachte, dass es dafür an der Zeit sei):

»Junge, du kannst alles machen, wozu du Lust hast: Zuhälterei, Menschenhandel, Schutzgelderpressung. Aber eines darfst du nicht machen: Drogen verticken! Kennst du einen einzigen sechzigjährigen Drogendealer?«

Ich konnte ihm keinen nennen. Und er hatte natürlich recht: Sechzigjährige Drogendealer gibt es nicht, und wenn, dann nur als Ausnahme, die die Regel bestätigt. Oder vielleicht, wenn sie erst gestern mit dem Verticken angefangen haben. Das Leben von Dealern ist ein kurzes – und je erfolgreicher sie sind, desto kürzer ist zumeist ihre Lebenserwartung. Glückliche Dealer-Rentner gibt es nicht. Diese Tatsachen interessierten mich jedoch nicht.

Alter, blas mir 'nen Schuh auf!, dachte ich während der väterlichen Belehrung; das zu sagen traute ich mich aber nicht. Mein Alter war nämlich nicht mein einziges Vorbild, sondern das waren auch all jene, die in den amerikanischen Mafia-Filmen Pomade im Haar trugen, elegante Autos fuhren und einen Tisch im Restaurant bekamen, selbst wenn der Laden voll war. Diejenigen, die stets eine Geldscheinklammer zückten, die unter dem prächtigen Stapel Scheine ordentlich auslud. Diejenigen mit den maßgeschneiderten Anzügen und Lackschuhen. Mein Vater trug keine Anzüge und edlen italienischen Schuhe, er trug Jeans.

Ich wollte nicht in seinem Schatten stehen, wollte eleganter, reich und im Milieu geachtet werden. Ich wollte, dass die Leute über mich redeten, meinetwegen – und nicht wegen meines Vaters. Und deswegen wollte ich Drogendealer werden. Denn schnellere Kohle gibt es nirgends.

Ein paar Tage später fand eine unserer vielen Partys im kleinen Kreis statt, und es kreisten die ersten kleinen Tüten mit weißem Pulver darin durch die Reihen. Meine Freunde gingen raus, in die Küche oder aufs Klo, um vom Esstisch oder der Waschmaschine eine Linie Koks zu ziehen. Danach kamen sie zurück – mit dieser überdrehten Freude, der Freude der Schneekönige.

Najim, mein albanischer Freund, für den ich in den Knast gewandert war, saß neben mir auf dem Sofa. Seinen Respekt vor mir und seine Zuneigung hatte er bislang nicht verbalisiert, lieber machte er seine Wertschätzung durch Taten deutlich. Heute hatte er ein ganz besonderes Angebot für mich. In einer ruhigen Minute fragte er kurzerhand, ob ich nicht ein bisschen Koks verticken wolle.

»Ich komme da über einen Kollegen ran, das ist so viel Zeug, das bekomme ich nicht alles alleine unter die Leute.« Es war seine Art, mir zu danken. Durch seine albanischen Wurzeln besaß er beste Kontakte zum Hamburger Hafen und den dortigen Kokain-Verkäufern. Und Najim wusste, dass ich viele potenzielle Kunden kannte und gut im Kiez vernetzt war, eine Voraussetzung für seinen Vorschlag, denn unsere Kooperation sollte natürlich auch zu seinem Nutzen sein. Er sah in mir wohl einen zuverlässigen, tüchtigen Partner, der permanent Kokain abnehmen würde.

Er sollte sich nicht irren.

Meine erste Fuhre Koks gab Najim mir zu einem günstigen Preis, der natürlich immer noch ein wenig höher lag als sein persönlicher Einkaufspreis. Er bezog seinen Stoff zu dieser Zeit über Familienkontakte, über wen genau das lief, habe ich nicht gefragt. Es war mir egal. Wichtig war mir nur, dass ich zwei Tage nach der Party Besitzer eines stattlichen Päckchens Kokain war, für das ich ihm 10000 Mark gab. Es waren zweihundert Gramm, schon gestreckt. Wie gut oder schlecht das Zeug war, wusste ich nicht, noch wusste ich, wie sich das überhaupt anfühlt: zu koksen. Bislang wusste ich nur, wie sich Kokser verhielten – ihre Blasiertheit war mir nicht unsympathisch. Ein paar Wochen später fing ich dann selber mit dem Sniefen an, bis dahin hielt ich es ausschließlich mit Alkohol und Zigaretten in stattlichen Mengen. Meine Mutter wusste noch nicht einmal, dass ich rauchte.

Für mich war das Kokain die Möglichkeit, endlich nicht mehr diese elend langen Fahrten in einer gestohlenen Karre nach Lyon machen zu müssen, um an Kohle zu kommen. Es waren nicht nur die Mühe und die Zeitintensität, mir fehlte die unternehmerische Langzeitbasis. Dealen mit Drogen ist anders – es kommt permanent Geld in die Kasse, wenn es läuft.

Einen Tag später hatte ich meine ersten fünf Gramm verkauft an Typen, die ich ruckzuck fand. Ich wusste, wer kokste, und ich fragte einfach. Auf'm Kiez ist das ein Klacks.

Es waren die letzten Tage in meinem Zimmer mit den Wrestling-Postern an der Wand; das wurde jetzt mein Koks-Labor. Ich hatte die Portionsmengen und die Preise genau austariert, damit mein Schnitt stimmte. Einfache Rechnung: Ich würde 20000 Mark erwirtschaften, wenn ich das Gramm zu 100 Mark verkauft bekäme. Abzüglich der 10 000 Mark an Najim machte das also satte 10 000 Mark Gewinn. Ich kaufte mir Klarsichttüten und eine Küchenwaage, als Unterlage tat es ein kleiner Wandspiegel, zur Portionierung nahm ich meine Sparkassen-Kundenkarte.

Am zweiten Tag verkaufte ich wieder einige Gramm – und als ich ahnte, dass es eine Ewigkeit dauern würde, den ganzen großen weißen Haufen unter die Leute zu bringen, hatte ich auf einen Schlag keine Lust mehr auf dieses kleinteilige Geschäft. Ich brauchte Straßenläufer, größtenteils selbst Drogenabhängige, die neben Kokain auch andere Rauschgifte konsumierten und vertickten. Da sie selber ihre besten Kunden sind, aber für ihr teures Hobby das entsprechende Geld benötigen, sind sie gierige An- und Verkäufer. Ich sprach einige an, sie nahmen gleich dreißig, vierzig, fünfzig Gramm. Der Haufen Koks war weg. Und: Ich hatte 10 000 Mark Gewinn in der Tasche. Wie ausgerechnet. *Gefällt mir!*, dachte ich.

Ich investierte mehr, ich machte mehr Gewinn.

Geld. Das hatte ich von da an so viel, dass die Verstecke rar wurden. Ich besaß ein Jugend-Konto bei der Bank – mit Bar-Einzahlungen von mehreren 1 000 Mark hätte ich aber auch gleich zur Polizei rennen und von meinem neuen Start-up-Unternehmen berichten können. Also vergrub ich mein Drogengeld im Garten, eingepackt in Plastiktüten und Munitionskisten aus dem Bundeswehr-Shop. Manchmal wusste ich nicht mehr, wo ich alles versteckt hatte.

Beim Verbuddeln gab ich mir Mühe. Ich hatte Sorge, dass die Kohle gefunden werden könnte – nicht so sehr von den Bullen, eher von einer für mich viel einflussreicheren Macht: meiner Mutter. Ich war siebzehn Jahre alt. Ich hatte mehr Schiss vor ihr als vor der Staatsmacht, und 30 000, 40 000 Mark hatte ich immer übrig.

Die Kohle gab ich mit beiden Händen aus. Hätte es mir Spaß gemacht, ich hätte es im Klo runtergespült. Die Beziehung zum Geld hatte ich damals schon verloren. Zu sparen und mich dann ein paar Jahre später zur Ruhe zu setzen wäre für mich nie in Betracht gekommen. Lieber lud ich meine Freunde in die Discos der Stadt ein, frei saufen inklusive. Oder wir machten wie andere Jugendliche einen Ausflug in den Heidepark Soltau, ebenfalls *all inclusive* versteht sich – und mit einem Ferrari als Ausflugsmobil (ein älterer Freund von mir buchte die Karre). Mal flogen oder fuhren wir übers Wochenende nach Paris, Mailand oder München. Immer dabei ein dickes Bündel Scheine, das ich unter die Leute brachte: neue Klamotten, dicker Schmuck, viele Getränke und abends in den Puff. Wenn ich für eine Runde Eisbecher beim Italiener um die Ecke 24 Mark auf den Tisch legen musste, legte ich nen Fuffi hin. »Danke, stimmt so!« Die Höhe meiner Trinkgelder genoss hymnische Beachtung.

Der Vorteil war – und hierin sah ich die ersten verheißungsvollen Anflüge meines zukünftigen Lebens –, dass ich beim nächsten Mal in der Eisdiele mit Sicherheit einen Platz bekommen sollte, auch wenn der Laden gerammelt voll war. Das kannte ich von meinen Mafia-Filmen: Laden voll, Mafioso kommt, Tisch wird geräumt oder eilig herbeigeschleppt. Und alle anderen schauen auffällig unauffällig rüber. In meiner Hose eine ausladende Geldscheinklammer, 1000 Mark war mein Tagessatz »zum Rumspinnen«, mindestens. Und noch einen Vorteil hatte es, dass ich mich benahm wie der verstörte Sohn eines Großindustriellen, der sich seine Freunde kaufte: Jeder wusste jetzt, dass ich Koks vertickte. Protziges Gehabe war meine Visitenkarte. Image ist alles, Image ist das Hauptkapital des Koks-Verkäufers.

Meiner Mutter steckte ich beizeiten 500 Mark zu, sie sollte sich auch was Schönes kaufen können. Jetzt wusste sie natürlich, dass ihr Sohn derart viel Geld nicht durch den Tausch von Klamotten erwirtschaftete. Sie nahm es dennoch an, und ich hoffte, dass die Schenkung als eine Art Entschuldigung durchging. Ich war jetzt kein Schüler mehr, auch kein Autodieb, und gemessen an meinen Einnahmen, meinem Alter und meiner Motivation ein kriminelles Talent. Bisher hatte ich aber nur ein paar Kunden und Straßenläufer mit Koks versorgt, eigentlich war ich also auch immer noch ein kleiner Gauner. Jedoch einer mit einem gewissen Ruf, den ich mir durch Loyalität, Zielstrebigkeit, Feierlaune und Knast-Nachweis erworben hatte. Jetzt konnte das beginnen, was man gewerbsmäßiges Handeltreiben mit Betäubungsmitteln nennt – und zwar im großen Stil. Aber vorher traf ich sie …

Der Engel und die Currywurst

Der Sommer versuchte sich gerade mit letzter Kraft gegen den heranstürmenden Herbst zu wehren. Mit Cousin Christian machte ich ein paar Erledigungen und trieb bei einem Koks-Schuldner 1 600 Mark ein, die nun schon fast zwei Wochen ausstanden. Er arbeitete in einem Laden, der Lifestyle-Klamotten und Skateboards verkaufte. Hip-Hopper, Boarder (wie wir Skateboard-Fahrer nannten) und Jungs aus der Techno-Szene bildeten zu dieser Zeit neben meinen Straßenläufern den Kern meines Kundenstamms, da die einzelnen Szenen sich längst nicht mehr nur ihre angestammten Drogen reinpfiffen: Die Hip-Hopper und Skateboarder kifften nicht mehr ausschließlich, die Elektronik-Nerds lutschten nicht mehr nur an ihrem Ecstasy-Löschpapier rum. Sie wollten Abwechslung im Kick, und den fanden sie beim Koksen.

Der Boarder zahlte anstandslos, er hatte eine Woche zuvor von mir schon eine Ermahnung bekommen, die gesessen hatte. Heute war ein ruhiger Tag.

Christian war zu einer Art Chauffeur für mich geworden, da er selbst nicht dealte (das war auch besser so), aber für mich hie und da eine Bestellung abgab und die Kohle eintrieb. Dafür gab ich ihm einen Teil des Gewinns, je nachdem, wie der Tag verlief. Heute begleitete ich ihn, weil ich nichts Besseres zu tun hatte. In unserer Mittagspause wollte er seine neue

Freundin besuchen, Alexa, eine bildhübsche 18-Jährige mit italienischen Wurzeln, die er vor Kurzem kennengelernt hatte. Alexa arbeitete in einem Restaurant. Dort bestellten wir eine Currywurst mit Pommes (es sollte schnell gehen). Zum Tisch brachte das Essen aber nicht Christians Flamme, sondern eine Frau, die ich am liebsten im Moment des Abstellens der Teller geehelicht hätte: Hannah. Sie war blond. Mir war, als ob sie durch den Raum schwebte. Sie hatte eine Figur zum Niederknien. Ich hätte gern auf dem Tisch mit ihr Liebe gemacht.

»Hallo, die Herren. Ihre Bestellung: einmal Currywurst, anbei Fritten. Dazu reichen wir heute Mayonnaise und Tomaten-Ketchup. Wohl bekomm's!«

Sie lächelte (engelsgleich). Ich lächelte (verkrampft). Schon beim Wort Currywurst war ich verknallt bis über beide Ohren, zum ersten Mal in meinem Leben. Irgendwas wollte ich jetzt sagen, mir fiel aber nichts ein, und somit quälte ich mich bei dem Versuch, möglichst entspannt zu lächeln.

Wo ist sie hin, meine Spontaneität? Nur ein kleiner Scherz! Sei jetzt charmant!, schoss es mir durch den Kopf.

»Äh, sieht lecker aus. Danke!«, war alles, was dabei herauskam. Ich fühlte mich hässlich, war zwei Tage nicht mehr im Solarium gewesen und zwei Tage nicht mehr im Fitnessstudio. Fand sie mich doof? Das musste ich wissen, die Frage allerdings geriet mir ein wenig zu dramatisch: »Willst du mich morgen heiraten?«

Sie antwortete: »Vielleicht. Erst musst du aber deinen Teller aufessen. Soll ja nicht regnen an unserem großen Tag!«

Sie war mein blonder Engel.

Hannah war zwei Jahre älter als ich, intelligent und verglichen mit den Frauen, die ich bis dato in meinem Bett hatte, eine Dame. Flittchen kannte ich zur Genüge, Hannah war anders. Für diese Erkenntnis brauchte ich nur so lange, wie es braucht, um einen Currywurst-Teller abzustellen. Ich aß schweigend die Wurst und lugte immer wieder zu ihr rüber.

Sie schaute nicht. Christian musste mir alles erzählen, was er über Hannah wusste. Das war nicht viel, aber zumindest konnte er sagen, dass seine neue Flamme und Hannah gute Freundinnen seien – vielleicht also beste Voraussetzungen für einen gemeinsamen Abend.

»Am Freitag wollen wir in die Bar 51 gehen und ein bisschen tanzen. Hast du Lust?«, fragte ich Hannah, während sie abkassierte, ich ihr viel zu viel Trinkgeld gab und nachrechnete, dass es bis zum Freitag noch zwei verdammt lange Tage dauern würde.

»Kommt Alex auch?«, hakte sie nach. Sie nannte Christians Freundin Alexa Alex.

»Ja, klar. Das wird super! Wir kennen die Besitzer gut«, übertrieb ich. Denn die beiden Brüder, die den Club in der Nähe Hamburgs betrieben, waren lediglich meine Koks-Kunden, und wir hatten uns bisher nur ein paar Mal gesehen. Da sie viel Koks auf einmal orderten, fuhr ich selber zu ihnen hin.

»Mein Anzug ist bis dahin auch aus der Reinigung.«

»Okay. Ich komme mit. Alex weiß ja, wo ich wohne. Ab neun Uhr bin ich bereit. Und mit dem Heiraten können wir dann ja bis Freitag warten«, sagte sie, lächelte ihr Engelslächeln und verschwand durch die Schwingtür zur Küche. Ich hörte leise den Hochzeitsmarsch spielen und führte in meiner Hose einen Ständer extraordinären Ausmaßes aus dem Restaurant.

Die Vorbereitungen für den Freitagabend begannen bei mir direkt mit dem Verlassen des Ladens. Als Erstes bestellte ich eine weiße Stretch-Limousine mit Chauffeur. Ich kaufte mir einen neuen Anzug, ein neues Hemd, neue Schuhe, neue Socken, neue Unterhosen. Zwar quoll mein Schrank über vor Designer-Teilen, aber allein fürs gute Gefühl wollte ich mich für Hannah neu erfinden. Fitnesscenter, Solarium, Massage, Pediküre, Maniküre und – wegen der großen Aufregung – ein Entspannungs-Fick im Puff brachten mich ausreichend in Stimmung. Hannah sollte mich von meiner besten Gangsterseite erleben. Denn eines stand für mich fest: Sie müsste schon gefallen an einem Spinner wie mir finden, an einem jungen großspurigen Koks-Dealer. Den erfolgreichen Manager oder DJ oder Studenten hätte ich ihr nur für ein paar Abende vorspielen können. Ich wollte sie aber für immer. Lebenslänglich hörte sich beim Gedanken an diese Frau das erste Mal gar nicht so übel an.

Dann kam der Freitag, und ich wurde zum Prinz Protz. Hannah hatte ich dabei immer im Augenwinkel, möglichst so, dass sie nicht mitbekam, wie ich mich anhand ihrer Reaktion zu vergewissern suchte, ob meine Masche verfing. Sie sah fantastisch aus, trug ihr kleines Schwarzes. Im Club hatte ich mich vorher angekündigt, damit nichts schiefgehen würde. Es passte alles: Abklatschen mit den Türstehern, nachdem wir natürlich erst um 23.30 Uhr vorfuhren, als die Schlange der Wartenden vor der Tür, an der ich gelassen vorbeischritt, am längsten war ... im Laden Hannah aus der Jacke helfen ... meine Jacke im Vorbeigehen auf den Tresen der Garderobiere schmeißen ... kurz neben der Tanzfläche nach dem Rechten sehen ... einmal zur Theke winken, Finger heben (reichte als Bestellung) ... und drei Minuten später sah ich die Flasche Wodka auf Eis mit sechs Dosen süßer Aufputschbrause auf einem Tablett an den für uns reservierten Tisch durch den Laden wandern. Hannah lachte, sie fand das toll. Ich legte einen Arm um sie und einen Gang zu.

»Keule«, ranzte ich die Bedienung an, als er das Tablett abstellte, »was'n da los?« Dabei steckte ich mir eine Zigarette mit meinem Dupont-Feuerzeug an.

»Bitte, was?«

»Wie viele Pärchen siehst du hier am Tisch? Zähl mal durch!«

»Eins, zwei?«

»Sehr gut. Wie viele Flaschen Wodka siehst du hier auf deinem Tablett?«

»Eine?«

»Auch sehr gut. Wo liegt also das Problem?«

»Äh, eine Flasche Wodka zu wenig?«

»Guter Mann, mit dem kann man arbeiten!« Ich klopfte ihm auf die Schulter und suchte Hannahs Augen, die ein bisschen nach unten schauten. *War das zu viel?* Ich steckte der Bedienung gut sichtbar einen Fuffi zu. »Danke. Aber jetzt: hurtig!«

Die zwei Pullen Wodka schafften wir an dem Abend nicht, weil immer wieder Leute zu uns an den Tisch kamen. Viele Araber, andere Kiez-Kumpels, allesamt Leute, die sich freuten, mich zu sehen. Und alle hatten etwas zu trinken dabei. Wir alberten, lachten, tanzten. Ich hielt ein weiteres Mal um Hannahs Hand an, sie lachte und gab mir einen Kuss auf die Stirn. Die Zeit verflog. Die Limousine wartete draußen. Christian hatte ich eine halbe Stunde zuvor Kohle für ein Taxi gegeben und gesagt, dass er mit seiner Flamme vor uns fahren müsse. Um kurz nach vier Uhr verließ ich mit Hannah den Laden, und wir fuhren durch das nächtliche Hamburg. Als wir bei ihr ankamen, war mir klar, dass wir gleich miteinander schlafen würden. Taten wir aber nicht. Daran ließ sie keinen Zweifel – und keinen Versuch meinerseits zu, das zu ändern.

»Ich habe morgen Mittag Schicht im Restaurant – ich würde deine Currywurst nicht berechnen, wenn du mich besuchst«, sagte sie, nachdem sie mir einen flüchtigen Abschiedskuss auf die Wange gedrückt hatte, beim Aussteigen.

»Gerne.« Noch nicht einmal die Tür aufhalten konnte ich ihr, so schnell war sie ausgestiegen.

Am kommenden Tag um 12.30 Uhr saß ich wieder in dem Restaurant, in dem sie bediente.

Es dauerte noch drei weitere Wochen und etliche weitere Currywürste, bis ich meinen Engel endlich lieben durfte. Ich fühlte mich wie auf Wolken. Mit ihr konnte ich mir ein Kind vorstellen, ihr wollte ich die Welt zu Füßen legen. Mehr Geld wäre dafür also nicht schlecht. Ich konnte nicht ahnen, dass man dafür als Koks-Dealer beizeiten in der Waschküche Nachbarschaftsgezänk schlichten muss.

DIE KOKS-CLIQUE SCHAUT NACH DEN RECHTEN

»Du kommst mit freundlichen Worten und einer Waffe weiter als nur mit freundlichen Worten.«
Die Unbestechlichen

Neben dem An- und Abverkauf von Kokain an junge Junkies und an die Straßenläufer, meine ewig rennenden Koks-Äffchen, vagabundierte ich mit meinen Kumpels gerne durch Hamburg oder durch Langbergen. Aus unserer Clique vom Rande der Hamburger Elbchaussee wurde eine Gang. Wir waren rund zwanzig Mann, alle nicht älter als neunzehn oder zwanzig.

Verantwortlich war jeder für sich und seine Geschäfte selbst, jeder hatte seine speziellen Vorlieben. Nur einige dealten, andere fühlten sich mit Raubüberfällen oder beim Erpressen wohler. Sie waren spezialisiert auf Kioske und Tankstellen und machten zusätzlich in Gebäudeversicherungen, wie wir Schutzgelderpressung von Restaurants, Imbissbuden und Kneipen nannten. Drehten wir ein Ding mit höherem personellen Aufwand, wurde nach Verstärkung in unseren Reihen gefragt, und der, der mitmachte, wurde finanziell beteiligt, je nach Einsatz und Risiko.

Meine zwei Cousins Christian und Alex, dazu meine Kumpels Sibbi und Micha, Najim und ich fanden unser Glück im Kokain. Hier war das Business hierarchisch gegliedert. Najim und ich waren die Chefs. Najim war prügelnder, ich kalkulierender Kopf unserer Koks-Fraktion. Er war Bud Spencer, ich Terence Hill, nur dass unser Unterhaltungswert nicht ganz so groß war.

Meine Vettern fungierten in unserer Kokain-Sektion als Kuriere, Eintreiber und eine Art Mädchen für alles. Wenn andere aus unserer Gang auch verticken wollten, bezogen sie über uns den Stoff – zu einem Preis, den ich meinen Straßenläufern nicht gönnte, nämlich maximal 30 Euro das Gramm. Sie verkauften es dann für das Zwei- bis Dreifache. Da meine Kollegen manchmal gleich ein halbes Kilo abnahmen, lohnte sich das für mich immer noch – ich machte auf ein Gramm rund zehn Euro Gewinn. Najim und ich teilten bei all unseren anderen Geschäften (die nichts mit der Gang zu tun hatten) halbe-halbe, wie Brüder eben.

Er war es auch, der mir Zugang zum ausgeklügelten Drogen-Netzwerk der Albaner verschaffte. Zu Treffen seiner Sippe nahm mich Najim jetzt öfter mit, weil er nach wie vor dachte, mir einen Gefallen zu schulden, und weil er bemerkte, dass er neben sich einen zweiten starken Mann gebrauchen könnte. Die Nachfrage gab das allemal her. Unser gemeinsames Ziel war es, Geld zu scheffeln, das war unser Freundschaftskitt. *Kohle zieht Macht nach sich, und Macht macht erfolgreich, nicht nur bei den Frauen* – diese logische Kette hatten wir verinnerlicht. Geld kann man gegen Glück eintauschen. Und wir wollten die glücklichsten Kerle auf dem Planeten werden. Unser Ziel wollten wir auf demselben Wege erreichen, nämlich möglichst direkt und schnell, wenn es sein musste, mit dem Kopf durch die Wand. Niederlagen waren dabei nicht vorgesehen, auch nicht bei der kleinsten Keilerei. Man darf keine Schwäche zeigen, man darf keine Angst zeigen. Nie.

Ich sah das folgendermaßen (und auch hier stand mir wieder ein Zitat aus einem Mafia-Film Pate): Wenn ich rausging, mich mit jemandem prügelte und verlor, kam ich mit einem Baseballschläger zurück. Wenn er dann auch einen Baseballschläger hatte, kam ich mit einem Messer wieder. Hatte er auch ein Messer, kam ich mit einer Knarre. Wenn er dann auch eine Knarre hatte, ging es darum, wer schneller abdrücken würde. Denn ich würde schießen, garantiert. Und wenn viele sagten: »Meine Güte, wie dumm!«, dann erwiderte ich:

»Richtig, aber es geht nicht anders, wenn du meinen Job machst.« Umgebracht habe ich niemanden, aber ich hätte es in Kauf genommen. Jedes Mal. Darüber denkt man gar nicht nach.

Mit diesem Selbstverständnis zogen ich und meine Gang-Kollegen durch die Straßen, immer gut erkennbar an unserer Drogendealer-Uniform. Die bestand aus drei Teilen: schwarzes Longsleeve, schwarze Leinenhose, schwarze Lackschuhe. Allerbester Qualität, wohlgemerkt. Im Fitnessstudio hatte ich mir mittlerweile eine Figur antrainiert, der man meine Mühe ansah.

Wir waren auf der Straße aber beileibe keine aggressiven Hunde, die jeden anbellten, der vorüberging. Ganz im Gegenteil: Die Leute in unserem Hamburger Viertel oder in Langbergen freuten sich, uns zu sehen. Wir waren immer freundlich und hilfsbereit, hätte es eine Oma gewollt, wir hätten ihr über die Straße geholfen. Wenn Kinder auf der Straße neben unseren Autos Fußball spielten, dann drohten wir nicht, ihnen die Füße abzuhacken, wenn sie mit dem Ball unsere Karren treffen würden. Wir sagten nur, sie sollten aufpassen. Und zwei Euro für Süßigkeiten gaben wir ihnen auch noch. Vor uns fürchten mussten sich nur die, die den großen Macker spielen und uns Jobs madig machen wollten.

Gut ein halbes Jahr arbeiteten wir nun schon auf diese Weise zusammen, alle voneinander profitierend. Unser Unternehmen florierte, und erstmals in meinem Leben war es nicht die zweifelhafte Prominenz meines Vaters, die auf mich abstrahlte und deretwegen ich innerhalb und außerhalb einer Gruppe berüchtigt war, sondern ich schaffte es ganz allein.

Immer öfter war ich jetzt selbst am Hamburger Hafen, um über die Verkäufer am Kai an die Droge zu kommen. Von Najim bezog ich nur noch selten mein Kokain – er hatte auch nichts dagegen, dass ich ihm fast nichts mehr abkaufte. So hatte er weniger Aufwand, das Zeug zu besorgen. 17 bis 20 Euro kostete das Gramm am Hafen. Für rund 40 bis 50 Euro vertickte ich den Stoff an meine Läufer (natürlich bekamen die es nicht zu den Sonderkonditionen wie die Mitglieder unserer Gang), Endkunden mussten pro Gramm 80 bis 100 Euro löhnen.

Tagsüber hingen wir in Cafés, Kneipen, in unseren Wohnungen oder auf Parkplätzen neben unseren Karren rum, am Telefon koordinierten wir Treffen – und abends koksten wir. Da ich mich sowieso wie *He-Man* fühlte, wirkte das weiße Puder auf mich wie ein ewig währender Orgasmus. Ich fühlte göttliche Allmacht, besaß die sexuelle Hybris von Rolf Eden und wartete mit kommunikativen Überreaktionen wie ein Hausfrauenstammtisch nach billigem Sekt auf. Ich liebte dieses Besser-größer-geiler-Gefühl, ich wollte es immer öfter. Frühmorgens, wenn ich völlig fertig von den Partys und dem Koks nach Hause kam, kroch ich unter die Decke, unter der Hannah schlief. Sie lächelte dann und schmiegte ihren warmen Körper am mich.

Morgens ab 12 Uhr begann mein Handy zu klingeln – und von da an eigentlich pausenlos. Die Telefonate waren die Seuche. Peinlich genau achtete ich darauf, wer meine Nummer bekam, um zu bestellen. Später kamen für mich nur die in Betracht, die größere Mengen abnahmen, oder meine prominente Kundschaft. Zu jener Zeit aber waren etliche weitere Kundenkontakte nicht zu umgehen. Also erklärte ich den Leuten in einem Vier-Augen-Gespräch genau, was sie am Telefon sagen dürften – und was nicht. Meinem koksabhängigen Zahnarzt mit dem Lidocain trug ich beispielsweise auf: »Du allein bestellst für dich und deine Freunde, nur du darfst mich anrufen! Frag nur, wo ich bin und ob wir uns treffen können! Keine Klugscheißersprüche!« Lanfermann hatte schnell kapiert, andere nicht. Entweder waren die zu bescheuert, oder sie hatten wie ich zu viele Filme gesehen.

Telefonische Erkundigungen wie diese bekam ich dutzendfach: »Hey, schneit's morgen?« Oder: »Kannst du mir zwei Bananen bringen?« Oder: »Ich bräuchte hundert weiße Autos!« Diese Art von Fragen kann Dealern das Genick brechen. Ich habe dann sofort aufgelegt. Nur leider ging das nicht immer, ich konnte es mir anfangs schlichtweg nicht leisten, jeden trommeldoofen Abnehmer zu vergraulen. So wie an einem Montagmittag. Ich saß gerade in Hamburg in meinem Lieblingscafé, als mein Handy schrillte.

»Moin«, meldete ich mich. Die Nummer wies einen Kunden aus, der gerne zweihundert Gramm auf einmal bestellte, machte rund 16000 Euro. Er war in der Hamburger Partyszene ein gut bezahlter Techno-DJ, machte mit Koks nach seinen Shows noch ein bisschen zusätzliches Geld und pustete sich oft selber die Nase durch.

»Yo, Stefan! Alles klar? Hast du Pullis zu Hause?«

»Bitte, was?«

»Ich brauche zweihundert Pullis, Alter!«

»Willst du mich verarschen?« An seiner imposanten Sprachschnelligkeit war klar hörbar, dass er drauf war. »Ich behalte meine Pullis lieber. Wird bestimmt bald kalt.«

»Hä? Wat is?«

Er hatte immer noch nicht begriffen, dass man am Telefon keine Kokain-Absprachen machte. Also sagte ich: »Wenn dir kalt ist, Kollege, können wir uns ja treffen. Wie immer. Ich bringe ein paar warme Socken mit.«

Ich traf ihn eine Stunde später in einem Café.

»Kommst du bitte mal mit?«, fragte ich, dann ging ich mit ihm in eine Seitenstraße, gab ihm eine tüchtige Backpfeife und brüllte ihn an, dass er ein Riesen-Arschloch sei: »Du Tröte! Am Telefon keine Absprachen! Wie oft denn noch?«

»Wieso, ist doch kein Problem«, sagte er kleinlaut.

»Doch, ist ein Problem. Macht man nicht!«

»Wie soll dir denn jemand etwas nachweisen können – ich hab dich nach Pullis gefragt!«

»Und du glaubst, auch nur ein Richter hier in Deutschland fällt auf so eine Scheiße rein? Es ist noch nicht mal kalt! Es ist Sommer, du Arsch!«

Die Backpfeife verzieh er mir, dann gab ich ihm die zweihundert Gramm. Er war einer jener Kunden, die ich direkt von anderen Dealern abwarb. Das fiel mir leicht: Erstens hatte ich gute Preise, zweitens hatte ich für diese guten Preise das wohl beste Kokain der Stadt und drittens ein Selbstbewusstsein, das viele überrumpelte.

»Was sage ich denn jetzt meinem alten Dealer«, fragte mich bei unserem ersten Geschäft der DJ, »bekomme ich mit dem jetzt keinen Ärger, wenn der merkt, dass ich bei dir bestelle?«

»Keine Ahnung – aber wenn du willst, klären wir das jetzt. Wer ist das, wo wohnt der? Mein Wagen steht draußen, ich fahr auf der Stelle zu ihm. Ich werde ihm sagen, dass er einen Kunden weniger hat.« Dieses Risiko musste ich eingehen, um mir den Respekt des Kunden zu verschaffen. Direkt losfahren indes musste ich nie, aber ich hätte es getan. Wenn mich sein ehemaliger Dealer im ersten Anlauf dann plattgemacht hätte, wäre ich mit entsprechender Begleitung wiedergekommen, so lange, bis er mit der neuen Marktsituation einverstanden gewesen wäre. Dazu kam es jedoch nicht, weil ich wusste, wie Dealer ticken:

Natürlich wollte keiner meiner Kollegen einen potenten Kunden verlieren, der verlässlich kaufte. Und natürlich fragten sie nach einiger Zeit bei ihren Kunden an, was los sei. Aber die meisten Klein-Dealer auf der Straße oder am Disco-Eingang waren zu meiner Zeit irgendwelche kleinen Möchtegern-Größen. Die begriffen schnell, wenn jemand stärker war. Ich hatte meinen Ruf ja bereits weg. Darwin, das Gesetz des Stärkeren. Und ich *war* stärker. Zumindest glaubten das die meisten. Das reichte schon.

Sie kamen morgens um fünf

Zwar war es wie üblich im Januar kalt und stürmisch, und der Regen kam von vorne, aber Hamburg wurde langsam heiß für Najim, mich und unsere Gang. Die Polizei hatte Wind davon bekommen, dass es angezeigt war, uns besser im Auge zu behalten. Untrügliche Anzeichen dafür waren die Hausdurchsuchungen, die sich auch bei mir häuften. Ich verdiente am Kokain-Vertrieb mittlerweile so gut wie ein Boni-Banker.

Anders als wohl viele denken, bestellten Dealer wie wir nicht direkt über einen Mittelsmann beispielsweise in Kolumbien, sondern waren auf die Importe am Hafen angewiesen. Frischer Nachschub aus Südamerika kam ganz automatisch, die Kähne mit dem Koks landeten täglich an. Ich musste nur wissen, wo, wann und über wen der Deal vor Ort abgewickelt wurde, dann konnte ich mich nach Belieben eindecken.

Den Kokain-Verkauf am Kai organisierte in meinem Fall Russen-Dimi, einer von sechs, sieben Mittelsmännern, die dort rumschwirrten. Najim hatte mich ein paar Monate zuvor mit ihm bekannt gemacht. Diese Hafen-Kontakte waren die Achillesferse: Wenn die aufgeflogen wären, hätte es mich einige Zeit und Mühe gekostet, die Nachfolger von Russen-Dimi und seinen Kollegen zu finden. (Ich wäre wahrscheinlich erneut auf Najims Hilfe angewiesen gewesen, der durch seine Familie noch sehr viel besser als ich verdrahtet war.) Und selbst dann wäre mir klar gewesen, dass es mit einer Zusammenarbeit schwer geworden wäre: Großes Vertrauen genießt man nicht als Großabnehmer eines Verbindungsmanns am Hafen, dessen Vorgänger kurz zuvor über den Jordan gegangen waren. Die Angst wäre zu groß gewesen, dass unter meinesgleichen ein V-Mann der Polizei hätte lauern können.

Dimi, kahlköpfig, tätowierte Unterarme, breitschultrig, immer ein knusperndes Walkie-Talkie in einer Hosenschlaufe, war eigentlich ständig am Hafen. Und wenn nicht, hatte ich zur Not die Nummer von drei anderen Typen, die ebenfalls dort malochten. Dimi war angestellt als eine Art Disponent, der das Löschen der Schiffsladungen überwachte. Er hatte Dealer-Kunden, die von überallher kamen, hauptsächlich aber aus Deutschland, den Niederlanden oder Polen. Ich fand ihn entweder direkt vor Ort vor, oder ich traf ihn abends irgendwo auf'm Kiez.

»Ich hab einen Engpass. Kannst du mir morgen früh etwas beiseitelegen?«

»Klar«, sagte Russen-Dimi, »wie viel?«

»Zwei.« Die zwei Kilo konnte ich dann am kommenden Tag abholen. Es war immer ein wenig Glückssache, wann Dimi Zeit hatte, da er neben dem Koks-Verkauf seinen Job zu regeln hatte und er genau wusste, wann man im Hafen den Austausch anging – und wann besser nicht. Oft mussten die Container erst noch von den Kähnen geholt werden, da ich mir die Ware nie auf einem Boot angeschaut habe. Es waren Container mit unterschiedlichem Inhalt, in denen das Koks versteckt war: Kaffee, Obst oder irgendwelche Industrie-Bauteile.

Den Preis des Tages sagte mir Russen-Dimi schon vor der Qualitätskontrolle durch mich an, er lag aber fast nie höher als 20 Euro pro Gramm. Handeln konnte ich nicht, manchmal musste ich sogar schlechtes Koks kaufen, ganz einfach, weil ich dringend neuen Stoff brauchte. Dann konnte ich weniger hart strecken, sonst hätten sich meine Kunden beschwert.

Welcher Anteil von dem 20-Euro-Einkaufspreis in Dimis Tasche wanderte, wusste ich nicht exakt, es war aber klar, dass auch er nur Handlager von denen war, die die Fuhren organisierten. Mehr als fünf bis zehn Prozent wird er wohl nicht bekommen haben, immer noch gut, in Anbetracht der Mengen, die Dimi verschacherte. Dass er ein eher kleines Licht in diesem schillernden Spiel war, war schon dadurch ersichtlich, dass er offiziell am Kai arbeitete, das hätte natürlich keiner der Bosse gemacht. Dimi war fast jeden Tag acht Stunden da und manchmal auch länger. Die Organisatoren der Koks-Frachter vermutete ich entweder in den Niederlanden oder direkt in Südamerika, höchstwahrscheinlich Kolumbien. Aber selbst wenn die Kähne direkt von den Kartellen aus Übersee auf die Reise geschickt worden wären, hätten sie mindestens Leute vor Ort gebraucht, die Kunden und Verkäufer wie Dimi über neue Ladungen informieren mussten.

Wer? Woher? Wann?

Alles Fragen, die man aber besser nicht direkt stellt, zumindest aber bekommt man einiges mit. Direkte Fragen werfen Gegenfragen auf: Warum willst du das wissen? Bist du ein Bulle? Oder willst du mir den Job klauen? Gar nicht gut, wenn das dein Gegenüber vermuten könnte.

Russen-Dimi und ich hatten ein loyales Dealer-Verhältnis aufgebaut, das dringend nötig war. Ihm war daran gelegen, nur wenige und gute Kunden zu haben, mir war daran gelegen, dass ich einer der wenigen und guten Kunden blieb. Wenn einer meiner Straßenläufer selber bei Russen-Dimi bestellen wollte – beizeiten kamen sie auf diese Idee –, wusste ich das fünf Minuten später. Dann habe ich den Läufer an den Haaren in meine Karre gezogen, bin in eine ruhige Ecke gefahren, habe ihn zusammengeschlagen, bis er um Gnade flehte – und meine Zusammenarbeit mit ihm war aufgelöst. Diese Typen haben auch nie wieder woanders arbeiten können, Verräter sind für das Koks-Gewerbe verbrannt.

Der Stoff war immer massig da: Es schien, als führte eine unsichtbare Pipeline von Südamerika aus zum Hamburger Hafen, die stetig Koks ausrotzte. Besonders gerne, und wenn es mein Vorrat erlaubte, fuhr ich am frühen Abend raus zu den Landungsdocks. So auch eines Tages, der mir aus gutem Grund im Gedächtnis geblieben ist:

Wenn ich Glück hatte, war wieder so ein Tag, an dem besonders viel Kokain durch Russen-Dimi und seine Kollegen gelöscht werden musste. Denn sonst wären die geheimen Vorräte in den Containern der Schiffe nicht leer geworden. Das hatte glücklicherweise Kokain-Discountpreise zur Folge, da Dimi das Zeug schnell loswerden wollte; zu risikoreich war es, auf den nächsten Händlertag zu warten. Und dann kamen ja auch schon die neuen Ladungen.

Gegen 16 Uhr parkte ich meinen Mercedes in der Nähe des Hafens. 18 000 Euro musste ich heute für das Kilo löhnen, das hatte mir Dimi beim Informationsgespräch im Café gesagt, ein guter Preis, ich wollte drei. Er sagte mir, wo ich hinkommen solle, er selbst werde in einigen Minuten nachkommen. Noch siebenhundert Meter Fußweg lagen vor mir. Ich musste durch den Zoll und grüßte freundlich. Koks-Kauf am Hafen war auch immer ein bisschen Psychostress, obwohl die Gefahr, geschnappt zu werden, gen null tendierte.

»Guten Tag!«

»Tag!«

Ich ging weiter und konnte Dimi nirgendwo sehen. Gerade machte ein Schiff aus Lateinamerika fest, das offiziell Kaffeebohnen transportierte. *Bestimmt!*, dachte ich. Gerade auf diesen Kaffee-Kähnen wurde wegen des starken Eigengeruchs der Bohnen gerne Koks verschifft. Das lenkt unter Umständen lästige Drogenköter ab.

Ich schaute mich um. Ein Stapler hupte mich von der Straße. Richtig sicher fühlte ich mich bei meinen Einkaufstouren nicht, obschon ich wusste, dass Zöllner und die Hafenschutzpolizei kräftig an der Nase herumgeführt wurden (oder geschmiert waren). Die meisten aufgeflogenen Kokain-Funde auf den Schiffen waren kleine Nebelbomben, die die Strippenzieher des internationalen Kokain-Marktes immer wieder warfen, um Beamte und die Öffentlichkeit zu irritieren und mit kleinen Erfolgsmeldungen zu beruhigen. In Wahrheit folgte einer aufgeflogenen Kokain-Ladung beispielsweise in Bremerhaven, Amsterdam oder Hamburg gleich nachfolgend ein weiteres Schiff mit mehreren Tonnen Kokain darauf. Auf diesem Schiff lachten sich dann alle rund, weil sich die Bullen immer noch über ihre paar Kilo freuten und alles säuberlich protokollierten, während die wirkliche Ladung Koks munter in den Hafen einfuhr. Alle Schiffe konnten gar nicht kontrolliert werden, viel zu viel Verkehr. Für eine Überwachung fehlt dort schlichtweg das Personal, und zudem gibt es zu wenige, die wirklich überwachen wollen – auch heute noch.

Nach alter Regel bezahlte ich immer mit dem größten Schein, den eine Währung zu bieten hat, wenn ich mit einen Tasche voller Kokain beim Zöllner ankam. Die 500 Euro steckte ich in meinen Reisepass oder hielt sie gut versteckt in meiner Handfläche, um sie zu übergeben. Ich kann mir nicht vorstellen, dass ich der Einzige war, der hier auf diese Weise problemlos sein Koks rausbekam.

Weiter hinten endlich kam mir Russen-Dimi winkend entgegen.

»Wie geht's, Alter?«

»Allet töfte, nech.«

Er führte mich ein paar hundert Meter weiter zu einem Container. In der Hose von Russen-Dimi knarzte es. »Komme gleich, muss nur kurz noch was erledigen«, sagte er in sein Walkie-Talkie. In der hinteren Ecke unter einer Palette lagen die Päckchen mit dem begehrten Inhaltsstoff.

Es gibt verschiedene Möglichkeiten, die Reinheit von Kokain zu bestimmen. Ich schnitt ein Paket auf und machte an diesem Tag nur einen schnellen Check.

Zerreiben der Koks-Probe zwischen Daumen und Zeigefinger.

Es wird ölig, der Schnee schmilzt ohne Rückstände.

Gut.

Koks unters Nasenloch, tief einatmen.

Riecht nicht allzu chemisch.

Sehr gut.

Ein bisschen sniefen.

Ein bisschen auf die Unterlippe.

Ein bisschen warten.

Wirkt.

Spitze!

Russen-Dimi grinste. Ich grinste.

Mein Tipp war: fünfundachtzig- bis neunzigprozentiges Koks. Beste Qualität.

54000 Euro wechselten den Besitzer, und ich sagte: »Danke.«

»Da nich für.«

»Denn man tau! Komme wohl erst in drei Tagen wieder.«

»Weißt ja, wo du mich findest.«

Das große Gewese vom Großmarkt für frische Blumen, Obst und Gemüse waberte zu uns herüber.

Das Koks war in den Containern am Kai immer an unterschiedlichen Plätzen versteckt, und auch die deponierten Mengen waren immer anders, meistens aber klein, nie mehr als fünf Kilo. Es gab ein aufgemaltes Zeichen, das Russen-Dimi verriet, dass hier etwas versteckt sein musste: ein Buchstabe, ein Auto oder eine Uhr – und schon war klar, dass beispielsweise in einem Weinfass neben dem Alkohol auch noch verbotene Ware versteckt war. Mit einer Axt zerschlug er kurzerhand den Behälter, der Wein ergoss sich über den Boden des Containers, und zum Vorschein kam ein hübsch verpacktes Kokain-Paket, von dem ich mich bedienen konnte. In Kaffee-Säcken oder Bananen-Kisten wurde der Stoff auch sehr gerne versteckt – oder aber eine kleine schwarze Sporttasche lag irgendwo griffbereit zwischen Gerümpel oder Gitterboxen. Die Frage, die sich mir immer stellte, war die, wie um alles in der Welt Russen-Dimi die Übersicht darüber behalten konnte, in welchen Containern wie viel Kokain für welchen Kunden war. Und ständig kamen neue Riesenpötte mit Hunderten von Containern an.

Ich war auf dem Weg des Kokains von der Plantage nach Hamburg vermutlich die dritte oder vierte Vertriebsebene: einer vor Ort, beispielsweise in Kolumbien, der anbauen und verschiffen ließ, dann der Weiterverkäufer in Europa, dann ich. Genau war das nicht nachzuvollziehen. Konnte auch sein, dass die Kähne erst über Amsterdam oder Rotterdam gingen, sodass auch noch dort jemand an dem Koks verdiente.

Je mehr Händler zwischengeschaltet waren, desto höher fiel der Preis aus. Da mein Ankaufspreis stabil niedrig war, konnte ich von recht guten direkten Kontakten bei Russen-Dimi ausgehen.

Ich ging zurück, durch den Zoll, übergab dort das Schmiergeld mit einem Spruch (»Nach Weihnachten kann man das doch ganz gut gebrauchen, nech?«), schmiss die Sporttasche mit den drei Kilo Kokain in mein Auto und fuhr los.

In meiner Wohnung angekommen, öffnete ich eine Flasche Rotwein und verabredete mich telefonisch für den kommenden Tag mit ein paar Straßenverkäufern. Hannah hatte gekocht, es gab Spaghetti Bolognese. Wir schauten einen Film und gingen dann leicht beschwipst in unser Schlafzimmer, wo uns die Kombination aus Liebemachen und Wein schnell schlafen ließ. Schnell, aber kurz.

Um fünf Uhr morgens hämmerte es an die Tür.

»Aufmachen! Polizei!«

Ich war glockenwach und zog mir eine Boxershorts an. Hannah sah ängstlich aus. »Bleib hier! Mach nichts!«

Auf dem Weg in den Flur pochte eine Faust von außen erneut an meine Wohnungstür, diesmal noch lauter und länger. Ich drückte die Klinke nach unten, ohne durch den Spion zu schauen, weil die Lautstärke und Vehemenz des Klopfens mir sagte, dass meine Tür im nächsten Moment eingeschlagen werden würde, wenn ich nicht sofort öffnete. Sekunden später lag ich bäuchlings mit auf dem Rücken fixierten Armen auf dem Flurboden. Sechs Polizisten und drei Hunde standen im Raum. Die Beamten waren schnell und maskiert.

»Sind noch andere Personen in der Wohnung?«, brüllte einer der Beamten.

»Meine Freundin, im Schlafzimmer«, antwortete ich, mein Kopf wurde hart auf den Boden gedrückt. Hätte ich gelogen und gesagt, dass ich alleine sei, hätten sie die Hunde losgelassen. Zur Sicherheit. Ich kannte das, es war mittlerweile das vierte Mal, dass ich unangekündigten Besuch von der Staatsmacht erhielt. Einmal hatten sie mich beim Vögeln mit einer flüchtigen Bekannten erwischt, die ich erst an jenem Abend kennengelernt hatte. Ein Mobiles Einsatzkommando stand plötzlich im Raum, sie hatten die Tür meiner Wohnung eingetreten. Meine kreidebleiche Sexualpartnerin zog sich hektisch etwas über und musste in der Küche warten. Ich habe das Mädchen nie wieder gesehen.

Jetzt lag ich also schon wieder mit dem Gesicht im Teppich, auf mir zwei Bullen. Hannah musste sich etwas anziehen – und ab in die Küche. Die Beamten filzten meine Wohnung, drehten jedes Buch um, nahmen die Auflage des Toilettenwasserspenders ab, schauten im Ofen nach und unter der Heizung. Sie waren sich sicher, dass ich heute eine beachtliche Menge Kokain vom Hafen abgeholt hatte. Sie gingen von mindestens mehreren Kilogramm aus. Sonst wären sie nicht gekommen.

Aber sie fanden: nichts.

Wie immer, wenn ich einkaufen war, fuhr ich über einige verschlungene Umwege nach Hause. Die Schleife hatte stets ein Ziel, Langbergen, die Kleinstadt in der Nähe Hamburgs, wo auch meine Mutter jetzt fast permanent wohnte. Dort hatte ich seit Beginn meiner Karriere eine Wohnung angemietet. Natürlich stand mein Name nicht im Mietvertrag, und natürlich wohnte ich offiziell auch nicht dort. Diese Wohnung war mein Koks-Lager, mein Bunker. Hier brachte ich meinen Stoff unter, das Lidocain meines Zahnarztes und Waffen, Messer, Schlagstöcke, Gasknarren und vereinzelt auch eine scharfe Pistole, eine Walther PPK beispielsweise.

Das einzige Verteidigungswerkzeug, das ich in meiner Bude hatte, war eines meiner Lieblingswerkzeuge: der Hamburger Schuh, ein langer klassischer Herren-Socken, der mit Klimpergeld gefüllt ist. Gerade so viel, dass am Ende des Sockens ein tennisballgroßes Knäuel entsteht. Der Hamburger Schuh ist gut gegen alle Arten von Spinnern, und jeder norddeutsche Ladenbesitzer hat ihn unterm Tresen. Zumindest die vom alten Schlag. Wer den Hamburger Schuh an den Schädel bekommt, steht garantiert nicht mehr auf. Und wenn die Bullen fragten, warum ich das in der Wohnung hätte? »Das ist mein Sparstrumpf, Herr Polizist. Für schlechte Zeiten.«

Seit einem halben Jahr bewohnte mein Bekannter Udo, fünfundvierzig Jahre alt, trockener Spriti, arbeitslos, abgehalfterter Ex-Krimineller, für mich die vierzig Quadratmeter in Langbergen, die ich über einen weiteren Strohmann angemietet hatte. Udo wusste, was ich hier hortete. Dafür durfte er umsonst wohnen, und ich gab ihm jeden Monat einen Zuschuss, 200, 300 Euro für seine Haushaltskasse. Udo dachte dadurch, er gehöre dazu, und ich konnte mich auf ihn verlassen. Er war integer, auch die Androhung von fünf Jahren Knast hätte ihn nicht zum Singen gebracht, alte Hamburger Gangster-Schule.

Die Wohnung hatte ich so eingerichtet, dass Fremde denken konnten, dass hier tatsächlich nur gewohnt würde. Ich bunkerte normalerweise nie mehr als ein Kilo Kokain, aber es gab eben Ausnahmen. Verstecke hatte ich nicht, und die wenigen, die die Wohnung bot, wechselte ich regelmäßig. Es war eher eine Art Aberglaube, denn bei einer Durchsuchung meines Bunkers wären die Bullen definitiv fündig geworden. Dennoch versteckte ich das Zeug abwechselnd in der Verkleidung der Badewanne, wo man einige Kacheln herauslösen konnte, hinter Büchern oder im Spülkasten des Klos. Nicht besonders originell – aber war ja auch nicht meine Wohnung.

In meinem Bunker bereitete ich das Koks auch meistens auf und verpackte es abnehmergerecht. Dafür gab es zwei Möglichkeiten: Entweder bastelte ich aus Folien kleine Koks-Kügelchen, die ich oben verdrillte, oder aus Papier Briefchen. In ganz Hamburg gab es nur diese beiden Verpackungen. Die Albaner verkauften ihr Koks immer nur in Briefchen, das war ihr Corporate Design. Vierzehn Sekunden brauchte ich in meinen besten Zeiten zum Falten eines solchen Briefs (habe ich mal gestoppt), ich hatte eine gute Technik, da rieselte nichts raus.

Zu Hause in meiner Hamburger Wohnung hatte ich nie massig Kokain, höchstens ein bisschen zum Zeitvertreib. Ein Gramm, vielleicht zwei, Mengen jedenfalls, die einem Staatsanwalt nicht den Schlaf raubten. Ich wusste zwar nie, wann die Polizei mein Domizil stürmte, aber dass sie immer wieder kommen würden, war mir nach der ersten Durchsuchung bewusst. Sie würden kommen und hoffen, dass ich endlich einen Fehler machte. Kein gutes Gefühl.

Nazis klatschen

In letzter Zeit hielt ich mich immer öfter in Langbergen auf, auch, weil viele aus der Gang, die in Hamburg ihre Geschäfte machten und bislang auch ausschließlich dort wohnten, sich hierhin zurückgezogen hatten.

Die 20 000 Einwohner gewöhnten sich schnell an die neuen jungen Gesichter, wir hatten bislang auch nicht dazu getaugt, sich über uns aufzuregen. Die Einwohner dieser verschlafenen Stadt wollten ihre Ruhe, und wir konnten das gut nachempfinden. Auch wir wollten hier nur eines: Ruhe. Wir wollten so sehr unsere Ruhe, dass wir nichts anstellen wollten. Keinen Ärger zu haben bedeutet die Abwesenheit von Bullen.

Oft hingen wir auf dem Parkplatz des größten Supermarkts rum, soffen manchmal schon am frühen Mittag, aber das machten die meisten Bewohner Langbergens auch nicht anders. Die Arbeitslosigkeit war hoch, der Tag lang.

Was so gar nicht auf den Parkplatz des Supermarkts passte, wo wir uns häufig aufhielten, war unser schnöseliges Auftreten mit schicken Klamotten und dicken Autos. *Die Jugend von heute*, dachten sich die Bewohner bestimmt, huschten kopfschüttelnd oder schmunzelnd an uns vorbei und schleppten die Einkäufe in ihre Kemenate.

Wenn wir nicht vollzählig waren, wussten wir zumindest

immer, wo sich unsere Freunde aufhielten und was sie gerade anstellten. Unsere Handys klingelten ständig.

Eines Tages standen wir wieder da, tranken Bier und unterhielten uns über neue Anschaffungen, ein Fernseher, ein Videospiel, eine Uhr, und telefonierten. Heute war nicht viel los, es war Dienstagnachmittag. Waffen am Mann trugen wir nicht, nur ein paar Baseballschläger lagen im Kofferraum unserer Autos.

Langeweile.

Das Dorf Dörop war nicht weit entfernt. Dörop ist noch ein bisschen kleiner, noch ein bisschen verschlafener, und die Bewohner sind noch ein bisschen langsamer als in Langbergen. Für Aufsehen sorgte allenfalls eine lebhafte Gruppe Neonazis, die ihre Trübsal und leere Zukunft dadurch zu vergessen suchten, dass sie auf Menschen eindroschen, vorzugsweise auf Türken. Fatih wohnte dort und war einer aus unserer Gang. Sein großes Vorbild war der über den Haufen geschossene US-Gangster-Rapper Tupac Shakur. Wie dieser lief auch Fatih durch die Gegend: Baseballmütze tief im Gesicht, Hose auf Höhe seiner Knie. Er hielt sich mit ein bisschen Koks-Verkauf und Raubüberfällen über Wasser, zu größeren Taten fehlten ihm Taktik und Geschick.

Zwei Tage zuvor war Fatih an einem Sonntagnachmittag auf einen der Döroper Nazis getroffen, als er gerade an einem Imbiss stand. Beide schauten sich in die Augen, und das reichte schon für die Eskalation der Situation. Fatih und der Neonazi bepöbelten und schubsten sich, dann landete Fatih einen rechten Schwinger auf dem linken Jochbein seines Gegenübers mit dem strammen Seitenscheitel. Der Nazi ging zu Boden, aus einer Platzwunde blutete es. »Das wirst du büßen«, hörte er noch eine hasszitternde Stimme hinter sich her brüllen, als er nach Hause schlenderte.

Buße tun sollte Fatih heute, an diesem für uns so langweiligen Tag. Die jungen Nazis hatten recherchiert. Sie standen mit zwei Autos vor Fatihs Wohnung. Bewaffnet waren sie mit

Gas- und Schreckschusspistolen, die Baseballschläger hielten sie drohend aus den Seitenfenstern.

»Komm raus, Kanake, wir bringen dich um!«

Anstatt seine Wohnung zu verlassen, in der er tatsächlich gerade zufälligerweise war, rief Fatih Christian an. Ich stand daneben, wir wollten gerade eine Town-Runde drehen, um uns die Zeit zu vertreiben.

»Alter, was'n los?«, fragte Christian, der einem sehr aufgeregten Gesprächspartner beim Stammeln zuhörte.

»Scheiße ist hier los, vor meiner Tür stehen die Nazis. Die wollen mich kaltmachen.«

»Wir kommen!«

Unsere Reifen quietschen beim Start. Wir gaben Vollgas und verstießen somit gegen unseren Plan, uns möglichst unauffällig zu verhalten. Aber wenn nun mal einer von uns in Bedrängnis kam, mussten wir handeln, so schnell wie möglich. Auch das ein Credo, das wir verinnerlicht hatten. In der italienischen Mafia heißt es: »Es ist Pflicht, der Cosa Nostra jederzeit zur Verfügung zu stehen. Auch wenn die Frau kurz vor der Entbindung steht.« Wir hielten uns ein bisschen für die Mafia und für unangreifbar, und somit musste selbst der Versuch, einem von uns ein Haar zu krümmen, mit drakonischen Strafen geahndet werden.

Zehn Minuten würden wir zu Fatih brauchen. Wir wollten es in kürzerer Zeit schaffen, obwohl wir noch einen kleinen Umweg fahren mussten. Während der Fahrt rief ich einen weiteren Kollegen an, von dem ich wusste, dass er sich mit einer stattlichen Anzahl weiterer Freunde gerade an einer Tankstelle vor der Stadt besoff.

»Zu Fatih! Kommt! Sofort!«

»Was ist denn los?«

»Erklär ich dir, wenn ihr da seid. Fatih hat Probleme mit den Nazis.«

»Okay.«

»Halt, bleibt doch lieber da. Wenn die uns sehen, hauen

die bestimmt ab. Wahrscheinlich in eure Richtung. Stellt eure Wagen quer und wartet!«

Kurzer Zwischenstopp an meiner Wohnung. Ich holte unsere Knarren aus meinem Bunker, dann ging es weiter. Als wir die Gruppe der wüst fluchenden Nazis sahen, lehnte sich Micha weit aus dem Fenster. Im Anschlag eine Pistole, sie war scharf. Dann fing er an zu schießen. Er zielte auf die Reifen, aber bei unserer Geschwindigkeit fiel ihm ordentliches Fixieren schwer, seine Streuung war bedenklich. Die Nazis drehten sich um – und ergriffen sofort die Flucht. Sie flohen in Richtung Dorfausfahrt. Genau dorthin, wo unsere Straßensperre auf sie warten würde.

Wir schossen hinterher. Die Fahrt erinnerte mich an eine Verfolgungsjagd auf meiner Play-Station. Das machte mir keine Angst, ich fand es geil. Es berauschte mich, es berauschte uns alle. Wir holten auf. Micha verballerte sein Magazin. Der Gegenverkehr hupte, fuhr auf den Standstreifen und wähnte sich bei der »Versteckten Kamera«. Immer näher kamen wir unserer Straßensperre, wir fuhren an die 150 km/h. Auf einmal hörten wir Sirenengeheul. Die Bullen.

Wir brachen die Verfolgung sofort ab und bogen in die nächste Straße ein, die über Umwege nach Langbergen führte. Unser zweiter Wagen folgte uns. Die ersten Gebäude flogen auf uns zu, wir kannten hier jede Straße, jeden Schleichweg.

Wir hatten die Bullen im Schlepptau. Links, links, rechts. Im Rückspiegel war unser Verfolger jetzt nicht mehr zu sehen. Mit 70 km/h bogen wir in eine verkehrsberuhigte Straße ein, ich hatte Sorge, dass der Wagen in der Kurve umkippen könnte. An uns rauschten blasse kleine verwahrloste Reihenhäuser vorbei. Wir nahmen die erste offene Garage und fuhren mit jaulenden Reifen hinein, Sibbi kam in einem Regal voller Trödel zum Stehen. Ich spurtete aus der Karre und riss das Garagentor zu.

Wenige Augenblicke später hörten wir durch das geschlossene Tor ein gedämpftes Polizeihorn, das immer lauter wurde.

Dann rauschte der Peterwagen vorbei. Wir schnauften durch und sprachen nicht ein Wort, atmeten nur leise. Hinter uns rumpelte es, jemand fluchte. Die Tür zur Garage öffnete sich, ein Mann kam rein und sah entsetzt aus – er schaute auf das zerbeulte Regal, auf die heruntergefallenen alten Farbeimer und Pinsel, dann auf uns. Es war der Hausherr.

»Seid ihr bescheuert?«

»'tschuldigung, ging nicht anders«, sagte ich.

»Das bezahlt ihr mir!«

»Versteht sich von selbst!« Ich klopfte Herrn Olschweski auf die Schulter und entschuldigte mich noch mal. Herrn Olschweski kannten wir schon länger, er war ein stadtbekannter Rentner, den wir vor dem Supermarkt immer freundlich grüßten, nachdem er mit uns einmal eine Zigarette geraucht und uns ein wenig aus seinem Leben erzählt hatte. Sein Garagentor war zufällig offen, aber er hatte anscheinend nicht wirklich viel dagegen, dass wir uns hier bei ihm einmal kurz vor den Bullen versteckten.

»Wollt ihr noch kurz rumkommen, die Polizei fährt bestimmt noch mal hier vorbei.« Wir gingen zu ihm ins Haus und tranken zusammen ein Bier. Die Neonazis wurden von den Bullen erwischt.

Zwei Monate zuvor hatte es angefangen, dass uns die meisten Einwohner aus Langbergen in einigen Angelegenheiten mehr Vertrauen schenkten als der Polizei.

Es war nachmittags gewesen, und der Lärm aus der Nachbarwohnung war markerschütternd. Ich saß in meiner Koks-Wohnung, dem Bunker, und war genervt. Schon eine halbe Stunde schrie ein besoffener Typ von schräg gegenüber auf seine Frau ein. Er war der Haus-Prolet, der es sich zum Hobby gemacht hatte, seine Frau zu verkloppen, wann immer er schlechte Laune hatte. Es klirrte, und ich hörte zweimal das satte Klatschen einer Backpfeife. Eine Frauenstimme schrie spitz auf. Der Proll brüllte. Tumult im Haus konnte ich jetzt nicht gebrauchen.

Ich hatte mich gerade darangemacht, einen neuen Haufen Kokain zu bearbeiten. Wie ein Koks-Sommelier testete ich zuallererst die Ware mit einer kleinen Nase voll aus. Nach der Verköstigung entschied ich über die akzeptable Beimengung. Beim Strecken musste ich ein bisschen konzentriert sein, was bei diesem Lärm aber kaum ging. Außerdem wollte ich jetzt keine Bullen im Haus haben. Also stand ich vom Küchentisch auf, wusch mir die Hände, ging auf den Flur und klingelte an der Wohnung, aus der das Wimmern der Frau klang. Ein feister Typ, Mitte fünfzig, Bierfahne, öffnete die Tür.

»Was?!«

»Wie, was? Ob hier mal langsam Ruhe sein kann, würde ich gerne wissen?!«

»Was geht dich das an?«

»Eine Menge. Ich hab's gerne ruhig. Und wenn du dich jetzt nicht auf der Stelle bei deiner Ollen entschuldigst, wird dir das erst leid- und dann wehtun.«

»*Was* ist?«

»Entschuldige dich bei deiner Frau! Jetzt! Und dann ist Ruhe hier! Ich sag's nicht noch mal, sonst weißt du gleich, wie dein Kehlkopf schmeckt.«

»Verpiss! Dich!«

Eine Minute später stand der feiste Typ mit zwei gebrochenen Fingern und aufgeplatzter Lippe vor seiner Frau und sagte: »Entschuldige bitte! Ich hab's nicht so gemeint. Entschuldige bitte!« Die Frau schluchzte weiter. Jetzt schluchzte auch ihr Macker.

»Geht doch«, sagte ich. »Und wenn du die Bullen rufst«, bellte ich ihm ins Gesicht, und meine Nase berührte dabei fast seinen grobporigen Zinken, was ein bisschen eklig war, aber in Anbetracht der Umstände nötig, »komme ich wieder und breche dir auch noch die restlichen acht.«

Ich verließ die Wohnung, ging über den Flur und begann erneut, das Kokain mit dem Lidocain zu vermengen.

Es blieb ruhig.

Diese kleine Lektion bestätigte mir einmal mehr: Gewalt ist eine Lösung. Eine Super-Lösung. Bei dem einen braucht man ein bisschen mehr davon, bei dem anderen ein bisschen weniger. Aber letztlich löst Gewalt jedes Problem. Mein Nachbar rief auch in den kommenden Stunden nicht die Bullen. Und ich will mich nicht loben, aber ich glaube, dass der Typ bis heute seine Alte nie wieder angefasst hat.

Die Geschichte sprach sich schnell rum. Erst im Haus, dann auf der Straße, später war im ganzen Block bekannt, dass ich, der Hamburger Jung, der immer auf dem Supermarkt-Parkplatz mit den anderen Bengels rumlungerte, es dem allseits bekannten Aggressor so richtig gezeigt hatte.

Eine Woche später dödelten wir wieder auf dem Parkplatz herum, als ein Junge und ein Mädchen ankamen, vielleicht zehn und zwölf Jahre alt. Ich lehnte gerade an meinem Auto, dachte an gar nichts und zog an einer Fluppe.

»Hallo.«

»Was wollt ihr Steppkes denn?«

»Wir wollten fragen, ob du unserer Mutter helfen kannst?«

»Ob ich … was? Wobei denn?«

»Unser Papa haut immer unsere Mama.«

»Was macht der? Warum denn?«

»Der macht das eben immer. Kannst du uns helfen, das hast du doch bei den Kleinerts aus deinem Haus auch gemacht.«

Ich lachte laut. Die beiden Knirpse lachten nicht.

»Bitte, hilf unserer Mami!«

Dann zog ich an meiner Zigarette, trat die Glut aus und fragte: »Wo wohnt ihr denn?«

Es war nicht das letzte Mal, dass Leute Hilfe von mir und später auch von den anderen Jungs erbaten. Ganz im Gegenteil, es war gerade erst der Anfang – sie kamen jetzt häufig und wegen jedem Scheiß zu uns: Eine Mutti kam und sagte, dass der Nachbar immer ihre Wäscheleine im Trockenkeller benutzen würde. Wir klärten das. Ein Opa beschwerte sich bei uns, dass ein junges Paar aus der Wohnung über ihm immer so laut sei. Wir regelten das. Rasenmähen am Sonntag? Wenn wir gerufen wurden, kamen wir, wenn wir gerade nichts Besseres zu tun hatten. Bei Nachbarschaftsstreitigkeiten riefen wir beide Parteien zusammen, setzten sie in die Küche und hörten uns die Geschichten an. Dann entschieden wir nach Sachlage und Sympathie. Ich fand das fair.

Wir regelten das, wo andere versagten.

Wir waren Familien-Mediatoren, Streit-Schlichter, Nachbarschaftswache, Richter. Oft mussten wir nicht mal mehr zuschlagen. Wir waren wohl angsteinflößend genug. Und das war auch gut so. Mit jeder gebrochenen Nase stieg natürlich die Gefahr, dass die Bullen gerufen wurden. Das alles lief hinterher richtig gut, jeder hat sich in der Stadt mit jedem verstanden, zumindest in unserem Viertel, soweit wir das mitbekamen. Es herrschte Frieden, wir sorgten dafür. Und die Frauen fanden uns auch alle toll.

Die Leute winkten uns aus den Fenstern und begrüßten uns auf der Straße, die einen aus Freude, die anderen, weil sie keinen Ärger mit uns haben wollten. Es herrschte jedenfalls Eintracht, und manche hatten uns richtiggehend ins Herz geschlossen: Eines Tages wurde Micha von der Polizei abgeführt, eigentlich hätte er auf der Wache nur seine Fingerabdrücke abgeben sollen, doch die Schnarchnase hatte den Termin verpennt. Die Bullen fanden ihn bei uns vor dem Supermarkt, und als er gerade in den Streifenwagen bugsiert wurde, kam eine alte Dame mit einem Feudel aus ihrem Haus gehumpelt und brüllte den Beamten in schönstem Hamburger Schnack fuchtelnd entgegen: »Dammi noch mol! Lasst ihn in Frieden! Ist ein guter Junge! Dösbaddel!«

Die Bahn kommt

Dass seit einiger Zeit die Bullen mein Telefon abhörten, da war ich mir sicher. Das war mir zwar erst einmal egal, da ich am Telefon mittlerweile nie etwas Justiziables besprach – aber der Kreis schloss sich langsam, ein unbeschriebenes Blatt war ich bei den Bullen wohl nicht mehr. Wie jeder erfolgreiche Dealer ging ich aber davon aus, dass ich um Längen schneller und cleverer war als die Polizei. Bislang war meine Einschätzung auch richtig gewesen, bisher konnten sie mir nichts. Und viel Zeit zum Überlegen gab es auch nicht. Das Geschäft brummte.

Anders als noch vor einiger Zeit, als neben den Läufern vor allem Jugendliche mein Koks kauften, kamen jetzt immer öfter Fremde auf mich und meine Helfer zu, weil sie von Freunden über uns gehört hatten: Verkäufer, Büromenschen, Kfz-Mechaniker, sogar junge Mütter. Denise war schätzungsweise gerade mal Anfang zwanzig, hatte aber schon einen vierjährigen Sohn. Die Schwangerschaft war damals nicht gewollt, und ihr damaliger Freund, ein Typ mit Verhärmtem-Magen-Gesicht, vor zwei Jahren verschwunden. Ich kannte sie über Micha, sie war zwei, drei Mal mit unterwegs, wenn wir gemütlich einen Cocktail trinken waren. Ihr Kind war dann bei ihren Eltern, nehme ich an. Auf jeden Fall ging ihr das Leben als Mutter wohl mächtig gegen den Strich, sie besoff sich jedes Mal besinnungslos. Zuerst wollte ich ihr deswegen auch nichts geben, als wir die Tütchen zückten. Wir waren zum Abendausklang noch zu Micha gegangen, der gleich um die Ecke wohnte.

»Meinst du, das ist das erste Mal – oder was?«, sagte sie schnippisch. Geschickt hatte sie eine Line aufgelegt – und weggeputzt. »Respekt!«, assistierte ich ihr.

»Ist gut, die Scheiße zu vergessen. Darf ich noch mal?« Danach bekam sie Nasenbluten.

Bestellt hat Denise ihr Zeug bei einem meiner Läufer, wie

ich aber erst hinterher erfuhr. Natürlich kannte ich nicht jeden einzelnen Kunden. Ein paar Hunderter investierte Denise im Monat regelmäßig in Koks – wie sie sich das leisten konnte, weiß ich nicht. Offiziell lebte sie von Hartz IV.

Kokain ist längst zur Jedermann-Droge geworden, die Otto-Normalo gerne am Wochenende auspackt, um sich den Freitag und Samstag ein wenig schöner zu sniefen und die harte Arbeitswoche im Büro zu vergessen. Rund achtzig Euro für ein Gramm ab und an können sich viele leisten, der Mehltau des Geld-Adels ist seit Langem schon nicht mehr ins Pulver gemischt. Der Kopf-Orgasmus der Ego-Droge ist beim Mann von der Straße angekommen, auch da wollen sie diesen Knutscher der Freiheit. Ich hatte Dutzende solcher Kunden. Alles ordentliche Sniefer, die nebenher glänzend ihren Alltag stemmten, sich aber nach Feierabend eine Linie Kokain zogen. Kokser, die pünktlich zahlten und nie unangenehm auffielen. Das waren meine Lieblingsjunkies.

So wie Ulli. Ulli arbeitete auf'm Bau und war einer meiner ersten Kunden, der älter als vierzig war. Er hatte die Droge im Griff, zumindest am Anfang. Kokain war für ihn vergleichbar mit einem Abend, an dem zu viel Wodka-Bull gereicht wurde – kann man mal machen, wenn man länger wach bleiben und Spaß haben will. Beim Koksen war für ihn aber der Spaß ein noch größerer, und die Kopfschmerzen am kommenden Tag waren auch nicht so gewaltig. Ulli genoss den Kick, und dann war auch schon wieder Montag.

Ein paar Monate ging das gut. Dann wurde es problematisch für ihn. Ulli bekam es nicht mehr hin, mit der depressiven Seite der Droge umzugehen, die bei den meisten zuverlässig kommt wie ihr High. Ulli brauchte immer öfter eine Bahn. Dann wurden aus Kunden wie Ulli nörgelnde Kinder im Vergnügungspark, die den Hals nicht voll bekommen und immer wieder noch schnell eine Fahrt auf der Achterbahn machen – bis es ihnen richtig mies geht. Auch Kokser finden kein Ende.

Bei Ulli Urban, einundvierzig Jahre, kam zum bepulverten Freitag und Samstag dann auch der Mittwoch, schließlich jeder Abend der Woche hinzu, und zuletzt konsumierte er auch noch in den Mittagspausen. Sein Kokain-Problem war breit wie ein Rathaus. Ulli war Polier, der es zudem nicht vermied, seinen Azubis und Kumpels von seinem neuen Hobby zu erzählen. Nach ein paar Wochen koksten auch die wie die Weltmeister; zuerst gab Ulli ein paar Runden aus, hinterher bestellten sie über ihn. Ulli hatte anfangs keine Geldprobleme, auf'm Bau verdiente er gut, rund 2500 Euro, wie er mir einmal sagte – keine Ahnung, ob das stimmte oder ob er mir nur etwas erzählen wollte. Nicht mehr Bier und Fußball, Kokain war bei Ulli und seinen Kollegen auf einmal das große Ding.

Er bestellte für sich und seine Kumpels immer mehr.

Das weiße High eröffnete ihm eine ganz neue Welt – und einen ganz neuen Ulli. 2000 Euro brachte er manchmal in einer Woche durch. Das konnte nicht gut gehen.

Es fing damit an, dass er mir 1000 Euro schuldete. »Einen kleinen Engpass« habe er gerade, die Kohle vom nächsten Ersten wäre auch schon weg. »Aber ich habe eine Tante, die will mir noch was leihen. Kannst du mir noch mal ein bisschen auf Pump geben? Ich brauche was.«

Bullshit, dachte ich. »Bin gespannt«, sagte ich, »bis nächste Woche gebe ich dir Zeit, zehn Prozent Zinsen rechne ich drauf. Hier hast du noch zwei Gramm.«

»Danke, Stefan.«

»Du weißt, was passiert, wenn du mich verarschst?«

»Kommende Woche bekommst du die Kohle für alles, plus zehn Prozent. Ganz bestimmt.«

»Das sind 1260 Euro.«

In der kommenden Woche konnte er nicht bezahlen. Ich tat ihm weh, es ging bergab mit Ulli. Zuerst begann er, seinen Job zu verlieren, weil er nichts mehr auf die Reihe brachte wegen seiner Depressionen und Unkonzentriertheiten – der ganze Kokain-Turkey-Scheiß eben. Dann verließ ihn auch noch seine Frau. Ulli war jetzt wirklich am Arsch.

Eigentlich hätte mich das nicht weiter scheren sollen bis auf das Geld, das er mir schuldete. Aber ich hatte anderswo bereits so viele Lebensläufe brechen sehen, dass ich das einigermaßen dramatisch fand, und Ulli war eigentlich ein prima Kerl, wenn er nicht seine persönlichen Probleme mit Kokain bekämpft hätte. Dabei war Kokain sein Hauptproblem, und nicht sein Minderwertigkeitsgefühl.

Trotz der Schicksale um mich herum brachte mir meine Droge selber immer mehr Amüsemang, wie man bei uns so sagt. Ich genehmigte mir immer häufiger Ausflüge auf Koks. Ich war schließlich der Boss dieser ganzen Scheiße.

Bei den Deals immerhin war ich aber meistens klar. Ich saß mit Najim gerade in einem Hotel, wir besprachen etwas Dienstliches. Gegenüber von uns zwei Albaner aus Hannover, der Kontakt zu ihnen lief natürlich über Najim. Sie waren Großabnehmer und bestens mit der einschlägigen Hannoveraner Meile vernetzt. Wir wussten genau, dass es, wenn sie bei uns ankämen und nach ein paar Gramm fragten, nicht lange dauern sollte, bis sie uns Kilos an Koks abnehmen würden. Wir klönten gerade über den ersten Deal, probehalber wollten sie zweihundert Gramm kaufen. Sie hätten davon gehört, dass wir das beste Kokain der Gegend anbieten würden.

»Da habt ihr richtig gehört«, sagte ich. Wir waren uns unserer ausgezeichneten Qualität sicher (wir kannten natürlich das Koks der Konkurrenz) und freuten uns schon auf die Expansion in eine weitere Stadt. In das Hamburger Umland, nach Bremen, in einige Städte aus dem Ruhrgebiet und vor allem nach München hatten wir bereits gewinnbringende Kontakte. Die kamen entweder wie heute über die Albaner-Connection zustande (die pflegen in ganz Deutschland einen regen Austausch) oder aber ganz einfach durch Mundpropaganda. Jeder kannte einen, der einen kannte, der einen kannte – und früher oder später sind sie dann bei uns gelandet, weil wir von unseren Kunden nur beste Empfehlungen bekamen. Unser hochqualitatives Koks-Gemisch machte sich bezahlt.

Als ich mich eine Stunde zuvor zu Hause von Hannah verabschiedet hatte, sagte ich ihr wie immer, wann sie mich anrufen dürfe – und wann nicht.

»An diesem Nachmittag nicht, ich bin gegen 17 Uhr wieder da. Das ist ein wichtiges Gespräch. Nur im Notfall, hörst du?!«

»Klar«, sagte Hannah und gab mir einen Abschiedskuss.

Als wir gerade mit den Hannoveranern die Konditionen und die Übergabe besprechen wollten, rappelte es in meiner Hose. Es war mein Telefon, das ich lautlos, aber auf Vibration gestellt hatte. Ich nestelte das Handy aus der Tasche, schaute unter dem Tisch auf das Display und hatte plötzlich einen Kloß im Hals.

Es war Hannahs Nummer.

KARRIERE-HIGH

»Ich bin tierisch stoned …
Mann, bin ich stoned!«
Blow

Hannah wusste zwar nicht um alle Details meines Jobs, sehr wohl aber hatte sie mitbekommen, dass ich im Koks-Business mittlerweile eine Nummer geworden war. Und sie hatte nichts dagegen. Das Ansehen, das sie durch mich genoss, war ihr bis dato unbekannt gewesen.

Geboren in der DDR, hatte Hannah von ihrem Vater nie etwas gehört, nie etwas gesehen. Ihre Mutter war froh, dass sie bei einem Friseur als Aushilfe angestellt wurde, nachdem sie mit Hannah aus dem Osten nach Hamburg gezogen war. Tagaus, tagein stand sie da, schnitt für wenig Geld Haare und formte Locken. Sie hatte nichts, nur ihre Tochter und ein bisschen Hoffnung auf bessere Zeiten. Die harte Arbeit zahlte sich jedoch aus. Der Salon lief gut, der Chef hörte aus Altersgründen auf, und sie übernahm nach kurzer Überlegung den Laden. Zwar hatte sie noch immer kein Geld, aber das Risiko schien ihr überschaubar. Bald schon besaß sie zwei Aushilfen und konnte zum ersten Mal mit Hannah in den Urlaub fahren. In diesem Moment fühlte sie sich angekommen in der neuen Heimat.

Hannahs Mutter mochte mich, obwohl auch sie wusste, dass ich es nicht durch ehrliche Arbeit zu einem Vermögen gebracht hatte. Das war ihr eigentlich nicht recht, sie nahm es aber hin. Denn sie bekam schnell mit, dass ich ihre Tochter niemals in meine Angelegenheiten verwickelt hätte. Etliche Male hatte Hannah mir beispielsweise angeboten, mein Geld bei sich zu bunkern, zu einer Zeit, als sie noch nicht bei mir eingezogen war. »Das machen wir mal lieber nicht«, habe ich ihr dann immer wieder gesagt. Und bestimmt nicht, weil ich ihr misstraute. Sie war die einzige Person, der ich traute.

»Wie du willst.«

All das bekam natürlich ihre Mutter mit, die neben Alexa immer noch ihre beste Freundin war. Und ihre Mutter registrierte auch, dass ich Hannah einen Lebensstandard bot, den die beiden aus eigener Kraft nie erreicht hätten. Wir fuhren alle naselang übers Wochenende in den Urlaub, sie shoppte, bis ihr Schrank so voll war, dass die Scharniere knarzten, wir aßen nur in den besten Restaurants. Hannah gefiel ihr Leben mit mir, sie mochte mein Image, die protzige Zurschaustellung meiner Kohle. Und ihre Mutter wähnte einen Mann an der Seite ihrer Tochter, zu dem jeder aufblickte.

Hannah und ich kannten uns jetzt schon einige Zeit, und wir stritten nie. Zwar war sie eifersüchtig und ahnte, dass ich während der vielen Abende, an denen ich nicht zu Hause war, auch andere Mädels hatte – aber das wollte sie gar nicht so genau wissen. Sie kam klar mit dem schlechten Gefühl. Auch, weil sie ahnte, dass sie sexuelle Auswärtsspiele bei einem Typen wie mir akzeptieren musste. Sie wollte mich nicht verlieren. Und sie hatte recht. So sehr ich sie liebte, mein verruchtes Leben im Kiez hätte ich nicht ändern können. Selbst wenn ich es versucht hätte.

Als sie mich mitten im Gespräch mit den Hannoveranern anrief, schwante mir Schlimmstes. Ich entschuldigte mich hastig bei unseren Gästen, »eine dringende private Angelegenheit – ich muss kurz telefonieren«, und verließ überstürzt die Hotel-Lobby. Zu Najim meinte ich nur vielsagend: »Hannah!« Er nickte. Ich musste drei Züge an einer Beruhigungszigarette schmöken und rief sie dann zurück.

»Engel, was'n los?«

»Hey, Tatti, ich muss dir was erzählen!« Mein Spitzname war Tatti, keine Ahnung, wie sie darauf kam. Es war wohl so eine Art Babysprache, abgeleitet von Schatzi.

»Ist was passiert?«

»Ja.«

»Was Schlimmes?«

»Nein.«

»Ja, was denn? Ich hab zu tun, weißt du doch! Mach mich nicht fertig! Sag, ob ich kommen soll oder nicht!«

»Nee, mach erst mal fertig und komm dann nach Hause!«

»Du rufst mich an für nichts?«

»Ist nicht nichts.«

»Hannah! Ich komme!«

Zurück am Tisch entschuldigte ich mich erneut, Najim musste ab jetzt alleine weiterverhandeln. Das war zwar nie zu unserem Vorteil, aber ich hatte jetzt anderes im Kopf, als mir über den Hannover-Deal Gedanken zu machen. Hannah war mein Heiligtum. Als ich den Schlüssel in meine Wohnungstür steckte und sie aufstieß, standen Hannah und Alexa schon im Flur. Feixend. Ich war ein bisschen erleichtert – und ein bisschen böse, wollte schon zu einer Diskussion ansetzen. Doch Hannah war schneller.

»Tatti, ich bin schwanger. Schwanger!«

»Echt?«

Ich hielt es für angebracht, jetzt erst einmal freundlich zu grinsen und mir währenddessen alles andere schnell zu überlegen. Folgende Gedanken schossen mir durch den Schädel: *Ich bin zwanzig Jahre alt, Koks-Dealer mit viel Knete. Will ich ein Kind? Nein! Ich habe Hannah als Freundin, die ich liebe, und die ist jetzt von mir schwanger. Will ich ein Kind von ihr? Ja! Ja? Ja! Insofern: Freu dich jetzt, verdammte Scheiße!*

»Das ist ja – super!«, sagte ich, gestaltete mein Grinsen ausladender, umarmte und küsste sie. Ich würde jetzt also Papa werden. Genug Zeit zum Wechseln der Windeln hatte ich, es waren ja immer noch meine goldenen Zeiten. Zeiten, in denen die Kasse klingelte und alles gut geregelt war. Kein Stress mit niemandem, keiner, der mich am liebsten killen wollte. Meine Tage waren überschaubar wie in einem Büro:

Kurz nach dem Aufstehen um elf Uhr ging ich runter vor die Tür, um die Zigarettenschachteln aus meinem Briefkasten zu holen und zu schauen, ob meine Drogen-Kuriere gestern einen guten Tag hatten. Unter den Deckel hatten sie ihre Namen gekritzelt. Neun Päckchen waren heute drin, sie fühlten sich prall an. Prall, weil sie voller Geldscheine waren. Reichtum in Schachteln. Ich schlurfte zurück in meine Wohnung, brühte einen Kaffee, schmierte ein Brot, setzte mich in die Küche und klopfte den Schachtelinhalt auf den Tisch. Hannah hatte sich gerade in unserem Schlafzimmer in den Tag geblinzelt und machte sich im Bad zurecht. Ich aß einen Happen, trank einen Schluck – und begann zu zählen. Zweihundert, zweihundertfünfzig, dreihundert, vierhundert … Gut 5000 Euro waren es heute, Koks-Geld eines einzigen Tages. Dann verglich ich meine Einnahmen mit meinen Aufzeichnungen über die noch fehlenden Zahlungen. Die schrieb ich nicht in einen Block oder eine Excel-Tabelle, ich notierte lediglich die Grammzahl nebst Läufer auf einzelne Waschzettel (zum Beispiel »Mitri, 65« – Mitri war mir also noch 650 Euro schuldig), die ich überall und nirgends versteckte. Im Auto, im Haus, im Garten, im Schuh, im Kopfkissen. Ich legte mir eine Bibliothek zu, allein, um die Zettel zu verstecken. Zum Lesen kam ich nie. Wenn die Bullen bei mir einen der Zettel gefunden hätten, wäre der kaum gerichtsverwertbar. Mit »Mitri, 65« kann ein Richter wohl eher wenig anfangen, hoffte ich.

5000 Euro, das hieß, es war ein guter Tag. Dann erledigte ich weitere Telefonate, traf mich mit Najim auf einen Kaffee, fuhr vielleicht zum Hafen, Nachschub holen, oder auch nicht, und abends ging es auf die Piste, Geschäfte, feiern, koksen. Feierabend. Und ab zu Hannah ins Bett.

Ich war mittlerweile so satt, dass ich Treffen mit meinen Großkunden anderen aus der Gang überließ. Meistens fragte ich meine Cousins oder Micha: »Lust auf 1000 Euro?«

»Klar!«

»Pass auf: Nimm die Tüte hier, fahr unten an die Elbe an den Treffpunkt, dann übergibst du das Seyfu. Um Punkt 14 Uhr ist er da. Er muss dir exakt 80 000 Euro dafür geben, das ist der Deal, das haben wir besprochen. Wenn er den Stoff prüft und danach sagt, dass der Preis zu hoch ist, dann gehst du wieder – und zwar *mit* dem Stoff! Du lässt das Ding dann platzen, hörst du? Nimm dir ein paar von den Jungs mit, damit du nicht alleine bist und dich keiner abzocken kann. Aber vergiss nicht: 80 000 Euro!«

»Wird gemacht.«

Meine Arbeit dirigierend saß ich zu Hause oder im Café. Ich machte mir meine Hände nicht schmutziger als unbedingt nötig. Nun hatte ich Zeit zum Klamüsern, Zeit für ein Resümee: Ich hatte einen Kundenstamm, der zum einen Teil aus Zwischenhändlern, Straßenläufern und Endkunden bestand (fürs Geld) und zum anderen weitaus kleineren Teil aus der Hamburger Lustgesellschaft (für den Spaß, das Renommee und ein gutes Gefühl). Von der Lustgesellschaft wollte ich mehr.

Kurz zuvor erst hatte Dr. Lanfermann meinen Backenzahn behandelt, und wir waren in unsere erste Koks-Nacht gegangen. Im Schlepptau von Lanfermann mehrte sich jetzt die Zahl der Doktoren und anderer Persönlichkeiten. Ihnen verkaufte ich nicht nur mein Zeug, mit ihnen zog ich wie mit Lanfermann über die Reeperbahn. Das Unterhaltungsprogramm »Koksen für die oberen Zehntausend« mit mir als Conférencier war gut angelaufen. Ich war immer öfter mit immer mehr Schlipsträgern unterwegs.

Kokain-Lieferservice für Handlungsreisende

Es war Freitagmittag, und mein Handy rumorte wieder einmal. Ich hatte mich gerade aus dem Bett geschält und war auf dem Weg zum Bäcker, der rund fünf Minuten von meiner Wohnung entfernt war. Das Display wies Dr. Nehring als Gesprächsteilnehmer aus, bei unterdrückten Nummern ging ich grundsätzlich nicht ran. Vor ein paar Wochen hatte ich den Augenarzt aus Bremen kennengelernt, über einen Anwalt, einen treuen Koks-Kunden, der wiederum über Dr. Lanfermann zu mir fand. Einmal waren wir zusammen losgezogen, ich mochte ihn, er eventuell auch mich. Ich gab ihm meine Nummer. Es war immer auch eine Frage der Sympathie, wer meine Bestell-Hotline bekam.

»Hey, Stefan, was machst du nächste Woche Samstag?«, fragte Dr. Nehring.

Mir war klar, dass er an diesem Samstag wieder koksen wollte.

»Wir können uns treffen«, sagte ich ihm deshalb direkt.

Meine Termine hatte ich alle im Kopf. Aufschreiben wollte ich sie lieber nicht, man konnte ja nicht vorsichtig genug sein. Aber das wurde recht schnell ziemlich anstrengend, weil Koksen nicht gerade die Konzentration fördert.

»Super, ich freu mich. Eine Scheißhitze hier in München«, palaverte Dr. Nehring mit mir, als ob er mit einem langjährigen Kumpel telefonierte, »ich bin auf einem Kongress. Langweilig ist gar kein Ausdruck.«

Ich hatte mich schon daran gewöhnt, als Kummerkasten herhalten zu müssen, wenn die Kundschaft nach Zerstreuung verlangte und nicht durfte oder konnte. »Immer die gleichen Fressen«, nölte Nehring, »immer die gleichen Diskussionen, immer das Gleiche. Und heute Abend dann sieben Bier und ab ins Bett. Wen interessieren die neuesten Erkenntnisse über Retinitis Pigmentosa?«

»Mich eher nicht. Willst du, dass ich in München vorbeikomme?« Ich wollte das Gespräch mit dieser rhetorischen Frage abkürzen.

»Das ist … eine Super-Idee!«

Kurze Pause.

Das ist nicht gut, ging es mir durch den Kopf, *das ist überhaupt nicht gut!* Aber Lust auf etwas Nervenkitzel hatte ich schon, mal wieder im Flieger sitzen wäre auch nicht verkehrt, München ist schön und heute Abend zu koksen auch spitze. »Okay, ich komme«, sagte ich in den Hörer und dachte: *Dann muss ich ja jetzt nur noch am Flughafen durch die Kontrolle kommen.*

Eigentlich ist so ein Flug kein Problem, wenn da nicht die Drogenhunde mit ihrer exzellenten Spürnase wären. Drogenhunde sind die Seuche. Egal, wo immer der Dealer sein Koks auch verstecken mag, die Hunde finden es. Sie sind abgerichtet auf das Kokainhydrochlorid, das ihren Nasen kaum entgeht. Selbst wenn der Stoff zuvor chemisch verändert wurde, kann man Pech haben. Die Köter machen jeden Kurier nervös.

Aber ich hatte versprochen, nach München zu kommen, also musste ich auch nach München. Man kommt nicht zu spät, und man hält Versprechen – die zweite wichtige Grundregel der Imagepflege eines Dealers. Ich wollte gerade so viel mitnehmen, dass ich einen 20-nasigen Themenkreis Retinitis Pigmentosa über mehrere Stunden beschäftigen könnte. Also eine ganze Menge. Nur, wohin jetzt damit? Allein wollte ich auch nicht fliegen, also rief ich Najim an.

Najim hatte gerade nichts Besseres zu tun und ebenfalls Lust auf einen Abend in München. Als er an meiner Haustür bimmelte, lagen auf dem Wohnzimmertisch meine Bastel-Utensilien parat. Ich war gerade dabei, sehr akkurat das Innenpolster einer kleinen Herren-Handtasche zu lösen. Das sollte reichen für einige dünne Tütchen weißen Pulvers. Sieht zwar recht scheiße aus so eine Handtasche für Kerle, aber zumindest konnte man daraus etwas machen, das nicht sofort nach einem Drogenversteck aussah.

Am Flughafen kauften wir die Tickets direkt am Schalter, die Lage am Security-Check schien wie immer, die Tasche baumelte an meinem linken Handgelenk. Hunde waren weit und breit nicht zu erkennen – und ich war einigermaßen entspannt. Dabei war mir klar: Würden wir jetzt hochgehen, hätten wir ein tüchtiges Problem an den Hacken, und Najim würde bestreiten, mich überhaupt nur zu kennen.

»Pieeep!«, machte es, als ich durch den Detektor ging. Nicht gut für die Nerven.

Der Security-Mitarbeiter kam auf mich zu, tastete mich ab. »Unter den Achseln bin ich aber kitzelig«, sagte ich und schaute ihm fest in die Augen, als er mit seinen behandschuhten Händen gerade seitlich an meinem Oberkörper entlangglitt. Der Flughafenangestellte hatte Ähnliches heute bestimmt schon mal gehört, jedenfalls: Eine emotionale Regung gab es nicht.

»Danke.«

»Danke, auch.« *Wichser.*

Meine Kokain-gepolsterte Herren-Handtasche, die ich zuvor auf das Laufband gelegt hatte, fuhr in diesem Moment über den Bildschirm des einigermaßen aufmerksamen Kontrolleurs und wurde durchleuchtet. Das Band lief verdammt langsam. Langsamer als sonst. Da war ich mir sicher. Dann, endlich, kam sie raus. Der Typ vorm Bildschirm blickte nicht mal auf. Ich zog mein Jackett an, nahm die Tasche, grinste Najim an. Najim grinste nicht, weil er sowieso recht wenig grinste.

Im Flieger tranken wir eine Cola. Die Tasche mit dem Kokain hatte ich oben in die Ablage gestopft und vorher mit meiner Jacke umwickelt. Das war zwar völlig sinnlos, gab mir aber ein besseres Gefühl. Eine Stunde und zwanzig Minuten später waren wir in München, auch hier keine Hunde, und dann saßen wir auch schon im Taxi zum Hotel. Es war nach 21 Uhr, und Dr. Nehring hatte bereits zweimal nach der Landung angerufen. Auf seinem Zimmer waren noch drei seiner Kollegen. Wir wurden begrüßt wie die sehnsüchtig erwarteten Pizzaboten, bestellt von einer Trekking-Gruppe, die drei Tage nichts gegessen hatte. Vorgestellt wurden wir nicht.

Natürlich wusste Dr. Nehring, dass seine Leute vertrauenswürdig sein mussten. Wären sie es nicht gewesen, hätte er es deutlich zu spüren bekommen. Das hatte ich ihm zwar in dieser Eindringlichkeit nicht erklärt, aber für diese Selbstverständlichkeit war er clever genug. Ein weiterer Vorteil der meisten koksenden Schlipsträger. Ganz dumm sind die nicht.

Der Abend endete in einem sehr bekannten Münchner Szeneclub, der damals schon mehr versprach, als er bieten konnte. Wie immer hatten Najim und ich beim Koks mitgezogen wie die Ameisenbären und nicht eine Minute geschlafen, als wir am Samstagmittag in die Maschine nach Hamburg stiegen. Die Koks-Kosten hatte Dr. Nehring beglichen, die Flüge gingen auf mich. Und ich bezahlte sogar gerne, es war ein Anflug von Jetset-Leben.

Najim und ich besuchten danach Messen, Kongresse und Vortragsreihen in München, Berlin und Frankfurt. Nur ins Ausland flogen wir nie, zu unsicher. Aber innerhalb Deutschlands florierte unser Lieferservice für Kokain-süchtige Handlungsreisende.

Drei Monate zuvor hatte ich mir eine schicke Eigentumswohnung in Hamburg gekauft, in einem schicken Stadtteil. Sie lief auf den Namen eines Bekannten, der sehr viel Kohle besaß und bei dem weiterer Besitz keine Fragen aufwarf. Hannah und ich mussten jetzt, nur kurze Zeit nach unserem Einzug, schon wieder umräumen – aus meinem ehemaligen Billardzimmer wurde ein Kinderzimmer. Ich strich es blau, wir erwarteten einen Jungen.

Der Rest war bereits ausgestattet: Ich besaß einen 116-Zentimeter-Flachbildschirm – eben erst waren die guten Plasma-Geräte in die Läden gekommen –, und zwar im Wohn- und Schlafzimmer. In meinem Kleiderschrank hatte ich für jeden Tag der Woche einen maßgeschneiderten Anzug hängen, immer in Folie verschweißt, direkt aus der Wäscherei. Im Bad blubberte ein Whirlpool, ansonsten stand überall der teuerste Nippes rum. Hannah war meine Innenarchitektin, ich war für die technischen Geräte zuständig, Handys, DVD-Player, Stereoanlagen, Uhren. Alles bezahlte ich bar; schön genüsslich zählte ich an der Kasse die Scheine runter. 500-Euro-Scheine hasste ich, da konnte ich nicht so lange zählen, Hunderter waren mir in meiner Geldklammer lieber.

Ich war ein Gockel! Wenn ich um die Ecke kam, sollten die Leute denken: Seht her, da kommt er! Für dieses Image tat ich alles, Geld hatte ich dafür genug und brachte es entsprechend unter die Leute. Als Koks-Dealer ist man bei vielen gerne gesehen. »Man muss das Geld zum Fenster rausschmeißen, damit es zur Tür wieder reinkommt.« Hat wohl mal Lagerfeld gesagt, kluger Mann.

Zwar hätte ich jeden Tag in das exquisiteste Restaurant der Stadt gehen und mir dreimal hintereinander das teuerste Gericht der Karte kommen lassen können, aber ich tat es nicht. Ich mochte immer noch gerne Currywurst. Aber egal, ob Imbissbude oder Edel-Italiener, behandelt werden wie ein Hauptschüler ohne Abschluss wollte ich nicht mehr. Nie mehr. Ich forderte Respekt ein, Respekt, der mir jetzt gebührte. Meine Schlipsträger machten sich darin schon sehr gut. Wenn sie gedacht hätten, sie könnten mich verarschen, hätte ich ihnen gezeigt, was für ein toller Kameramann ich war.

Der Star-Anwalt und die Prostituierte

In der Wohnung wurden gerade Chips nachgefüllt. Auf den Flur der dritten Etage einer Mietskaserne auf St. Pauli drang fetentypisches dumpfes Wummern, nicht allzu laut, sodass die Nachbarn am nächsten Tag vielleicht zwar böse dreinschauten, aber nicht die Polizei riefen. Auf der anderen Seite der Tür verbarg sich eine Party, meine Privat-Party. Geladen waren nur erlesene Gäste. Sie alle hatten meinen Koks-Kursus auf der Reeperbahn schon mindestens einmal mitgemacht. Es war gegen 22.15 Uhr oder sogar noch ein wenig früher, und neben der Garderobe wurde enthemmt gevögelt. Kein frischverliebtes junges Pärchen, sondern einfach ein paar Gäste, vier an der Zahl, die nicht an sich halten konnten. Ein ganz normaler Abend in schicker Koks-Gesellschaft.

In unregelmäßigen Abständen fand diese Art der Abendgestaltung fern der Clubs und Bars irgendwo in Hamburg statt, ich organisierte sie in immer unterschiedlichen Wohnungen. Vertrauensselige Bekannte überließen mir für eine Nacht ihre Bude gegen eine Pauschale. Die Partys machten Spaß, waren der Kundenbindung immens zuträglich – und meine Lebensversicherung. Exklusiv veranstaltet für meine edelsten Kunden, wobei neben Ärzten, Anwälten und Managern auch enge Freunde, Bekannte, andere Bonvivants und nicht zu wenige Prostituierte anwesend waren. An diesen Abenden war ich der Einzige, der sich mit dem Schnupfen erst einmal zurückhielt, ich musste noch ein bisschen arbeiten. Oft versteckte ich die Kamera irgendwo im Raum, manchmal, wenn eh alle schon jenseits der Aufnahmefähigkeit waren, drehte ich auch offen.

Meine Klientel bestand ausschließlich aus Männern, und es war immer der gleiche Film, der sich mir im Laufe der Stunden bot: koksende Manager, Anwälte, Polizisten, die allesamt ihre Libido nicht im Griff hatten. Natürlich waren auch viele aus der Medienwelt da, mit einem hatte ich schon zig Reeperbahn-Sausen hinter mir. Sie kamen wegen meines Koks und der Nutten, von denen ich manche im Voraus bezahlte – meine Gäste sollten denken, dass sie bei den Professionellen allein wegen ihres tollen Auftretens und Charismas landeten. Auf diese Weise war es bei einigen einfacher, sie in möglichst kompromittierender Lage zu filmen.

Der Sinn der Sache ist schnell erklärt: Sollte es einmal Schwierigkeiten mit den Anwesenden geben, wären diese Probleme mit einem dezenten Hinweis auf meine Videosammlung die längste Zeit welche gewesen. Dieses Druckmittel erachtete ich für nötig, denn ich hatte es zum Gastgeber gebracht, dessen Einladung ein erstaunlicher Teil der Bildungs-, Polit- und Finanzelite folgte. Die Partys liefen immer nach dem gleichen Schema ab, es wurde gesoffen, geflirtet, gefickt. Überraschendes gab es erfreulicherweise aber auch. So wie heute.

Angebahnt hatte sich das Ganze recht früh: Der wohlbekannte Anwalt Peter Neumann, Mitte vierzig, internationales Vertrags- und Handelsrecht, harter Hund, war gegen 21 Uhr vor der Party-Wohnung erschienen. Den Tipp bekommen hatte er von einem Freund aus der Kanzlei, der von einem jungen Kerl erzählt hatte, der vorzügliche Koks-Partys in Hamburg schmeiße und erlaubt habe, einen Gast mitzubringen, falls der sich eigne. War mir recht, denn Mundpropaganda war immer wichtig, auch wenn dadurch mein allgemeines Geschäftsrisiko stieg.

Es war ein grimmiger Novemberabend, und der Eisregen pochte laut an die Wohnzimmerscheibe. Neumanns Trenchcoat-Kragen war noch hochgeklappt und sein Seitenscheitel aus der Fasson, als er an der Tür schellte. Drinnen bei uns wurde es kuschelig. Der Anwalt eröffnete den Abend mit einem Roten, um den anstrengenden Tag in seiner Kanzlei zu vergessen. Das Koks lag inhalationsbereit auf CD-Hüllen. Koks-Happy-Hour, »all you can snief«. Die Musik war dezent, sein Kanzleikollege noch nicht da, und die Nutten, deren luftige Kleidung dem Wetter draußen spottete, schwirrten umher. Peter Neumann fing an zu koksen.

Anna war eine der anwesenden Nutten, die ich schon länger vom Kiez kannte, obwohl sie gerade erst angelernt wurde. Sie setzte sich neben Neumann, ihr gefielen wohl der perfekt sitzende Anzug und seine markanten Gesichtszüge, die ihm eine gewisse Grandezza verliehen. Anna war achtzehn Jahre alt und schaffte jetzt seit drei Monaten an. Neumann war ein Mann von Ruf. Er gab den gerollten Fünfziger, der ihm als Röhrchen diente, seiner neuen Bekanntschaft. Dabei frotzelte er charmant, sie lachte entzückt. Die beiden ließen die Droge kurz einwirken, lauschten der Musik und sagten nichts weiter. Dann nahm Peter Neumann Annas Hand und ging voran in den Flur, Richtung Schlafzimmer. Auch dort, neben dem XXL-Wasserbett, lag Koks bereit. Die Prostituierte stand noch mit einem Bein im Flur, als Neumann ihr den Minirock hochschob. Als eine halbe Stunde vergangen war, dachte ich mir, es sei Zeit für einen Besuch. Die beiden bemerkten zuerst nicht einmal, dass ich im Zimmer stand, dabei hatte ich mich alles andere als durch die Tür geschlichen.

Es bot sich folgendes Bild: Der Anwalt war in Rage, seine heruntergelassene Hose auf Knöchelhöhe, und er kniete auf dem Bett vor dem entblößten Gesäß Annas, die mit hochgezogenem Rock auf allen vieren das ertragen musste, was sich hinter ihr in Form eines rasenden Mittvierzigers abspielte. Zeitgleich versuchte er durch einen Strohhalm eine Linie Koks zu ziehen, die entlang ihrer Wirbelsäule angerichtet war. Er dachte, das wäre toll. Peter Neumann dachte, zeitgleich vögeln und koksen, genau das wäre seine Welt. Peter Neumann dachte, er könne alles, auch für diesen Akt geschmeidig sein wie ein Otter. Peter Neumann war kein Otter. Peter Neumann bot ein Bild völligen Wahnsinns. Ein Bild, wie geschaffen für mich.

Ich drückte auf den roten Knopf meiner Kamera und fing die Szene ein. Einfach so, ich wollte schauen, was passierte. Es passierte nichts, beziehungsweise nicht das, was ich dachte. Der Anwalt störte sich nämlich keineswegs an meinen Aufnahmen. Im Gegenteil, im Fokus meiner DV-Kamera legte der Jurist einen Gang zu. Die Aufmerksamkeit schien ihm zu gefallen, als sein Blick nach links ging und er mich als Kameramann erblickte. Neumann schaute aus hohlen Augen, winkte fröhlich und lachte, ganz so, als stünde er vor einem schönen Alpen-Panorama und seine Frau drückte auf den Auslöser, um diesen Moment für die Enkelkinder zu sichern.

Ein stadtbekannter Anwalt mit heruntergelassener Hose, der versucht, während des Aktes einer 18-jährigen Prostituierten eine Linie Koks vom Rücken zu inhalieren und dann kurz innehält, um in meine Kamera zu winken – dieses Motiv hatte ich bislang noch nicht in meiner Sammlung. »Ist das geil!«, sagte er. Neumann und die anderen dachten, dass sie sich bei mir alles erlauben könnten. Man war ja unter Freunden.

Im Laufe der Jahre legte ich mir auf diese Weise eine audiovisuelle Rückversicherung zu. Die Medien hätten diese Bilder brennend interessiert.

Ich genoss die Anwesenheit der Hamburger Finanz- und Machtelite in meinen angemieteten vier Wänden. Die Wohnungen, gar nicht mal so feudal, eher unauffällig und bestenfalls in Wohngebieten, hielt ich für die Feten für sinnvoller als prächtige Penthäuser. Über die Kosten für das Koks und den Alkohol machte ich mir überhaupt keine Gedanken, das zahlte ich gerne. Ich bekam es durch das Gefühl von Allmacht beim Hintergehen meiner Gäste doppelt zurückgezahlt. Ich hatte sie alle in der Hand, glaubte ich.

Es war Zeit zu feiern. Eine Party allein für mich, meine Gang und Dealer-Freunde sollte es werden.

Nichts übermäßig Abgedrehtes. Dachte ich anfangs. Dann fuhr ich ein bisschen mehr auf.

Der Slip rotiert auf dem Plattenteller

Ich rief also ein paar Leute an und sagte ihnen, es werde eine Feier geben, »einfach so, geht auf mich. Ihr könnt ruhig noch ein paar Kollegen einladen – und denkt an die Weiber!«. Eine »Spinner-Party« wollte ich jetzt organisieren, eine Party, wie sie die amerikanischen Ghetto-Rapper von der Ostküste zu feiern pflegen. Nur war unsere Destination nicht Downtown

Brooklyn, sondern ein Dorf irgendwo in Niedersachsen, 3 000 Einwohner, 1 200 Kühe, eine Bäckerei, ein Kiosk. Es war nicht gerade am Arsch der Welt, aber auch nicht weit davon entfernt. Ein Freund von mir hatte hier einmal eine Hochzeit gefeiert und rief kurzerhand für mich den Besitzer an, um die Halle anzumieten. Sie war weit genug weg von Hamburg, um die Party sehr exklusiv halten zu können. Schnell war alles geregelt, einige Freunde, die ich dafür bezahlte, organisierten den Rest.

An diesem Samstag schlängelte der wohl erstaunlichste Konvoi teuerer Autos durch die niedersächsische Provinz, der je dieses Kaff als Ziel hatte. Über achtzig Kilometer war die Partygesellschaft aus der Stadt in ihren Karossen angereist, bestimmt vierzig, fünfzig Wagen: Mercedes S-Klasse, 7er-BMW, Geländewagen. Wenn jemand gerade kein ordentliches Gerät in der Garage stehen hatte, dann lieh er sich für diese Party eines. Jeder sagte, ohne es zu sagen: Und jetzt schaut mich an! Mit rund hundert Leuten rechnete ich, eine Kohorte von zweihundert kam. Alle waren sie da, Dealer, Schläger, Strichmädchen, Geldeintreiber. Ich schätzte fünfzig Prozent Deutsche, fünfzig Prozent Kanaken, wie ich sie liebevoll nannte, also Araber, Albaner, Russen, mit denen ich bestens zurechtkam, sei es privat oder geschäftlich. Nur Türken waren keine da, das waren für mich Hähnchenverkäufer.

Üblich war bei uns, dass jeder Kerl zwei, drei Mädels mitbrachte, sodass die Mischung stimmte. Die Männer kamen im Maßanzug, die Frauen im Abendkleid oder in einem dermaßen hautengen Top, dass sich die Konturen ihres Oberkörpers geradezu unverschämt abzeichneten. Bier schenkten wir nicht aus, das war nicht standesgemäß; dafür besten Wodka, Whiskey und Champagner, Cocktails und Zigarren, dazu ein nettes Buffet. Und jeder der Anwesenden hatte als Nachtisch ein dickes Tütchen Koks dabei. Es lag offen auf den Tischen. Die Spiegel mit den Lines rotierten quer durch den Saal. Jeder sniefte, solange die Nase konnte.

Gar nicht mal leise rieselte der Schnee von der Decke.

Es fing an, lustig zu werden, als ein mir unbekanntes Mädel sich vor Micha kniete. Ich dachte, ihr sei etwas runtergefallen und sie suche es nun auf dem Boden. Da hatte ich mich geirrt, die junge Dame nestelte Michas kleinen Micha aus der Hose und begann eine ausgiebige Fellatio. Wir standen mitten im Raum. Ich unterhielt mich währenddessen weiter mit Micha, und wir mussten stark an uns halten, um nicht recht uncool laut loszulachen.

Der Saal bekam das, was sich dort unten vortrug, schnell mit. Es wirkte wie ein Startschuss. Big Bang.

Vor dem DJ-Pult fingen die Mädels an zu tanzen, und die Erste knöpfte auf der Tanzfläche ihre Bluse auf, sehr langsam. Dann zog sie ihren BH aus, dann ihren Rock. Sie tanzte jetzt im Slip. Die anderen Mädels jubelten und taten es ihr gleich, rissen sich die Fummel vom Leib und schmissen alles einfach durch den Raum. In hohem Bogen – und ich dachte, ich wäre in einem Film. Sieben Russinnen mit langen Haaren zogen blank, ein String-Tanga landete auf dem rotierenden Plattenteller des DJs. Aber sie waren nur kurz nackt, denn dann bekleideten sie sich wieder, zumindest ein bisschen: Sie kletterten wieder in ihre kniehohen Lackstiefel, weil das beim Tanzen, wenn sie zum Rhythmus in die Hocke gingen, mehr nach gutem Porno aussah. Unten am Boden spreizten sie ihre Beine. Ihre Hüften gehorchten dem wummernden Takt, es schien, als ob sie das Lied vögeln wollten. Ein orgiastischer Tanz zur hämmernden Hip-Hop-Musik, und einige von den Russinnen rieben ihre Oberschenkel gegeneinander. Sie fingen an, sich gegenseitig in den Schritt zu greifen. Eine räkelte sich oben auf der Box. Andere Mädels rannten nach vorne und zogen sich schon auf dem Weg dorthin aus.

Wir waren alle extrabreit – und kurz vor der Raserei. Micha war mit seinem Blowjob-Mädchen auf dem Klo verschwunden. Das Koks war dem kompletten Saal in den Unterleib geschossen.

Gevögelt haben wir nicht direkt auf der Tanzfläche, aber in den Ecken, auf den Klos, in den Karren und vor, neben und hinter der Halle. Es gab keine einzelnen Individuen mehr, alles gerann zu einer Masse. Das ging über Stunden. Koks kann das.

An diesem Abend hatte ich nur mit einer Frau Sex. Dafür gingen wir in die Küche, dort schob ich ihr Kleid hoch. Dann versorgte ich sie nicht nur obenrum mit Koks, sondern rieb ihr auch etwas davon in den Schritt, dorthin, wo die Durchblutung besonders wichtig ist beim Sex. Ihre Nervenenden knallten so schnell wie eine Packung Zieselmänner im Kaminfeuer.

Es ging den ganzen Abend nicht ums Geschäft, nur um den Spaß. Die Waffen blieben zu Hause. Es war der Abend, an dem ich ihnen allen zeigen wollte, wie gerne ich sie hatte. Ich wollte mich meiner Unterwelt präsentieren und feierte mit ihr eine Party wie weiland Caligula. Ich hatte das Gefühl, das Ende des Regenbogens gefunden zu haben.

Da wusste ich noch nicht, dass Regenbögen auch schnell wieder verschwinden können.

Die Dorfgemeinschaft bekam von alledem nichts mit. Hätte sie es getan, dann hätte sie jedoch bestimmt nicht die Bullen gerufen, sondern gefragt, ob sie mitmachen dürfte.

Ich hatte es geschafft.

Das merkte ich an so vielen Dingen. Bestes Beispiel war unser Stammrestaurant in einem bekannten Hamburger Hotel. Sehr exquisit, und um einen Tisch zu bekommen, brauchte man eigentlich mehrere Tage Vorlauf oder sehr viel Glück. Nicht so bei mir und meiner Gang. Egal, an welchem Wochentag, egal, zu welcher Uhrzeit, wir bekamen immer einen Platz. Man braucht dafür nicht nur das nötige Geld, sondern den nötigen Einfluss. Die Leute aus dem Hotel hatten zwar nichts mit dem Kiez zu tun, aber sie kannten uns trotzdem. Und zumindest ahnten sie, wer wir waren.

Zu jener Zeit war es, als sähe ich mich permanent von

oben: Ich fuhr mit einer Karre vor, gab dem Pagen meinen Autoschlüssel und einen Spruch mit auf den Weg, ging durch den Empfang, wurde gegrüßt und bekam wie selbstverständlich mit meiner Perle einen schönen ruhigen Tisch in diesem distinguierten Fresstempel. Wenn nichts frei war, wurde eilig ein Tisch geholt. Bekannte Gesichter von meinen Privat-Partys, die ich dort auch wie selbstverständlich traf, prosteten mir zu.

Ich hatte weder Schulabschluss noch Berufsausbildung, war für diese Leute ein sehr subversives Element, und trotzdem saß ich unter all den Managern und Rechtsanwälten und Politikern.

Vor dem Essen hatte ich Lust auf einen Aperitif. Ich musste nichts sagen, die Bedienung merkte das und kam lächelnd und zügig an unseren Tisch. »Was darf es sein, der Herr?«

Alles lief wie automatisch, es war, als könnte mir alles egal sein, weil ich über alles erhaben war; über die Bullen, über das Strafgesetzbuch, über die Probleme der anderen Menschen, über die physikalischen Gesetzmäßigkeiten. Ich flog höher als eine verdammte Cessna, ich besoff mich an mir selber.

King of the world!

Ich! Ich! Ich!

Ich schüttete mit Kollegen bei einer Geburtstagsfeier fünfzig, sechzig Pullen Sekt in eine Badewanne (der Kiosk an der Ecke hatte keinen Schampus), wir setzten zwei nackte Weiber rein, nahmen Strohhalme und fingen an zu schlürfen.

Ich versoff an einem Abend 1 000 Euro, locker. »Tanzt! Der König hat gute Laune!«

Ich naschte in einem Club eine schwerwiegende Portion Kokain, stellte mich auf den Hocker an der Bar, breitete die Arme aus wie die Jesus-Statue oberhalb Rio de Janeiros und brüllte: »Yeah!«

Ich wusste nicht mehr, ob die Mafia-Filme Vorbild für mich waren oder ich für die Mafia-Filme.

Ich lebte meinen Film.

Ich war der Held.

FABRIK DER SÄUMIGEN KOKSER

»Wenn wir was wollten, nahmen wir es uns einfach.
Wenn sich jemand (...) beschwerte,
wurde er so übel zugerichtet – Sie können mir glauben,
die beklagten sich nie wieder.«
Good Fellas

Größenwahnsinnige sollten nicht mit Koks dealen, Größenwahnsinnige sollten kein Koks konsumieren. Das Problem ist aber: Durchs Dealen und Sniefen wird man größenwahnsinnig. Ganz automatisch.

Ich wurde aber nicht nur wahnsinnig größenwahnsinnig, mich sprang immer öfter das Gefühl an, dass da Gespenster waren, die mir nach meinem Leben trachteten. Diese Panik war weit mehr als eine dahergelaufene Wahnvorstellung, viel konkreter, denn ich hatte ein genaues Bild der Geister, sie waren quasi real: Meine Gespenster waren Polizisten, die sich bestimmt in meinem Wohnzimmer einfanden, um mir den Garaus zu machen. Immer öfter schaute ich mich nervös in meinen vier Wänden um, noch öfter auf der Straße.

Ich bekam Verfolgungswahn wie Andy, die Ameise.

Immer mehr hatte ich den Eindruck, dass jedes meiner Gespräche von der Polizei, Abteilung Organisierte Kriminalität, protokolliert wurde. Dieses Gefühl ließ mir keine Ruhe, ich brauchte Gewissheit. Am nächsten Mittag rief mich Christian an.

»Stefan, ist wichtig. Ich brauche ganz dringend zwei Kilo Kartoffeln, verstehst du? Zwei Kilo! Kartoffeln!«

»Bist du bescheuert, Alter?«, empörte ich mich. »Nicht am Telefon!«

»Ich weiß, tut mir leid. Muss aber sein jetzt. Bekommt doch eh keiner mit!«

Ich stöhnte genervt auf. »Du machst mich fertig, was ist, wenn die Hurensöhne doch mithören? So dringend?«

»Ist ein Riesending, wenn ich das ans Laufen kriege. Dafür brauch ich aber jetzt die zwei Kilo. Sonst geht das komplett nach hinten los.«

»Hört sich dramatisch an. Wann und wo?«

»Raststätte Langwerder, in zwei Stunden.«

»Bis gleich.«

Zwei Stunden später fuhr ich von der Autobahn ab, Christian wartete schon rauchend neben einem parkenden LKW. Er beobachtete mich, wie ich meinen Wagen ein paar Meter entfernt abstellte. Wir begrüßten uns ausgiebig und schnackten kurz, derweil ich ihm eine kleine Nackenschelle verpasste und immer noch ein bisschen empört tat. »Alter, am Telefon, Kartoffeln, geht gar nicht klar!« Christian nickte schüchtern, ich schüttelte theatralisch den Kopf und schaute enttäuscht drein. Dann ging ich zum Kofferraum, Christian folgte. Ich nestelte den Schlüssel aus meiner Jacke, öffnete das Auto – und dann brachen sie auch schon über uns herein wie eine Horde jähzorniger Hornissen.

»Hände hoch! Auf den Boden!«, brüllte es.

Wir drehten uns um.

»Fassen Sie den Kofferraum nicht an! Weg vom Auto! Hände hoch und auf den Boden!«

Zehn, zwölf Polizisten kamen von allen Seiten angerannt und standen jetzt seitlich und direkt vor uns, sie hatten ihre Pistolen aus den Halftern gelöst und zielten auf uns. Wir waren überrumpelt. Ein Bulle brüllte weiter: »Hände hoch und auf den Boden legen, hab ich gesagt!«

»Ja, ja«, stammelte ich, »wir wären allerdings schneller unten, wenn wir dabei nicht die Arme hochnehmen müssten.«

»Auf den Boden!«

Ich fand mich witzig, die Polizisten nicht. Aber die waren ja schon immer humorbehindert.

Wir lagen der Länge nach auf dem Asphalt. Drei der Bullen kamen auf uns zu und banden unsere Hände hinter dem Rücken zusammen. Wir wurden durchsucht, die anderen Polizisten zielten immer noch auf uns. Schon wieder lehnte ein Polizist mit seinen Knien auf meinem Oberkörper. Bäuchlings konnte ich dann sehen, wie sein Kollege sich langsam meinem Kofferraum näherte. Vorsichtig, als ob er bei zu hektischen Bewegungen einen Sprengmechanismus aktivieren könnte, öffnete er die Haube. Ich schaute rüber, der Bulle griff zu, und jetzt lagen sie direkt unter ihm – zwei Kilogramm Kartoffeln, festkochend, beste Qualität. Ich hatte sie vorher extra beim Mann meiner Schwester abgeholt, er war Landwirt. Sie waren erntefrisch. Der Bulle machte große Augen und suchte den Kofferraum vergeblich nach Kokain ab.

»Was ist denn überhaupt los?«, fragte ich, immer noch mit einem fremden Knie im Nacken. »Was ist euer Problem?«

»Ruhe!«

»Darf man seinem Cousin jetzt schon keine Kartoffeln mehr vorbeibringen? Heute ist großes Familienessen.«

Das kleine Experiment hatte funktioniert. Jetzt war klar, dass ich abgehört wurde. Der ehemalige Geschäftsführer meines Vaters gab mir den Tipp, die Bullen in die Falle laufen zu lassen – das hätte so oder ähnlich schon häufig funktioniert. Zum einen freute es mich, dass ich jetzt Gewissheit hatte (das machte meine Panik allerdings nicht besser, ganz im Gegenteil), zum anderen hatte ich diebischen Spaß an dem Gedanken, dass die Beamten vom Rastplatz bestimmt noch auf Tage hinaus Gesprächsstoff für alle umliegenden Polizeidienststellen waren.

Kartoffel-Gate.

Mit Christian hatte ich am Vorabend in einer Kneipe besprochen, was wir genau am Telefon sagen würden und wie er sich verhalten sollte. Hatte funktioniert.

Ich fuhr zurück zu Hannah.

Neben dem Koksen, den Partys und dem Geldzählen waren die Momente am schönsten für mich, wenn ich nach einem langen Tag voller Aufregung auf dem Weg zu ihr war, allein. Im besten Fall besuchte ich vorher noch mit Najim einen Edel-Puff, aber nicht, um zu vögeln, sondern nur, um ein bisschen zu trinken, zu klönen und uns in der Sauna zu entspannen. Wir gingen danach in aller Ausführlichkeit duschen, dann zusammen nach draußen und verabredeten uns für den nächsten Tag. Ich setzte mich in meinen Mercedes und bekam eine SMS von Hannah, »Essen ist fertig.«.

Meine Haut fühlte sich an wie mein Lieblings-T-Shirt, saunaweich war sie, und auf ihr fühlte ich die wohlige Wärme von zwanzig Minuten Solarium-Sonne. Auf meinen Oberarmmuskeln zeichneten sich auf der Innenseite deutlich meine Adern ab, ich war derzeit gut im Training. Im Hintergrund ließ ich Dean Martin leise »That's amore« säuseln und aschte eine Cohiba ab, während Hamburg und seine Vororte links und rechts an mir vorbeizogen. Ich beschleunigte meinen Wagen gerade so, wie die Polizei erlaubt, weil ich die Vorfreude auf Hannah ein wenig dehnen wollte. Sie erwartete mich bestimmt mit einem Glas Wein, das ich mit ihr zusammen auf unserer Terrasse trinken würde. Sie hätte sich ein Wasser eingeschenkt, ich würde ihr über den herrlich dicken Bauch streicheln und hoffen, vielleicht einen kleinen Tritt zu spüren. Dann würde ich Hannah von meinem Tag erzählen, später gingen wir ins Bett, um noch ein wenig das Abendprogramm im Fernsehen anzuschauen. Hannah würde sich vom Bildschirm abdrehen, ihren Kopf auf meine Brust legen, langsam in meinen Armen einschlafen und bald angekommen sein im Land der Träume. Auf dem Weg dorthin würden ihre Zehen meine Unterschenkel berühren, da sie ihre Füße im Bett immer leicht auf und ab bewegte. Sie ließ gerne ihre Füße rotieren. Das machte sie immer, wenn es ihr wohlig war. Dann fühlte auch ich mich angekommen.

Den Glanz dieser edlen Momente hätte so einer wie ich sonst nie genießen dürfen. Da bin ich mir sicher. Ich frage mich heute sogar, was gewesen wäre, wenn ich nur ein Mal auf meine Mutter gehört hätte? Wenn ich keine Scheiße gebaut und mich in der Schule angestrengt hätte? Dann hätte ich es vielleicht zu einem Schulabschluss gebracht, eine Lehre gemacht, nach ein paar Jahren einen krummen Rücken und schwarze Fingernägel bekommen, und vielleicht hätte ich irgendwann sogar ein bisschen Geld sparen können. Es wäre genug gewesen für ein Kind und einmal pro Jahr einen Mallorca-Urlaub, pauschal versteht sich. Ich wäre an einem Abend wie jenem nach einem harten Tag mit einer Karre, die ich noch jahrelang abzahlen müsste, nach Hause gefahren, wo eine frustrierte Alte auf mich gewartet hätte. Eine Hannah hätte ich bestimmt nicht abbekommen. Am Morgen hätte ich schon wieder nicht den Müll rausgebracht, und das neue Handy, das die Nachbarin längst besaß, hätte ich ihr auch nicht kaufen können. Bestimmt hätte ich versucht, mir mein Leben schönzusaufen.

Es schien also, als hätte ich alles richtig gemacht.

Zumindest bis zu diesem Punkt.

Ich aschte erneut ab und dachte: *Die ganze Scheiße mache ich genau deswegen. Für den perfekten Tag, einen Tag wie heute.*

Über all das dachte ich während meiner Fahrt nach. Der Blick in den Rückspiegel verschaffte mir Sicherheit, dass mir keiner gefolgt war. Also bog ich in meine Straße ab und fuhr in die Garage. Hannah hatte ich Blumen mitgebracht, Rosen. Ich hörte sie hinter der Wohnungstür über den Flur gehen, federleicht bewegte sie sich nicht mehr, aber sie war ja auch schon im siebten Monat. Ich war bereit für meinen Bilderbuch-Abend und für Hannahs rotierende Füße.

»Du Arschloch!«, begrüßte sie mich, riss die Blumen aus meiner Hand und schmiss sie gegen die Flurwand. »Schau, was du aus mir gemacht hast!« In den vergangenen Wochen hatte Hannah viele Kilos zugelegt und unreine Haut bekommen. »Schau mich an!« Sie stellte sich vor unseren Spiegel und begutachtete ihr Gesicht. »Schau mich an!«

»Schatz?! Du hast ein paar Pickel bekommen, na und?«, sagte ich und versuchte sie in den Arm zu nehmen. Ich fing sie mit einem Lächeln und Küssen auf die Stirn ein. Sie riss sich los. Ihre Augen waren tränenverquollen, in ihrem Gesicht war mehr Hass als Traurigkeit zu lesen.

»Du Arsch!«

Ich wusste nicht, was ich sagen sollte. Also stammelte ich irgendetwas. »Deine Hormone tanzen gerade Pogo. Das ist doch völlig normal in einer Schwangerschaft, oder nicht? Östrogen-Überschuss und so. Komm her!«

»Das ist mir scheißegal. Ich bin fett und hässlich. Und du bist schuld!«

Insgeheim fand ich die Situation gerade sehr erheiternd, vermutete aber, dass es nicht ratsam wäre, laut loszulachen oder sonst wie ihren Groll der Lächerlichkeit preiszugeben. Ich versuchte sie zu trösten. »Tut mir leid, dass du dich so schlecht fühlst! Ehrlich. Deine paar Schwangerschaftspfündchen stören mich überhaupt nicht. Wirklich!«

»Aber mich! Und wo warst du gestern Abend?«, fragte sie und baute sich vor mir auf, ihr Bauch berührte dabei meinen. »Hast du wieder eine deiner Schlampen gefickt?«

Es war das erste Mal, dass sie mich darauf ansprach, dass ich sie betrog. Die Abende mit anderen Frauen kamen so häufig vor wie unsere gemeinsamen zu zweit. Bis eben wollte ich sie noch beruhigen, aber jetzt war ich dieses Gesprächs überdrüssig.

»Ist das Essen noch warm?«, fragte ich kalt.

»Du betrügst mich? Das weiß ich, das weißt du! Du bist so ein Arschloch! Wo warst du gestern Abend?«, fragte sie erneut.

»Die Wohnung müsste auch mal wieder gesaugt werden.«

»Du Scheißkerl!« Sie stampfte in unser Schlafzimmer, knallte die Tür ins Schloss und drehte den Schlüssel um. Ich unternahm noch nicht einmal den Versuch, mit ihr zu reden. Ich verließ kommentarlos die Wohnung und ging in einem Restaurant essen. Dann rief ich Micha und Christian an und fragte, ob wir uns nicht ein bisschen ablenken wollten. Ich kokste mehr als gewöhnlich. Das gerade war mein erster Streit mit Hannah gewesen. Und er fühlte sich falsch an. Frühmorgens kam ich zurück, ich kroch zu ihr ins Bett. Sie drehte sich ab.

Ich habe keine Ahnung, wie häufig ich fremdgegangen war. Auf jeden Fall mehrfach. Sonst wäre ich selbst in der Beziehung mit der Liebe meines Lebens nicht glücklich geworden. Sex hat für mich nichts mit Emotionen zu tun. Ich brauche Sex, viel Sex – und nicht nur mit ein und derselben Person. Meine Definition von Liebe und Treue ist nicht die anderer Menschen. Ich brauche die permanente Bestätigung durch Frauen, das sorgte bei mir dafür, dass ich mich umso mehr auf Hannah freute. Ich glaube sogar, dass meine Seitensprünge unsere Beziehung lebendig erhalten haben. Andersrum hätte ich es nicht ertragen, wenn Hannah es mir gleichgetan und mit anderen Männern Sex gehabt hätte. Ich weiß, das ist ungerecht und sexistisch und falsch. Aber so bin ich nun mal aufgewachsen, so habe ich es gelernt und habe es nie hinterfragt. Männer, die ihren Frauen treu sind, sind Liebeskasper. Dass Hannah unter mir litt, tat mir leid. »Du Arsch«, hatte sie gesagt. Sie hatte recht. Aber das hätte ich nie zugegeben.

Am nächsten Morgen verloren wir kein Wort mehr über den vergangenen Abend. Wie immer ging ich runter zum Briefkasten, um das Geld zu holen, brühte einen Kaffee auf und fing an zu zählen. Hannah machte sich im Bad fertig. Wir frühstückten gemeinsam, schweigend.

»Ich habe heute um 15 Uhr einen Arzttermin«, sagte sie dann.

»Ich begleite dich«, antwortete ich. Über ihre Pickel hatte Hannah heute eine extra dicke Schicht Schminke gepinselt.

Zwei Wochen vor dem berechneten Tag der Entbindung packten wir gemeinsam den Koffer für die Klinik. Das Kinderzimmer war fertig eingerichtet, die Bilder hingen an der Wand, die Bordüre hatte ich selbst angebracht, und über dem Luxus-Kinderbettchen (in Form eines Helikopters) baumelte ein Mobile. Mein Knirps konnte kommen.

Und plötzlich war sie wieder da, meine Panik. Diesmal war es aber keine Polizisten-Panik, kein Verfolgungsstress, sondern es waren existenzielle Sorgen. So kurz vor der Entbindung merkte ich, dass mein Leben wohl nicht für immer so weiterlaufen könnte – und dass ich ab jetzt für eine kleine Person Verantwortung trug. Immer öfter stritt ich mich in letzter Zeit mit Najim, obwohl wir mehr Kunden denn je hatten. Es ging um Fragen, auf die wir keine Antworten fanden:

Wo können wir unsere Kohle investieren?

Wie kommen wir an unsere Außenstände?

Wie geht es weiter?

Für uns beide war klar, dass wir unser Geschäft auf dem aktuellen Niveau nicht viel länger durchziehen konnten. Wie jeder erfolgreiche Kriminelle waren wir an dem Punkt angelangt, an dem wir unser Vermögen anlegen mussten, um es zu waschen. Das ist gar nicht so einfach, wenn man einen Haufen Geld besitzt, aber nicht erklären kann, woher das kommt. Bislang stopften wir unsere Kohle in irgendwelche Plastiktüten oder gaben sie kurzerhand aus. Zudem wuchsen wie bei anderen erfolgreichen Kriminellen auch die Probleme. Einige unserer Kunden konnten plötzlich nicht mehr zahlen, andere wollten uns linken: Mehr Kunden, mehr Trouble. Drittens wurde der Verteilungskampf auf dem Koks-Markt härter. Es ist wie an der Börse: Entweder wächst du – oder du wirst von der Konkurrenz gefressen. Aber wächst du, steigt das unternehmerische Risiko.

Ich habe keine Ahnung, ob das bei allen werdenden Vätern so ist, jedenfalls entwickelte ich zuletzt eine Tatkraft, wie ich sie bis dato von mir nicht kannte. Mit allen Mitteln wollte ich dafür sorgen, dass Najim und ich an das Geld kamen, das uns zustand. Meine Zettelwirtschaft mit den offenen Rechnungen wurde langsam unübersichtlich. Eines durfte auf jeden Fall nicht passieren, nämlich zu vergessen, bei einem Kunden einzutreiben. So ein Fehler spricht sich schnell rum, und du bist raus, weil dich keiner mehr ernst nimmt. Alle denken dann, du bekommst nichts mehr auf die Kette. Dann wollen dich alle verarschen.

Das musste ich verhindern.

»Auf gute Zusammenarbeit, Herr Plönke!«

In meinem Job gewinnt man den Eindruck, dass unser Land ein und dieselbe Angewohnheit eint: Koks-Schnupfen. Natürlich hat man als Dealer einen Inselblick auf die Dinge, aber mittlerweile kannte ich einen Haufen Menschen, für die war das Koks wie der Kaffee am Morgen, die warme Mahlzeit mit Sättigungsbeilage am Mittag oder das Feierabend-Bierchen. *Wie schaffen die überhaupt ihren Alltag?* Es waren ganz normale Menschen mit ganz normalem Job – die Nase dabei immer voll. Anfangs wunderte ich mich noch, wer wann und wie oft zum Koks griff, später nicht mehr. Ob jung oder alt, reich oder abgebrannt, männlich oder weiblich – wir verkauften an alle.

Wenn ein Kunde nicht zum abgesprochenen Termin seine Schulden beglich (die meisten kauften früher oder später auf Pump), dann besprachen wir mit ihnen die Gründe, und es gab einen Zahlungsaufschub von ein paar Tagen, maximal einer Woche – immer mit zehn Prozent Aufschlag, wohlgemerkt. Dass an dieser Praxis nicht zu rütteln war, stellten wir, Najim, ich und unsere Helfer, klar. Deswegen gab es neben der neuen Frist zum Abschied noch eine Gedankenstütze, die buchstäblich nachhallte – wie hart der Schlag ausfiel, hing von mehreren Faktoren ab. Im Allgemeinen davon, wie hoch die Schulden waren, wie gut der Leumund des Kunden bei uns war und was wir ihm finanziell zutrauten; und im Speziellen, in welcher Stimmungslage wir uns gerade befanden. Die Backpfeife war nötig in einem Umfeld von Menschen, die eine Droge nahmen, die die Selbstwahrnehmung extrem trübt. In der Feinjustierung meiner Schlaghärte war ich mittlerweile Meister.

»In ein paar Tagen bekommst du dein Geld«, diesen Satz bekam ich täglich zu hören, »garantiert!« Und auch die Begründungen waren zumeist identisch: Demnächst seien die Aktien verkauft, schon bald komme die große Erbschaft von der endlich toten Tante, nächsten Monat gäbe es eine Lohnerhöhung. Das war natürlich so gut wie immer gelogen. Und nicht nur die Kunden logen mich an, sondern mittlerweile ließen sich auch meine Straßenläufer, *Handy-Men* (Dealer, die zu jeder Tageszeit an einen gewünschten Ort kommen) und Zwischenhändler mit dem Bezahlen so viel Zeit wie möglich.

Wir mussten uns einen Weg überlegen, das zu ändern, wir mussten mehr Druck aufbauen können. Den Leuten allesamt das Rückgrat zu brechen, wie es Najim vorschlug (»Müssen mehr Exempel statuieren!«), wäre unserer Kasse jedoch langfristig auch nicht zugutegekommen. Die Lösung musste cleverer sein, im besten Fall lieferte sie gleichzeitig einen Grund, warum Sozialhilfeempfänger wie wir uns Eigentumswohnungen und mehrere dicke Autos leisten konnten.

Ein erster Versuch mit einer Agentur für Event-Management ging in die Hose. Ich meldete ein Gewerbe an und veranstaltete ein paar Feiern in Hamburg. Letztlich war das für mich aber viel zu aufwändig, auch wenn ich ein paar Schuldner von mir den Hauptteil der Arbeit machen ließ. Das finanzielle Ergebnis war dürftig, bei einer Party musste ich am nächsten Morgen sogar draufzahlen. Als Veranstalter war ich also nicht geeignet. Bestimmt auch, weil ich viel zu gerne selbst mitfeierte. Sein bester Gast zu sein ist nie gut.

Der Frust wich schnell einer neuen Überlegung. *Vielleicht ist ja Heimarbeit die Lösung?*, dachte ich mir, als ich hörte, welchen Job Najims neue Flamme hatte. Vor ein paar Wochen kam er mit ihr um die Ecke; Endrina war jung, sehr jung, und eine bildhübsche Portugiesin, clever und erstaunlich geldgeil. Najim war ihr von der ersten Minute an hörig, eine Eigenschaft, die ich bislang von meinem beinharten Partner, der nie auch nur eine einzige Schwäche oder emotionale Regung (bis auf Wut) zeigte, überhaupt nicht kannte. Najim trottete Endrina hinterher und schaute wie ein nach Liebe heischender Dackelwelpe. Mir war das egal. War ja nicht meine Kohle, die Najim ihr unentwegt fürs Shoppen oder Ausflüge gab. Nach einer gewissen Zeit würde sich Najims Begeisterung für sie bestimmt wieder legen. Er lernte nebenher genauso viele Frauen kennen wie ich.

Das junge hübsche Mädchen jobbte in einer Firma, die unter anderem Zusatzteile für die Auto-Industrie fertigte. Besser gesagt, stellte die Firma Werkzeuge zur Verfügung und vergab dann Jobs an Privatleute, die sich zu Hause an die Arbeit machten. Je mehr Heimarbeit sie vergeben konnten, desto besser für die Firma. »Die Nachfrage ist der Hammer«, verriet uns Endrina. Die armen Hunde, die das machten, waren Leute, die entweder so wenig verdienten, dass sie einen Zweitjob brauchten, oder rüstige Senioren, die ihre Rente aufbessern wollten. Für hundertfünfzig dieser Bauteile gab es knapp 5 000 Euro. Damit war ein einzelner Heimwerker aber auch mindestens drei Monate beschäftigt, und er schaffte es auch nur dann, wenn er sich ordentlich ranhielt. Ein Knochenjob. Endrina organisierte für die Firma die Zuteilung der nötigen Arbeitsmittel.

Die Idee lag ab da auf der Hand: Wir wollten unsere Schuldner für uns malochen lassen. Das Projekt sah vielversprechend aus, es eröffnete uns die Chance, legal Geld zu verdienen und zeitgleich unsere offene Kohle einzutreiben – wir gingen es also an. Als Erstes brauchten wir eine nicht zu kleine Halle, die etwas außerhalb liegen sollte. Einen Tag später stiegen wir in Najims Cabrio.

Das Dorf, in das wir fuhren, lag in der Nähe Langbergens, rund eine halbe Stunde von Hamburg entfernt, und bestand aus zwei Bauernhöfen, drei Wohnhäusern und einigen Misthaufen. In einer Zeitung hatte ich dort eine Lagerhalle auf einem Hof gefunden, die wie geschaffen für uns schien.

»Sie sind die beiden Geschäftsleute aus Hamburg?«, fragte uns der Bauer. Herr Plönke, ca. sechzig Jahre alt, Landwirt in vierter Generation, stieg von seinem Trecker ab, als wir vorfuhren. Er trug Ostfriesennerz, Gummistiefel und ein schwerfälliges Lächeln im Gesicht. Ihm gehörte die Halle.

»Richtig, wir hatten telefoniert, Liebert mein Name. Handelt es sich um dieses Objekt da vorne?«, fragte ich ein wenig zu dick aufgetragen. Und auch unsere Kalbslederschuhe waren für den matschigen Hof nicht wirklich passend. Herr Plönke schaute auf Najims Auto und dann an uns herunter und wieder hoch.

»Ja, ja, das da ist die Halle. Vorne rechts ist der Eingang. Lassen Sie uns doch direkt rübergehen.«

Die rote Ziegelsteinfassade gefiel mir von Anfang an, hier hätte auch ein Künstler sein Atelier eröffnen können. Nebenan hatte ein Möbelhändler seine Ware in einer ehemaligen Scheune gelagert. Als wir durch die schwere Eisentür gingen, waren wir erstaunt, wie geräumig und gut beheizt alles war. Der riesige Raum war ein ehemaliger Schweinestall, aus dem Herr Plönke eine moderne, fast schon klinisch reine Montagehalle gemacht hatte. 350 Euro inklusive Strom sollte das alles kosten. Wir mieteten auf der Stelle. Handschlag, Unterschrift.

»Auf gute Zusammenarbeit, Herr Plönke.«

»Auf gute Zusammenarbeit«, sagte Herr Plönke. »Was wollen Sie hier eigentlich machen?«

»Wir sind ein junges Unternehmen und endfertigen Bauteile für Automotoren an mehreren Maschinen mit motivierter

Belegschaft«, sagte ich ihm wohl wieder ein bisschen zu dick aufgesetzt. Bestimmt kamen wir ihm suspekt vor. Aber es war ihm egal. »Unsere Schicht wird um neun Uhr beginnen, manchmal werden sicherlich auch Überstunden gemacht werden.« Najim stand daneben und nickte.

»Kein Problem. Hier haben Sie Ihre Ruhe. Wir wohnen zwar direkt gegenüber, aber alles ist gut isoliert. Man hört nichts. Jau, dann wünsche ich mal viel Erfolg!«

»Wann können wir loslegen?«

»Ab jetzt.«

Am selben Tag bestellte Najim bei seiner Freundin das entsprechende Werkzeug, insgesamt sollten wir zwölf Maschinen bekommen. Normalerweise hätte die Firma diese Menge nie und nimmer an eine Adresse rausgeschickt. Doch Endrina deichselte das. Sie wusste, dass sich das für sie auszahlen würde.

Ein paar Tage später schon fuhr der Lastwagen vor, ein LKW voller Großwerkzeuge, die ich noch nie zuvor gesehen hatte. Die Teile waren rund einen mal einen Meter groß, elend schwer und wurden begleitet von einem Typen, der uns erklären wollte, wie wir die Geräte zu bedienen hätten, welche Arbeitsabläufe wann gemacht würden und was wir generell beachten müssten. Er setzte zu dem Vortrag an, als die Maschinen endlich abgeladen waren.

Ich versuchte mich zu konzentrieren, Najim schrieb Kurzmitteilungen an Endrina. Er benutzte sogar Herzchen und einen Kussmund.

Der Mann von der Firma erklärte eine geschlagene Stunde, was wir zu tun hätten. Metall hier einspannen, da umknicken, hiermit vernieten, dort hineindrehen und abschließend speziell stapeln. Ich konnte nicht so schnell mitschreiben, wie dieser Mensch sprach. Immer wieder musste ich nachfragen.

Wie soll ich das alles bitte jemals einem Junkie auf Turkey beibringen?

Wir fuhren zu Ulli, unserem koksenden Polier, der uns zwar nur rund 1 500 Euro schuldete, aber eben auch ein erfahrener Arbeiter war. Najim und ich hatten bei ihm sowieso die Hoffnung aufgegeben, jemals wieder unser Geld zu sehen.

Ulli hatte auf der Baustelle gerade Mittagspause und biss in eines seiner geschmierten Brote. Erst gestern hatte er Najim wieder um ein paar Gramm angebettelt – er hatte sie bekommen. Als er sah, wie wir vorfuhren, ließ er sein Brot fallen und kam mit einem Lächeln im Gesicht auf uns zu, kauend. Sein Lächeln barg einen Funken Panik in sich. Ulli wusste, dass es jetzt keinen Aufschub mehr für ihn gab, zu zweit waren wir noch nie bei ihm vorstellig geworden – und Geld hatte er natürlich keines dabei. Ulli hatte schon seinen kompletten Hausstand verscherbelt, zumindest das, was ihm seine Frau nicht weggenommen hatte, als sie ihn verließ.

»Hast du die Kohle?«, fragte Najim ohne Begrüßung.

»Tut mir leid, nächste Woche, ehrlich. Da gebe ich euch die erste Rate, 500. Bei mir läuft es gerade echt scheiße, und mein Chef macht mir andauernd Stress.«

»Jetzt!«, sagte Najim. »Jetzt! Heute solltest du die Kohle mitbringen! Das haben wir gestern so abgemacht.« Najim sprach sehr laut, die ersten Kollegen von Ulli schauten zu uns rüber, wenn sie es nicht eh schon taten.

»Ich hab keine Kohle, noch nicht!« Ulli standen die Tränen in den Augen.

»Lüg mich nicht an!« Kurze Pause. Najim tat einen Schritt auf ihn zu, nur noch wenige Zentimeter standen die beiden voneinander entfernt. »Wir haben aber eine Lösung für dich, mein Freund«, sagte Najim jetzt leise, dafür jedoch eindringlich, »morgen früh um neun Uhr kannst du deine Schulden abarbeiten.«

»Ich soll: was?! Das ist ein Scherz, oder?« Ulli lächelte sein Paniklächeln.

Ohne auf die Nachfrage einzugehen, gab Najim Ulli mit der flachen Hand eine derartig scheppernde Schelle ins Gesicht, dass der Polier sich fast einmal komplett um seine Achse drehte. Beim Eiskunstlauf hätte es für diese Einlage die erste Wertung gegeben. Najim zeigte mit dem Finger auf den am Boden liegenden Ulli, drohend, und trat wieder einen Schritt an ihn ran. »Morgen früh um neun Uhr tanzt du bei uns an, ist das klar?! Wenn du nicht kommst, holen wir dich ab – und wenn wir dich dann haben, wirst du dir wünschen, du wärst gekommen. Wir finden dich, überall.« Ulli kniete benommen im Matsch, jetzt schaute die komplette Belegschaft auf uns. Einer nahm sich eine Schaufel. Er wurde durch einen anderen zurückgehalten.

»Ich bin da«, sagte Ulli, während ich ihm mit einem Kugelschreiber die Adresse auf seinen Unterarm schrieb. Was auf ihn zukommen würde, sagten wir ihm nicht. Wenn er mit den Bullen reden würde, das war ihm klar, würde er unser nächstes Treffen nur mit viel Glück mit sehr vielen Schmerzen überleben. Und ausbüxen konnte er nicht. Über Typen wie ihn wussten wir alles, weil er es uns irgendwann mal erzählt hatte, unbekümmert wie Ulli nun mal war: Wir wussten, wo er wohnte, wo er ausging, wo seine Familie lebte – einfach alles.

Den restlichen Tag verbrachten wir damit, fünf weitere Schuldner zu akquirieren. Unsere erste Schicht war besetzt.

An nächsten Morgen um neun Uhr standen die Männer pünktlich vor unserer neuen Lagerhalle. Ulli kam auf uns zu, als wir vorfuhren.

»Jungs, ich bin hier. Seht ihr? Aber ich muss gleich zurück zum Bau. Mein Chef feuert mich, wenn ich schon wieder nicht komme. Und dann verdiene ich überhaupt keine Kohle mehr.«

»Du bleibst«, sagte Najim, »und morgen kommst du auch.«

»Ich verliere meinen Job!«

»Du hast jetzt einen neuen Job. Bei uns!« Ulli war schon wieder kurz vorm Heulen.

»Rein jetzt, alle Mann!«

Der erste Arbeitstag begann. Ich erklärte den Männern, was sie zu tun hatten. Neben Ulli waren drei unserer Läufer da, die uns jeweils um die 3000 Euro schuldeten und wohl nicht glauben konnten, dass sie jetzt lernen mussten, wie man irgendwelche Maschinen bedient. Sie waren abgehalfterte Klein-Dealer, die offiziell von der Stütze, eigentlich aber vom Verticken lebten. Wir hatten ihnen Stoff gegeben, sie hatten aber über ihrem eigenen Konsum vergessen, das Koks weiterzuverkaufen. Jetzt konnten sie sich nicht mehr auslösen. Und dann war da noch ein dicker Jurastudent, der uns nur fünf Gramm schuldete – ein anderer war uns auf die Schnelle nicht eingefallen.

Wir wollten sechs Tage die Woche produzieren, sonntags war frei. Unsere Vorgabe lautete, hundertfünfzig Teile in einer Woche. Wenn das unsere Belegschaft nicht schaffte, müssten sie eben länger arbeiten. Das bedeutete für uns knapp 20000 Euro zusätzliche Einnahmen, ohne auch nur einen Cent zu investieren, wenn man die Miete von 350 Euro mal außer Acht ließ. Vier Euro die Stunde wurde unseren Arbeitern von ihrem Schuldenkonto abgerechnet. In unserem Büro führten wir Buch.

Nach dem ersten Tag ging ich zu Ulli, irgendwie konnte ich seine morgendliche Verzweiflung nicht vergessen. Ich mochte diesen Typen, diesen komischen Kauz. Er war immer noch total fertig, auch körperlich, denn die Arbeit an den Maschinen war anstrengend.

»Ulli, warte mal!«, sprach ich ihn an, als er gerade seinen zerbeulten Wagen aufschloss, um davonzufahren. »Alter, wir machen das so: Du arbeitest jetzt schnell deine Kohle ab, ist ja nicht mehr viel, und du versprichst mir, deine Finger vom Puder zu lassen! Das ist nichts für dich. Sonst wirst du uns nie los. Hast du gehört?« Mir war es völlig egal, ihn als Kunden zu verlieren. Das Kokain machte ihn fertig. Das wusste er, das wusste ich, nur wusste er nicht, was er dagegen tun sollte.

Ulli sagte nichts, schloss die Wagentür und startete den Motor. Er sah verzweifelt aus.

Die erste Woche lief gut, die kommenden auch. Krankenstand hatten wir nie, dafür hatten unsere Knechte zu viel Angst. Najim und ich wechselten uns ab, sodass mindestens einmal am Tag einer von uns in der Firma nach dem Rechten sah. Gegen zwölf Uhr kam ich meist angefahren und blieb jeweils ein paar Stunden, so, wie ich gerade Zeit und Lust hatte. Bauer Plönke erzählte uns, wenn jemand zu spät gekommen war. Für uns spielte er Blockwart. Er konnte nicht ahnen, dass es für den Zuspätkommer eine Tracht Prügel setzte.

Najim und ich hatten jetzt endlich eine Möglichkeit gefunden, wie wir, nun ja, »ehrlich« verdientes Geld beim Finanzamt angeben konnten. Unser Steuerberater regelte das irgendwie am Rande der Legalität. Offiziell bei uns als Arbeiter gemeldet waren Familienmitglieder von Najim oder andere Albaner.

Heute hatte ich wieder Schicht. Den Ausblick auf einen tristen Tag im Büro hatte ich mir am Vorabend mit viel Kokain versüßt. Ich hing durch, ich befürchtete, einen Affen zu bekommen. Nachdem ich zu Hause meine Morgenroutine abgespult hatte – Briefkasten, Kaffee, Geld zählen und meine hochschwangere und hochwankelmütige Hannah hätscheln –, stieg ich in meine S-Klasse. Ich schaute immer wieder in den Rückspiegel. Najim und mir war klar, dass unsere Leute nicht effektiv arbeiteten, wenn wir sie lange alleine ließen. Deswegen versuchten wir, so oft wie möglich vor Ort zu sein. Zudem mussten wir kontrollieren, wie viele Teile fertig waren und ob das Wochenziel erreicht würde.

Unsere Belegschaft wechselte häufig, da sich einige vorzeitig freikauften. Sie kratzten irgendwie die Kohle zusammen. Alle zwei Wochen mussten neue Leute her, die nicht nur aus Hamburg kamen, sondern auch aus dem Umland.

Auf der Fahrt rief ich schon einmal in der Firma an und äußerte meinen Wunsch nach frisch gebrühtem Kaffee. Wir hatten eine kleine Küche eingerichtet mit Backofen und Kühlschrank, den wir mit Essen und Getränken bestückten. Najim besorgte für unsere Moslems Truthahnwurst, das war ihm wichtig. Natürlich mussten unsere Malocher für das Essen und die Getränke bezahlen, wenn sie sich bedienten. Und das taten die allermeisten, weil sie vergaßen, sich etwas mitzubringen. Wir machten ihnen ein Angebot: 700 Euro pro Monat, all inclusive. Eingeschüchtert wie sie waren, fand dieses Angebot Zuspruch. Dabei kostete uns das Ganze gerade einmal ein paar Euro.

Eine halbe Stunde brauchte ich von meiner Wohnung bis zu Bauer Plönke. Ich erledigte einige Telefonate: anberaumte Kokain-Deals, säuselnde Gespräche mit Hannah oder Streitgespräche mit Frauen, mit denen ich irgendwann mal Spaß gehabt hatte. Das alles kotzte mich langsam an. Ich hatte schlechte Laune. Das ging schon die ganze Woche so: Vor vier Tagen hatte ich wieder einen größeren Haschmich. Ich hatte vor dem Zubettgehen diese Ahnung, dass heute die Bullen kommen würden. Dann schlief ich ein. Eine halbe Stunde später schreckte ich aus dem Schlaf auf, schweißnass, ich hörte es an der Tür pochen, einer schrie: »Aufmachen, Polizei!« Ich rannte in den Flur, schaute durch den Spion, riss die Tür auf – doch der Flur war menschenleer. Diesem Gefühl hing ich immer noch nach.

Ich grüßte freundlich unseren Bauern, als ich auf dem Hof parkte, ging die Treppe hoch und stand in der Halle. Dann trank ich den Kaffee, erkundigte mich bei Ulli, wie viele Teile schon fertig seien, und brüllte los: »Wieso sind erst 50 von den Dingern fertig, ihr Schwanzlutscher! Ihr habt nur noch zweieinhalb Tage, dann will ich, dass die Palette voll ist!«

Schweigen, alle schauten auf den Boden. Ich krallte mir einen Typen, den nächstbesten, einen Schuldner von Najim, den ich nicht näher kannte, riss ihn von seinem Stuhl, hielt ihn mit meiner linken Hand am Kragen fest und drückte mit meiner rechten seinen Kehlkopf zur Seite. Er bekam kaum noch Luft, aber er wehrte sich nicht. Er röchelte nur leise. Die anderen schauten weiter nach unten.

»Was sagst du zu deiner Entschuldigung?«

Er konnte nichts sagen, dafür fehlte ihm der Atem. Ich gab ihm eine Kopfnuss. Er fing an zu bluten und fasste sich an die Stirn. Dass er sich immer noch nicht regte, brachte mich umso mehr in Rage. Ich schubste ihn in eine Ecke. Dann endlich sagte er etwas. »Bitte, lass mich, ich werde schneller arbeiten und heute länger bleiben. Wir schaffen die hundertfünfzig.«

»Und vorher hast du gepennt, oder was?!« Ich ging wieder auf ihn zu, fasste seine Haare und schleifte ihn mit dem Gesicht einmal quer über einen Tisch, auf dem einige Werkzeuge lagen. Zurück blieb Blutschmiere.

»Guck dir mal an, wie du blutest! Wenn ihr das nicht schafft, ich schwöre, ich bringe euch um! Ihr seid hier nicht zum Spaß, ihr seid hier, um eure beschissenen Schulden bei uns abzuarbeiten. Dafür müsst ihr mir eigentlich dankbar sein, dass ich euch überhaupt die Möglichkeit dazu gebe. Andere hätten euch auf den Strich geschickt, auf den Männerstrich. Hängt euch rein und seht zu, dass das jetzt so schnell wie möglich geht!«

Ich ging ins Büro. Setzte mich auf einen Stuhl. Schaute durch das Fenster. Sie ackerten wie die Tiere. Der blutende Typ traute sich noch nicht einmal, auf der Toilette sein Gesicht abzuwaschen.

An diesem Tag arbeiteten die sechs Mann zwölf Stunden am Stück, unterbrochen nur durch kurze Zigarettenpausen.

Natürlich wäre es mir lieber gewesen, Inhaber einer Firma zu sein, bei der sich alle freuen, mich zu sehen: weil ich ein guter Chef bin, vielleicht, oder einfach nur, weil ich denen 2000 Euro im Monat für ihre Arbeit bezahle. Habe ich aber nicht gemacht. Meine Arbeiter haben mich angelächelt, weil sie Panik hatten. Die haben sogar selbst gebackenen Kuchen mitgebracht. Panik-Kuchen. Und selbst um mich zu vergiften, hatten die viel zu viel Angst. Wenn ich verreckt wäre, hätte Najim oder ein anderer aus unserer Gang für die fällige Rache gesorgt. Das wussten die.

Bei jedem zweiten oder dritten Besuch hat irgendwer etwas auf die Fresse bekommen, es war unsere Art der Mitarbeitermotivation. Diese armen Kokain-Junkies waren unser Ventil. Mitleid hatte ich zu dieser Zeit fast nie, mit keinem, mit Ausnahme von Ulli. Ich hatte meine eigenen Probleme.

Zum Beispiel immer wieder neue Leute beschaffen. Bei uns arbeiteten die unterschiedlichsten Kerle, hauptsächlich eben Junkies und Straßenverkäufer, aber auch Abnehmer größerer Mengen – das waren diejenigen, die ihrerseits wieder an Straßendealer vertickten. Da die aber immer häufiger in den Knast abgingen, standen unsere Großabnehmer irgendwann mit den Schulden da. Das hatte zur Folge, dass sie von dem bei uns gekauften Koks für beispielsweise 30 000 Euro nur noch 20 000 Euro wieder reinbekamen. Kokain zu dealen funktioniert wie ein Schneeballsystem, irgendwann wird der Ball zu groß und fängt an auseinanderzufallen.

Alles um mich herum änderte sich: Meinem Lidocain-Zahnarzt schmolz das Koks mittlerweile gehörig den Realitätssinn weg. Sein Lidocain war mir aber egal geworden, ich hatte mittlerweile andere Quellen, über die ich das Streckmittel bezog. Es waren andere Kunden von mir, darunter ein Apotheker. Und über einen Tipp von Najim hatte ich Kontakt zu einem Mittelsmann gefunden, der ebenfalls an Lidocain herankam. Er war ein Kollege aus Hamburg, der hauptsächlich für die Albaner arbeitete. Ein Hehler, der an eigentlich alles rankam. Da ich genug Geld hatte, um große Mengen davon auf einmal zu kaufen, gab es dafür einen guten Kurs. Lanfermann interessierte mich also nicht mehr sonderlich, obwohl ich ihn nicht aus den Augen verlor.

Seine Praxis lief trotz seines gewichtigen Konsums recht gut, vor Kurzem erst war er in eine modernere umgezogen, die er piekfein einrichten ließ. Daneben bestellte er weiter in rauen Mengen und meinte, das exzessive Leben eines Oligarchen führen zu können.

Sein zweites Problem war, dass er dachte, ich sei sein Freund. Ich war vielleicht sein Dealer, mehr nicht, aber auch nicht weniger. Wenn es um fristgerechte Zahlungen ging, hörte mein Wohlwollen auf.

»Kannst du mir ein bisschen Kohle leihen«, fragte er mich eines Tages in einem Club. Er war schon einige Tausender im Minus.

»Alter, du bist mir noch 12 000 Euro schuldig. Jetzt soll ich dir auch noch etwas leihen?«

»Ich hab gerade einen kleinen Engpass, so lange, bis die Praxis wieder anläuft. Geld kommt wieder rein.«

»Wie viel brauchst du?«

»Einen Taui, für das kommende Wochenende.«

»Bist du sicher, dass du mir das zurückzahlen kannst?«

»Ja.«

»Gut. Dann bist du bei 13 000 Euro. Wenn du nächste Woche bezahlst, nehme ich zehn Prozent Zinsen, dann sind wir bei 14 300 Euro. Hast du die Kohle nicht, ist das nicht gut.«

»Ich weiß, ich weiß. Nächste Woche, bestimmt.«

Er bezahlte natürlich nicht. Eine weitere Woche verstrich, wieder rechnete ich zehn Prozent drauf. Dr. Lanfermann hatte jetzt fast 16 000 Euro Schulden bei mir – und wir brauchten einen neuen Arbeiter. Also stattete ich ihm einen Besuch ab, Najim nahm ich als Verstärkung mit. Lanfermann ging in seinem chemisch beflügelten Selbstbewusstsein wohl davon aus, dass er seine Schulden bei mir auch in zwei, drei Monaten bezahlen könnte.

Seine Praxis war in einer Gründerzeitvilla untergebracht, sogar einen Aufzug hatte er hier nachträglich einziehen lassen. Die Praxis betrieb er mit einem befreundeten Zahnarzt – auch begeisterter Kokser. Wir erwarteten ihn vor dem Gebäude nach Feierabend, groß Aufsehen erregen wie bei Ulli auf'm Bau wollten wir nicht. Tendenziell mochte ich ja meine Jungs aus der besseren Welt.

Dr. Lanfermann kam um die Ecke.

»Hi, was macht ihr denn hier?«, fragte er, es schockierte ihn wohl, dass wir geradewegs in seine heile Welt hineinmarschiert kamen.

»Wir wollten fragen, wie es mit der Kohle aussieht?«

»So dringend?«

»Du weißt, was du mir schuldest?«

»Kann ich das nicht …«

»Nix gibt's, keinen Aufschub mehr«, unterbrach ich ihn, »das ist kein Spaß hier. Ich bin nicht die verdammte Kreissparkasse. Ich habe auch Ausgaben.«

»Nächste Woche! Ehrenwort!«

»Hör zu, ich mag dich und deine Freunde. Aber das ist etwas anderes hier, das ist geschäftlich. Wenn du meinst, du könntest mich bescheißen, dann reißen wir dir die Augen raus.« Najim stand unruhig neben Lanfermann.

»Ja, aber ich musste so viel Kohle aufnehmen wegen der neuen Praxis – ich bin gerade echt klamm.«

»Warum bestellst du dann immer noch? Warum bettelst du mich dann um Kohle an?«

»Ja, weißt du …« – es krachte, Dr. Lanfermann sackte seitlich weg wie ein gesprengtes Hochhaus. Najim hatte keine Lust mehr auf die Unterhaltung, er hatte dem Doktor seitlich gegen sein Bein getreten. Ich sah ein wenig verdutzt zu, wie sich Lanfermann das Knie hielt und laut aufschrie.

»Hör auf mit der Laberei!«, schrie Najim ihn an. »Kohle her!«

»Aber ich hab keine Kohle«, sagte er winselnd, »ich hab doch keine Kohle! Was soll ich denn machen?«

Am kommenden Tag stand der Zahnarzt mit einem geschienten Bein um neun Uhr vor unserer Firma. Er kam mit einem Taxi, da er nicht selbst fahren konnte. In dieser Woche sagte er all seine Termine ab – es waren sowieso nicht viele.

Für Lanfermann dachten wir uns eine Sonderregelung aus. Wir wussten ja, dass er mehr Geld in seiner Praxis verdienen würde – wenn sie denn mal lief – als bei uns. Unser Deal war wie folgt: Wir rundeten seine Schulden von knapp 16 000 auf 18 000 Euro auf und billigten ihm dafür die Freiheit zu, sich tageweise für seine Praxis frei zu nehmen, um sich schneller auslösen zu können. Er ging auf den Deal ein. Nach ein paar Wochen war es so weit. Ich nehme an, er hatte sich irgendwo noch einmal Geld geliehen.

Auf Lanfermann folgten aus besseren Kreisen noch ein Anwalt, ein Beamter und Typen aus einer Agentur als unsere Knechte. Die wussten: Wenn sie versuchen würden, uns zu bescheißen, dann würde es ihnen gehen wie Dr. Lanfermann. Und der ging wochenlang an Krücken. Lanfermann hatte Pech, dass er unser Exempel war. Natürlich hätte er zu den Bullen gehen können. Tat er aber nicht. Aus Angst, und weil er sich nicht blamieren wollte. Er bestellte sogar weiter bei mir. Jetzt bezahlte er aber immer sofort.

Es lief wieder besser, wir konnten unseren Reichtum offiziell erklären und hatten nun den Ruf der härtesten Hunde der Stadt.

Die ersten Tränen meines Lebens

Hannahs Wehen setzten eine Woche früher ein. Wir fuhren gemeinsam in die Klinik, noch hatten wir ein bisschen Zeit, wie uns die Abstände ihrer Kontraktionen verrieten. Ich war aufgeregt wie nie, Hannah kreidebleich und wortkarg. Sie hatte wahnsinnige Schmerzen. Wir gingen in der Klinik über den Hof, immer wieder. Die Ärzte rieten uns zu diesem Spaziergang. Es war furchtbar. Hannah stöhnte. Alle paar Meter blieben wir stehen, Hannah schrie auf vor Schmerzen, und ich wusste nicht, wie ich ihr helfen konnte. Ich stand da und erzählte irgendeinen Scheiß, um sie abzulenken; von zukünftigen Urlauben, von der schönen Zeit mit dem Kleinen, von unserer gemeinsamen Zukunft. Dann gingen wir wieder ein Stück.

»Komm, Schatz, ein paar Meter, die Ärzte sagen, das täte dir gut«, redete ich auf sie ein. Ich wollte sie beruhigen und ihr ein gutes Gefühl geben, um sie zu entspannen. Klappte nicht. Alle paar Schritte blieben wir stehen, sie stöhnte laut auf, ich stützte sie. Wieder zwei Schritte, Schmerzensschreie. Ich konnte nichts machen, nur dastehen und sie festhalten: »Schatz, alles wird gut!«

Ich bekam Angst. *Was ist, wenn Hannah und meinem Kind etwas passiert?*

An einer Tür stand ein Rollstuhl, ich nahm ihn und setzte Hannah hinein. Wir fuhren zurück auf die Entbindungsstation, jetzt war es hoffentlich endlich so weit. Beruhigen konnte ich mich mit dem Gedanken, dass es ab jetzt bestimmt nicht mehr schlimmer werden könnte. Es wurde schlimmer. Der Kreißsaal war der Vorhof zur Hölle. Die Ärzte wuselten um sie herum, sprachen schnell und viel. Ich verstand so gut wie nichts. Ich saß da und wollte helfen, doch ich war unnütz. Hannah lag da, schrie und presste. Ich hielt ihre Hand. Das, was hier gerade passierte, konnte nicht richtig sein! Sie hatte schon die Narkose bekommen, und trotzdem wurde Hannah vor Schmerzen verrückt.

Kommt mein Sohn da jetzt rechtzeitig raus?

Wird Hannah das überleben?

Meinen Kopf durchzuckten 1 000 Gedanken gleichzeitig. 24 Stunden dauerte die Tortur.

Dann war er da.

Jemand brüllte. Es war ein Baby, es war mein Baby.

Jason.

Es war das erste Mal in meinem Leben, dass ich weinte, völlig ungeniert, aus tiefster Seele, in aller Öffentlichkeit. Hannah hatte Schmerzen ausgestanden, an denen ich wahrscheinlich zerbrochen wäre.

Ich schnitt die Nabelschnur durch, schaute Hannah an, schaute Jason an. *Geiler Macker!*, dachte ich und schluchzte und lachte gleichzeitig. Ich gab Hannah einen Kuss auf die verschwitzte Stirn.

Sieht so aus wie ich, der kleine Mann!

Sein Gesicht war ein eingelaufener Gipsabdruck meines Konterfeis. Ich war jetzt Papa, der Beweis dafür pinkelte gerade in hohem Bogen einmal quer durch das Zimmer. Der stolzeste Papa der Welt. Vom ersten Schrei an war ich unsterblich in meinen Sohn verliebt. Und in Hannah sowieso. Sie hatte mir einen Sohn geschenkt, und dafür all das durchgestanden. Noch mehr verliebt zu sein in diese Frau ging nicht. Für diese beiden Menschen wollte ich ab jetzt alles tun.

Dann hatte mich mein Dealer-Leben wieder.

Unser Polier Ulli arbeitete jetzt schon mehrere Monate in unserer Firma, seine Schulden hätte er eigentlich längst abbezahlt gehabt, wenn er nicht weitergekokst hätte. Hatte er aber. In der Zwischenzeit hatte ihn sein Arbeitgeber gefeuert, weil wir ihn zwangen, sich krankschreiben zu lassen. Seine Krankenkasse wurde daraufhin skeptisch und ließ ihn beim Amtsarzt auflaufen, der ihn untersuchte. Er fand nichts. Daraufhin kündigte ihm sein Chef. Und obwohl es Ulli bei uns alles andere als gut ging, kokste er weiter. Gefangen in der Kokain-Falle.

Ulli fragte uns immer wieder nach ein paar Gramm oder einzelnen Lines, die er auf der Stelle vernichtete. Er hatte sich damit abgefunden, süchtig zu sein und sein Leben bei uns in der Firma zu fristen. Hier hatte er einen Job, etwas zu essen und zu trinken. Er pennte mittlerweile bei einem Freund auf der Couch. Für ihn war die Plackerei in unserer Halle Normalität geworden. Sniefen, arbeiten, sniefen – mir war das zwar nicht völlig egal, aber er war immerhin ein erwachsener Mann. Ich hörte auf, ihm gut zuzureden, nutze eh nichts. Sein Schuldenstand wurde nicht geringer, es waren immer noch 1 500 Euro. Ulli wurde das Lieblingsopfer von Najim, der für ihn immer eine Beleidigung übrig hatte (»Ta qifsha nonen!«). Häufig ging es dabei um Ullis Mutter und das, was mein Partner demnächst mit ihr vorhatte, dann lachte Najim dreckig und verabreichte Ulli nicht selten eine gewaltige Nackenschelle. Hier braute sich etwas zusammen.

»Wie lange arbeitest du jetzt bei uns?!«, raunzte ihn Najim eines Tages an, nachdem er wieder nach einer Line gefragt hatte.

»Keine Ahnung, drei Monate?«

»Und wann hast du vor, endlich deine kompletten Schulden zurückzuzahlen, du Stück Dreck?« Ulli wurde still. Dann schleifte ihn Najim raus zu seinem Wagen und schmiss ihn in den Kofferraum. Er versuchte gar nicht erst, sich zu wehren oder wegzulaufen. An diesem Samstag waren wir zufällig zu zweit in unserer Halle, weil wir danach wieder einen Deal besprechen wollten. Ich stand gerade draußen, schaute mir das Schauspiel an und fragte, was los sei.

»Der Wichser bekommt jetzt eine Abreibung.«

Najim hatte sich in den vergangenen Wochen zu einem Despoten entwickelt. Dass er sah, wie Menschen für ihn arbeiteten und vor ihm kuschten, damit kam er noch weniger klar als ich. Es war wie im Film *Das Experiment*, wo Menschen sich automatisch zu Arschlöchern entwickeln, die über andere bestimmen können.

»Warum?«, fragte ich.

»Es reicht mir jetzt mit diesem Hurensohn, ich kann seine Fresse nicht mehr sehen.«

»Was hast du vor?«

»Mir fällt schon was ein.« Das bedeutete nichts Gutes, denn Schläge verteilte Najim ja sowieso immer direkt. Er fuhr los, ich hinterher. Nach zehn Minuten hielten wir in einem Waldstück. Als er Ulli aus dem Kofferraum zog, sah ich, wie sich der Polier während der Fahrt die Hose vollgepisst hatte. Das sah auch Najim. Mein albanischer Kumpel drehte jetzt durch.

»Du hast in meinen Kofferraum gepisst! Zieh dich aus, du Drecksau! Alles!« Ulli schluchzte, wimmerte und gehorchte. Er stand jetzt nackt da. Er zitterte am ganzen Leib.

»Ich hole jetzt ein kleines Geschenk für dich!«

Najim kramte etwas aus dem Fußraum der Beifahrerseite, einen Baseballschläger. Als Ulli den sah, geriet er in Panik und wollte flüchten. Weit kam er nicht, Najim rannte schneller. Zwei, drei Mal traf er Ulli mit dem Baseballschläger am Körper, Ulli schrie. Dann ließ Najim für einen kurzen Moment von ihm ab – Ulli lief los. Die blanke Todesangst verlieh ihm flinke Füße. Er verschwand an diesem Samstagnachmittag im Wald, splitterfasernackt.

Ich stand neben meinem Wagen, gesagt hatte ich die ganze Zeit nichts, aufgehört hätte Najim eh nicht. Er machte immer, was er wollte. Und außerdem empfand ich diesen Albaner nach wie vor als meinen Mentor. Doch in dieser Situation, in diesem Moment der totalen Demütigung eines anderen Menschen, sah ich Najim das erste Mal mit anderen Augen. Er war ein sadistischer Hinterwäldler. Ich hatte nichts gegen Gewalt und deren Einsatz, wenn es um das Geschäft ging, nur hatte Ulli nichts falsch gemacht. Im Gegenteil: Er arbeitete unermüdlich wie ein Duracell-Hase trommelt, kokste weiter, war immer pünktlich und nett. Er war unser bester Mann.

Najims Willkür war zu viel für mich. Mir war klar, dass ich Ulli, diesem armen Hund, helfen wollte. Am Abend rief ich ihn an. Er nahm ab und erzählte mir, dass er sich auf ein Schützenfest gerettet habe. Die riefen dann die Polizei, er kam in ein Krankenhaus. »Nichts Schlimmes, nur ein paar Prellungen.« Ullis Stimme zitterte noch. Den Bullen hatte er nichts gesagt.

Am nächsten Tag erzählte ich Najim, dass Ulli mit mir gesprochen – und mir die Kohle gegeben habe. »Alles da.«

»Woher hat der Bastard auf einmal die Kohle?«

»Keine Ahnung, ist mir auch scheißegal. Von seinem Schwager, seiner Mutter, seinem Vater, was weiß ich, irgendwo geliehen. Nach deiner Aktion gestern hat der wohl jemanden angeschnorrt. Die Kohle jedenfalls hat er mir gegeben, ich komme gleich rüber und bring sie dir.«

»Ist doch scheiße, das ist unser bester Arbeiter.«

»Ach was?! Warum hast du ihn dann derart vertrimmt? Jetzt hat er sich ausgelöst!«

»Alter, aber …«

»Nichts aber, irgendwann ist ja auch mal gut! Das gestern hätte nicht sein müssen. Dann hätten wir auch Ulli nicht verloren.«

»Du hast dich da nicht einzumischen, klar?« Dann legte Najim auf.

Ullis Kohle zahlte ich aus eigener Tasche, waren ja eh nur Peanuts. Als ich Najim das Geld gab, schrien wir uns an wie besoffene Hafenarbeiter. Ich warf ihm vor, dass er die Kontrolle über sich verliere, er warf mir vor, dass ich ein Waschlappen geworden sei.

Ein paar Tage später hörte ich über ein paar Bekannte, dass Ulli jetzt in einer Entzugsklinik sei.

Ich hatte tatsächlich mit einer Regel gebrochen, an die ich mich bis zu diesem Tag im Wald immer gehalten hatte: Gutmütigkeit darf man sich nicht erlauben, nie. Gutmütigkeit rächt sich für einen Dealer.

Gangsterregeln sollte man nicht brechen. Das hätte ich wissen müssen.

Bis auf diesen Streit mit Najim lief es prima, sogar besser denn je. Unser nächstes Ziel war es, noch dicker einzusteigen. Mehr Koks müsste her, sehr viel mehr.

Und wo bekam man das am besten?

In Kolumbien.

IM LAND DER COCALEROS

»Wir brauchen also eine Quelle. Wo fangen wir an? Kann zufällig einer von euch Spanisch?«
Blow

Für Dealer ist Kokain nach wie vor die Königsdroge. Es gibt kaum ein anderes Rauschmittel, durch das man mit wenigen Gramm derart gute Geschäfte machen kann, die Gewinnspanne ist beachtlich. Ein kleines Rechenbeispiel: Ein Gramm Koka-Paste aus einer Drogen-Küche im Busch (Kokain in seiner gröbsten Form, für etwas mehr als ein Gramm benötigt man rund ein Kilo Koka-Blätter) kostet ungefähr 70 Cent, der Kunde bei uns auf der Straße bezahlt rund 70 Euro – für gestrecktes Koks. Daran lässt sich über den Versender bis zum endgültigen Verkäufer prächtig verdienen, jeder schlägt etwas drauf. Die dicke Kohle machen dabei die Syndikate in den Produktionsländern über die großen Mengen, die sie auf die Reise schicken. Angekommen in den Transit- und Empfängerländern, steigt dann dort beim Weiterverkauf die Gewinnspanne pro Gramm deutlich. Hinzu kommt, dass aus ursprünglich einem Kilo kolumbianischen Kokains bis zu drei werden können, je nachdem, wie hart gestreckt wird. An der Droge verdient jeder gut (bis auf die Koka-Bauern), auch wenn man in der Vertriebskette am Ende steht.

Ecstasy, Pilze, Crystal Meth – das ist im Gegensatz zum Koks finanzieller Kinderkram, wenn man nicht gerade palettenweise damit handelt. Und obwohl es sich bei Cannabis offiziell um die bei uns mit Abstand am weitesten verbreitete Droge handelt, ist auch die für Dealer nicht sonderlich lukrativ.

Ich hab's ausprobiert.

Über einen Niederländer kam ich an Haze ran, eine der bekanntesten und beliebtesten Cannabis-Sorten mit extrem hohem THC-Gehalt. Es war zu Anfang meiner Karriere, ich wollte geschäftlich möglichst viele Drogen austesten. 3400 Euro musste ich für ein Kilo hinlegen, umgerechnet also 3,40 Euro pro Gramm. Verkauft habe ich für um die 10 Euro, mehr gab es nicht. Und zum anderen nimmt dir von dem Zeug auch kein Mensch größere Mengen ab, weder Kiffer noch andere Dealer. Für mich stand fest, dass das Verticken von Cannabis viel Arbeit mit überschaubarem Gewinn ist.

Das war fast genauso enttäuschend wie meine Erfahrungen mit Heroin, aber aus einem anderen Grund. Beim Heroin sind die Gewinne recht okay, dafür ist dieses Teufelszeug für den Konsumenten der Tod auf Raten – kein schleichender, sondern ein Tod, der im Usain-Bolt-Tempo daherkommt. Nach ein paar Wochen rauchen oder sniefen deine Kunden Heroin schon nicht mehr, sondern ziehen sich das erste Mal die Spritze auf. Dann dauert es nur ein paar Monate, und die Junkies lungern verwahrlost und mit nichts als ihrer zerstörten Existenz vorm Bahnhof rum – mit Glück kratzen sie dann noch ausreichend Geld für ihren Goldenen Schuss zusammen. Sie werden lebende Tote, Heroin-Zombies. Kurz zuvor waren das noch normale Menschen. Ich fand das erschreckend.

Kokain ist da anders. Anders nicht nur wegen der besseren Gewinnspanne (obwohl zuletzt der Preis gefallen war, zu viel Koks befand sich im Umlauf) und wegen der anderen Klientel – sondern vor allem, weil die abzustoßende Menge so gut wie nie begrenzt war. Irgendein Kunde wollte immer Koks haben, irgendein anderer Dealer immer seinen Bunker auffüllen. Ich verkaufte bis zum Fünffachen des Einkaufswerts, nur bei Großabnehmern ging ich mit dem Preis deutlich runter, denn größere Mengen hieß auf einen Schlag mehr Absatz mit weniger Risiko.

Am Hafen bei Russen-Dimi besorgte ich immer nur eine bestimmte Kokain-Sorte, obwohl es durchaus mehr Auswahl gegeben hätte. Mein Lieblingskoks hieß Flex; es ist just jenes weiße Pulver, das jeder sofort vor Augen hat, der an Kokain denkt. In seiner Ursprungsform ist es kristallin, fast wie Kandiszucker, nur nicht ganz so hart und bröseliger. Wenn man es zerstößt, wird Flex dann zu dem bekannten Pulver. Kleine Krümel bleiben übrig, und die gelten in Kokser-Kreisen als pures Glück, Koks in seiner reinsten Form. Diese Klumpen im Koks sind die *Steine* – und die sind ein wichtiges Qualitätskriterium. Das Vorhandensein möglichst vieler Steine im Pulver setzten meine Kunden mit hochprozentigem Koks gleich, wenn sie die Ware zur Qualitätskontrolle zwischen den Fingern zerrieben. »Wow, ordentlich Steine drin!«, frohlockten sie dann. Ob das wirklich entscheidend ist, wusste ich selber nicht wissenschaftlich genau. Doch die Wirkung meines Kokains machte mich das glauben.

Die Steine werden beispielsweise mit einer Kreditkarte oder einer Rasierklinge zerkleinert, und je sorgfältiger man das tut, desto besser gelangt das Flex-Koks über die Nasenschleimhäute in die Blutbahn. Einige dachten, dass die Steine in der Nase kleine Wunden reißen würden, damit das Koks besser und schneller wirkt – das war nun wirklich Unfug, Kokser-Latein.

All das nahm ich amüsiert zur Kenntnis, ich war zu jener Zeit tiefenentspannt. Nachdem unsere Fabrik wie erhofft und immer noch glänzend mit hohem Zusatzgewinn brummte, hatte ich wieder ein bisschen Zeit für Müßiggang. Fast jeden Abend war ich unterwegs; wie immer entweder auf der Reeperbahn mit den Kumpels aus der Gang oder auf meinen Partys mit den *Oszis*, wie ich meine *oberen schnüffelnden Zehntausend* nannte. Mein Pensum war gewaltig, ich verbrannte in wenigen Wochen Lebensenergie für fünfzig Jahre. Dabei war ich immer bis zur Nasenspitze vollgeballert. High wie ein Astronaut. Es war brillant.

Anfangs.

Zwar war ich immer noch überstolzer Papa, aber den kleinen Jason verlor ich in dieser Zeit aus den Augen, und somit sah ich auch Hannah nur noch selten. Die beiden hatten sich damit arrangiert, dass ich die meiste Zeit irgendwo war, meistens aber nicht bei ihnen. Mit Geschenken versuchte ich mich an einer unausgesprochenen Entschuldigung – was bei Hannah besser klappte als bei dem Kleinen. Ich hatte den Eindruck, dass Jason oft sauer war (oder traurig?), wenn ich ihm zum Abschied einen Kuss auf die Stirn drückte. Da halfen auch die ganzen Spielzeuge nicht, die ich ihm zuvor gegeben hatte. Dennoch änderte ich meinen Lebenswandel nicht: Die Arbeit und der damit einhergehende Spaß waren eine zu große Versuchung für mich. Mit meiner Kohle hätte ich zu der Zeit die Wände meiner Wohnung tapezieren können (mit großen Scheinen). Ums Geld ging es mir nur noch nebenbei – war ja genug vorhanden, und es hatte beileibe nicht den Anschein, dass das jemals wieder anders laufen könnte.

Trotzdem war ich nervös und hungrig.

Hungrig auf neue Geschäfte.

Ich wollte endlich am großen Drogen-Rad drehen. Meine Straßen- und Türsteher-Verticker nervten mich gewaltig, immer gab es Ärger. Seit Neuestem gingen sie den Bullen ins Netz wie träge Karpfen in einem sauerstoffarmen Teich. Das war es, was mich nervös stimmte. Zudem war es ärgerlich, weil ich mir immer neue Verticker suchen musste, die zum Glück jedoch schnell zu finden waren. Aber nicht nur die gingen mehr und mehr über die Elbe, jetzt traf es sogar die Ersten aus unserer Gang.

Das alles hätte ein Warnsignal für mich sein können, eines, das gar nicht so schwer zu deuten war. War es aber doch. Für mich zumindest. Der liebe Gott höchstselbst hätte mich an den Schultern packen, tüchtig durchschütteln und mir ins Ohr brüllen können: »Hallo! Einer zu Hause? Hör auf jetzt mit der Scheiße!« Hätte alles nichts gebracht. Die Situation verkehrte ich ins für mich logische Gegenteil: Je mehr Typen um mich herum kassiert wurden, so meine Schlussfolgerung, desto unantastbarer müsste ich sein. *Die können mir gar nichts – sonst hätten sie es schon längst getan.* Ein bisschen mulmig wurde mir nur, zumindest kurzfristig, wenn einer einfuhr, den ich für einigermaßen clever hielt und gerne mochte.

Raffa, fünf Jahre älter als ich, war lange Zeit zumindest in optischer Hinsicht mein Vorbild. Keiner aus unserer Truppe hatte einen derart eleganten Gangster-Schick. Er sah aus wie ein Impresario, wie für einen Mafia-Film gecastet. Raffa, Italiener, Mädchenmagnet, kurvte einen Benz durch Hamburgs Straßen, der bestimmt schon dreißig Jahre alt war. Eine astreine Mörder-Karre.

Die Menge an Pomade in seinem Haar war ein nicht unbeträchtlicher Kostenfaktor für ihn, rasieren ließ er sich beim Barbier, er trug sogar schwarze Strumpfhalter, die man manchmal sah, wenn er etwas ungelenk auf einem Stuhl oder Hocker saß, was nicht selten vorkam. Seine Exzentrik – so dermaßen altbacken, dass ich sie todschick fand – finanzierte er mit Kokain-Deals, die sich bei Raffa eher im kleinen Rahmen hielten. Wie jeder andere von uns wurde aber auch unser kleiner Italiener gieriger – und ausgerechnet bei seinem bislang dicksten Deal mit ein paar Polen schnappten die Bullen zu. Sein Telefon wurde wie meines abgehört, Raffa aber war unvorsichtig. Bei der Razzia fanden sie bei ihm einen Haufen Koks, er musste in den Bau. Da Raffa wie wohl jeder Dealer, der vor einem Richter steht, log, dass er ganz furchtbar schlimm Kokain-süchtig sei und all das nur mache, um seine ganz furchtbar schlimme Sucht zu finanzieren, kam er nach einem Jahr wieder raus und in Therapie.

Dass Raffa abging, war ein Schock für mich. Nach einem Tag aber dachte ich schon: *Hat sich eben blöde angestellt, nech?!*

Kurz darauf fuhren zwei weitere von uns ein.

Es wurde ungemütlich.

Najim und mein Problem war, dass wir wöchentlich mehr Kokain benötigten. Wir bekamen Nachschubprobleme. Mit mehr als zwei Taschen voller Pulver kam ich nicht durch den Zoll. Da half die beste Schmiererei nicht. Wenn ein Zöllner die Möglichkeit hat, einen großen Fisch zu fangen, dann besteht erhöhte Gefahr, dass er das auch versuchen wird. Wir hielten uns daran: Nie mehr als zwei Taschen! Das war nicht nur ärgerlich, sondern geschäftsgefährdend; meine Kunden musste ich jetzt öfter vertrösten, zwei waren schon abgesprungen, andere hörten sich bei der Konkurrenz um, wie man munkelte. Am liebsten wäre ich auf der Stelle im Hafen mit einem LKW vorgefahren, einmal die Ladefläche mit Koks vollschaufeln – und tschüss.

Warum eigentlich nicht?

Um mit einem Laster an den Kai zu kommen, müsste ich nur eine Berechtigung finden.

Kann das so schwer sein?

Ein erstes Telefonat. Ein befreundeter Anwalt könnte mir bestimmt einige Fragen dazu beantworten. Es überrascht wohl kaum, dass auch er mein Kunde war.

»Hi, Michael, du begleitest doch juristisch auch Firmengründungen und solche Sachen, richtig?«

»Weißt du doch! Hab euch doch schon mal geholfen.«

»Wollte nur noch mal sichergehen. Was muss ich machen, wenn ich eine ganz spezielle Firma gründen will?«

»Schon wieder?« Er lachte scheppernd. »Was darf es denn jetzt sein?«

»Ein Abschleppunternehmen.«

Was ich genau vorhatte, erzählte ich ihm nicht. Er konnte sich aber denken, dass es auf nichts Legales hinauslaufen würde. Der Anwalt erklärte, dass ein solches Start-up erst einmal keinerlei große Hürde sei. Ich könne sogar noch Wirtschaftsförderung von der Stadt und vom Land beantragen, da gebe es so einige Töpfe, sagte er. *Öffentliche Zuschüsse für meine Dealer-Idee, herrlich!*

Ich war von der Sache angefixt, zumal auch die Kosten für einen Transporter mit Doppelachse (sollte ja ordentlich was draufpassen) überschaubar waren. Dann bräuchte ich noch jemanden, der so einen Sattelschlepper auch fahren durfte – und der würde leicht zu finden sein.

Mein nicht exklusiver Plan (darauf waren auch andere schon gekommen) sah vor, mit einem leeren Transporter direkt vorzufahren, Autos, voll mit Koks, aufzuladen und mitsamt der heißen Fracht wieder zu verschwinden.

So einfach, so gut.

In der kommenden Woche signalisierte Russen-Dimi mir nach einigen Gesprächen, dass ich bei Vorbestellung auch sehr viel größere Mengen bekommen könne. Er fragte nicht, warum, wie und wofür. Er sagte nur, dass ich dann auf jeden Fall eine beachtliche prozentuale Vorauszahlung leisten müsse.

Mit diesen Zwischenergebnissen ging ich zu Najim und erzählte ihm den Plan. Er fand, das höre sich alles erst einmal gut an. Sehr gut!

Die größte organisatorische Hürde würde darin bestehen, unsere Großbestellung zuvor in Autos polizeisicher verstauen zu lassen. In Holland kannten wir zum Glück jemanden, der Koks in Autoreifen einpasste – pro Reifen vier Kilo, die in flachen Tüten zwischen Reifen und Felge eingearbeitet wurden, eine bewährte Methode. Der juristische Vorteil sollte zudem sein, dass wir das Kokain nicht mehr in unserem eigenen Wagen hätten (oder eben in einer Tasche an der Hand), sondern nur in Autos, die wir auf der Ladefläche unseres Schleppers beförderten. In dieser Konstellation täte sich erst einmal jeder Staatsanwalt schwer, dem Fahrer des Wagens oder dessen Chef nachzuweisen, von dem Kokain in den Autoreifen zu wissen – wenn sie die Ware überhaupt finden würden. So zumindest meine Hoffnung.

Der holländische Kokain-Verpacker wollte uns sogar die entsprechenden Papiere der Autos besorgen.

Einen Gebrauchtwagenhändler (natürlich auch ein Kunde) hatte ich nach zwei Tagen überredet. Ich würde ihm die Autos zu einem Spottpreis veräußern, wenn er bei Nachfrage angäbe, dass er gebrauchte Autos aus Holland erwarte.

Alles schien perfekt, alle nötigen Puzzleteile für unseren Coup lagen parat, nun mussten wir uns nur noch darüber klarwerden, welche Unwägbarkeiten uns vielleicht doch die Tour vermasseln könnten. Eine Woche Bedenkzeit gaben wir uns.

Najim und ich entschieden uns dann gegen die Abschleppfirma. Wie immer loteten wir den Arbeitsaufwand aus, das allgemeine Risiko und den zu erwartenden Gewinn – aber allein schon bei jeder Fracht für fünfzehn bis zwanzig Autos und für viele Kilos Kokain in finanzielle Vorlage zu gehen, schien uns bei den ganzen anderen Fragenzeichen nicht pfiffig genug. Es hätte immer etwas sein können: Kontrollen in Amsterdam, Hamburg oder auf dem Weg dorthin, eine linke Nummer von dem Holländer, den wir nicht persönlich kannten, ein gieriger Russen-Dimi, Probleme mit den Autopapieren, Finanzamt und, und, und …

Einen Monat Planung umsonst.

Mit Koks kam ich wieder gut drauf. *Heute gehen wir morgen erst ins Bett.* Es tat sich jetzt wochenlang nichts, nur das ungute Gefühl schlummerte weiterhin in mir, dass sich bald etwas ereignen müsste. Unsere Kokain-Unternehmungen stagnierten. Die meiste Zeit verplemperte ich mit Najim und einer Menge oberflächlicher Fröhlichkeit, um mit ihm nicht in die unangenehme Lage zu geraten, über das Business sprechen zu müssen. Eine lähmende Phase.

Die Zeit war reif, mich von einer weiteren Idee anwehen zu lassen. Wie in den oberen Etagen der Cosa Nostra, der Camorra und der ’Ndrangheta gang und gäbe, stellte ich mir vor, so viele andere Menschen für mich die dreckige Arbeit machen zu lassen, dass ich selber von der Bullerei gar nicht mehr belangt werden könnte. Das ist der große Vorteil, wenn man in der Mafia ist. Am liebsten hätte ich überhaupt kein Koks mehr in der Hand gehalten, nur noch zum Eigenverzehr.

In der Mafia war ich aber nicht (noch nicht), und für die Albaner, in Hamburg ähnlich strukturiert, konnte ich nur vereinzelt arbeiten. Es waren allesamt Jobs, die über Najim kamen.

Die Albaner haben gehörigen Einfluss, wenn es um Drogen, Prostitution, Schutzgelderpressung oder Ähnliches geht. Sie spielen die komplette kriminelle Klaviatur. Zwar nahmen sie mich als Dealer wahr, aber sie hatten Vorbehalte, nicht zuletzt, weil ich eben der *German* für sie war. Das war bei ihnen mein Spitzname, eine Art kleine Beschimpfung und Anerkennung zugleich.

Meine Freundschaft zu Najim hatte mir bei den Albanern bislang herzlich wenig genutzt. Für sie war Najim weiterhin ihr Prinz, ich sein dummer Laufbursche, der *German* eben. Aber meine Zeit bei den Albanern würde noch kommen, da war ich mir sicher. Ich dachte, wenn Najims und mein Geschäft größere Ausmaße annehmen würde, würden sie bei ihren Deals automatisch mit uns zusammenarbeiten wollen.

Es folgte ein denkwürdiger Mittwochabend. Zeit für Entspannung. Gerade eben hatte ich mich von Hannah und meinem kleinen Nachwuchs-Gangster verabschiedet, der prima schreien konnte, wenn er hungrig war. Ich machte mich auf den Weg zu Najim. Manchmal war Hannah eifersüchtig, weil ich dermaßen viel Zeit mit ihm verbrachte. Wir wollten an jenem Abend aber einmal nichts machen, keine Gespräche über Deals, kein Palaver über irgendwelchen Ärger der vergangenen Tage, keine neuen Überlegungen meinerseits, wie ich die Albaner von mir überzeugen könnte – einfach nur abhängen und rumgammeln. Gegen 21 Uhr war ich bei ihm, wir hatten beim Italiener etwas zu essen bestellt. Als Geschenk hatte ich eine neue DVD mitgebracht.

Blow, mit Johnny Depp.

Die Geschichte des Films handelt von George Jung, einem Teenager aus einfachen Verhältnissen, der aus seinem Nichts sehr viel machen will. Er fängt an, mit Drogen zu dealen. Erst Marihuana, dann Koks. Jung fliegt nach Kolumbien, trifft dort

Pablo Escobar, Chef eines der weltweit größten Kokain-Kartelle, wird mit ihm handelseinig – und beliefert anschließend große Teile der Westküste. Jung wird zu einem schwerreichen Mann und galt Anfang der Achtzigerjahre als größter Kokain-Händler der USA. Der Film beruht auf der wahren Biografie Jungs, der 1994 mit 250 Kilo Kokain erwischt wurde. Nach zwanzig Jahren im Knast ist er jetzt wieder draußen.

Der Pizzamann klingelte an der Tür, 22 Euro, bitte, danke. Ich holte Besteck aus dem Schrank in Najims offener Wohnküche, setzte mich auf die Couch, die DVD fuhr in den Rekorder. Najim hatte den Tisch für die Pizzen freigeräumt.

Dann drückte ich auf: Play.

Wir aßen, tranken und amüsierten uns köstlich. Guter Film. George Jung hatte gerade die ersten wilden Partys geschmissen. »Das müssen wir auch machen«, sagte ich mit vollem Mund zu Najim und grinste so ausladend, dass meine Mundwinkel meine Ohren besuchten: »Auf nach Kolumbien!«

Najim prustete vor Vergnügen. »Sicher!«

Ich spülte mit Wein nach. »Prost!«

Die nächste Pulle. Ein wirklich guter Streifen. *»Das ist erstklassiges, hundert Prozent reines kolumbianisches Koks, Ladies and Gentlemen. Disco-Stoff. Rein wie frisch gefallener Schnee«,* verriet uns Johnny Depp alias George Jung gerade, als er die ersten Kilos erfolgreich in einem kleinen Flugzeug geschmuggelt hatte und seinen Freunden die Qualität seiner Ware anpries. Ich drückte auf die Pausen-Taste. *»Rein wie frisch gefallener Schnee«*, hallte es in meinen Ohren nach. Ich legte mein Besteck beiseite.

»Najim!«

»Was ist?«

»Wir müssen das wirklich machen!«

»Was?«

»Nach Kolumbien!«

»Hast du den Arsch offen? Das ist Kolumbien!«

»Ich weiß.«

Ich hatte gehört, dass in Kolumbien ein Kilobeutel Koks um die 1000 Dollar kostete. Nicht schlecht im Gegensatz zu den 17 000 bis 20 000 Euro, die wir dafür am Hafen löhnten. Trotzdem: Es war eine saublöde Idee, das wusste ich von Anfang an …

Wir buchten Flugtickets von Hamburg aus mit Ziel Bogotá, der Hauptstadt des Landes mit der wohl weltweit größten Kokain-Produktion. Rund dreihundert Tonnen wurden hier jährlich hergestellt, fast die Hälfte dessen, was die Einwohner unseres Planeten in zwölf Monaten wegschnupften.

Zu uns kommt der Stoff per Schiff und sehr viel häufiger mit dem Flieger, per Post oder durch Kuriere. Diese Läufer sind meist die kleinsten Fische im Spiel, aber auch die kreativsten. Ihre Schmuggel-Ideen sind beachtlich: Einer ist mal am Flughafen mit einem Gipsbein aus purem Kokain aufgeflogen, ein anderer hatte Koks unter einer Perücke, einer in Sauerkrautdosen, ein anderer in lebenden Truthähnen versteckt. Oft schlucken spezielle Träger, Bodypacker genannt, auch Kapseln voller Koks (oder verabreichen es Tieren) und hoffen dann, dass die Dinger nicht platzen. Das kann böse enden, es gab schon Tote deswegen. In Kolumbien wird diese Art des Schmuggels an speziellen Schulen unterrichtet, die von dem berüchtigten Norte-del-Valle-Kartell unterhalten werden.

Zu alldem hatten wir natürlich keine Lust, uns schwebten große Ladungen per Schiff vor, die exklusiv für uns nach Hamburg kämen. Najim war gierig (und doof) genug, sich nicht nur auf die albanischen Quellen zu verlassen, er wollte wie ich sehr schnell das große Ding drehen.

Das kolumbianische Pulver wird häufig erst nach Argentinien, Brasilien oder Mittelamerika verfrachtet. Von dort geht es auf dem Seeweg hinaus in die Welt. Bevor das Kokain dann in Europa ankommt, nimmt es meist noch einen Umweg über

Westafrika. Ein Containerschiff hat den Vorteil, dass größere Mengen auf einmal verschickt werden können (mehr auf jeden Fall als in Truthähnen), ist aber organisatorisch aufwändiger und mit sehr viel mehr Risiko verbunden. Um eine entsprechende Ladung auf den Weg zu bringen, mussten wir aber erst einmal mit den Leuten in Kontakt treten, die das überhaupt möglich machen könnten. Und wo sollte das besser funktionieren als: in Kolumbien?

Frühmorgens holte ich Najim mit dem Taxi ab. Hannah und Jason hatte ich einen Abschiedskuss gegeben und Hannah nur gesagt, dass ich für ein paar Tage aus der Stadt sei.

»Wohin fährst du denn?«, fragte Hannah alarmiert. Ihr kam das komisch vor, eine derartige Ansage hatte ich noch nie gemacht. Größere Pläne besprachen wir bislang immer. »Weit weg?«, hakte sie nach. »Kann ich dich anrufen?«

»Werde mich melden, sobald ich kann. Wann, weiß ich noch nicht.« Dabei schaute ich ihr tief in die Augen und streichelte mit der Außenseite meiner Finger über ihre Wange. »Und etwas richtig Schönes bringe ich euch beiden auch mit.«

Ich wollte sie nicht mit der anzunehmenden Sinnlosigkeit unseres Trips beunruhigen, das beunruhigte mich selbst schon genug. Und noch viel weniger wollte ich, dass sie mir unsere Tour in den letzten Minuten vor dem Abflug ausredete, was sie bestimmt versucht – und womöglich auch geschafft – hätte.

Najim stieg ins Taxi. »Moin. Alles klar?«

»Alles klar.«

Auf der Fahrt zum Flughafen sortierte ich meine spärlichen englischen Vokabeln, für das Gröbste sollte es reichen. Spanisch kann ich überhaupt nicht, wenn man von einer Bierbestellung in einer Bar mal absieht.

Wir redeten fast nichts. Wir waren müde, es war verdammt früh für uns, und jeder Ausblick auf unser Reiseziel hätte uns noch kribbeliger gestimmt. Über das Land wussten wir nicht viel, eigentlich überhaupt nichts, nur das, was alle wussten: In Kolumbien ist alles durch und durch korrupt, immer noch – die Politik, die Polizei, die Gerichte. Dort als Pauschal-Urlauber oder Backpacker durch die Touristengegenden zu kurven ist mittlerweile vielleicht in Ordnung. Dort aber wie wir als deutsche Kokain-Dealer aufzuschlagen mit dem Wunsch nach Geschäftskontakten? Das glich einem Kamikaze-Flug. Ich beruhigte mich beim Boarding mit dem Gedanken, dass es bestimmt ganz nett wäre, mal wieder rauszukommen aus Deutschland. Am Schalter lächelte ich einer Stewardess zu. Ein bisschen frische Luft um meine Nase zu spüren empfand ich jedenfalls als ausreichendes Argument dafür, jetzt gleich im Flieger Platz zu nehmen.

Vielleicht würden unterwegs auch die Wahnvorstellung weniger werden. Besonders schlimm war die Paranoia während der ruhigen Stunden des Tages, immer dann, wenn ich nüchtern war. Vielleicht flog ich diesem miesen Gefühl ja jetzt einfach weg.

In ganz Hamburg kannten wir keine vertrauensvolle Seele, die uns im Vorfeld irgendeinen Kontakt nach Kolumbien hätte vermitteln können. Najim wusste niemanden (selbst bei den Albanern nicht, die wollte er aber auch nicht fragen), und Russen-Dimi vom Hafen konnte ich natürlich auch nicht nach seinem Mann aus Übersee fragen. *Dimi, wer ist denn eigentlich dein Zulieferer? Gibst du mir mal bitte die Nummer?* Er hätte mir definitiv den Hintern aufgerissen, wenn ich derartig neugierig bei ihm angekommen wäre. Entweder hätte er gedacht, ich würde mich im Auftrag der Bullen bei ihm umhören, oder er hätte gemutmaßt, dass ich ihm seinen Job streitig machen wollte. Letzteres wäre schlimmer gewesen.

Wir stiegen an diesem typisch miesen Hamburger Novembertag in den Flieger, und auf der Gangway fasste ich noch einmal kurz zusammen: Keine Ahnung, wohin in Kolumbien überhaupt (Medellín ist naheliegend, der Ort, an dem Escobar lebte); keine Ahnung, wie man mit den *capos*, den führenden Köpfen der einzelnen Kokain-Kartelle, am besten in Kontakt treten kann; keine Ahnung, ob die überhaupt neue Abnehmer brauchen. Wir konnten denen ja noch nicht mal klarmachen, dass wir keine Bullen oder Aufschneider, sondern Brüder im Geiste und immerhin zwei talentierte Koks-Dealer waren. Ein Zeugnis darüber konnten wir uns jedenfalls nicht ausstellen lassen.

Gedankenversunken schüttelte ich leicht den Kopf.

»Was ist los?«, fragte Najim.

»Nichts.«

Als der Flieger abhob, war Najim schon eingeschlafen. *Bloß ein bisschen Urlaub!*, redete ich mir ein. Die Anschnallzeichen erloschen. Najim schnarchte leise.

Fünf Tage wollten wir uns Zeit geben, um wie George Jung Kolumbien zu erobern, ein Land, gut dreimal so groß wie Deutschland.

Als wir endlich nach achtzehn Stunden Flug vor dem Eingang des Flughafens in Bogotá standen mit jeweils nur einer Sporttasche als Handgepäck, sprangen uns erstaunlich kühle Luft und Großstadtlärm an. Zu Hause waren wir bei knapp zehn Grad in die Maschine eingestiegen, hier war es gefühlt nicht sehr viel wärmer. Vor dem Flughafen zog ich meine Jacke zu, gleich würde es anfangen zu regnen. Schietwetter.

Die ersten Eindrücke im Taxi auf dem Weg zum Hotel: Was für eine dreckige, hyperventilierende, unbehagliche Stadt! Najim und ich starrten neugierig nach draußen. Alte amerikanische Autos, kurz vor dem Tod durch Zerrostung, zogen links und rechts hupend und ratternd an uns vorbei.

»Señores, here you are.«

»Gracias.«

Im Stadtzentrum hatte uns der Fahrer vor einem mittelguten Hotel abgesetzt. Die erste Nacht gaben wir uns frei, gingen essen und besoffen uns in einer billigen Disco, weil die um die Ecke lag. Wir standen an der Bar und schauten uns auf der Suche nach Koksern um, die wir mittlerweile anhand einzelner Gesten treffsicher lokalisieren konnten. Keiner da, nur prollige Kolumbianer, Studentinnen von überallher in ranzigen T Shirts und ein paar Nutten. Zumindest sahen die danach aus. Gelangweilt kippten wir Schnaps. Koks hatten wir keines eingepackt. Warum auch, wir waren ja in *cocaine capital*.

Ich weiß nicht, warum ich so schnell Kopfschmerzen bekam. Entweder wegen des billigen Fusels, der alten Boxen, aus denen unaufhörlich RnB-Musik plärrte, oder wegen der langweiligen Gespräche mit den Backpacker-Mädels aus Europa, die den Laden bevölkerten. Eine von ihnen berichtete mir, fast ohne Luft zu holen, von ihrer Tour quer über den Kontinent. »Breathtaking!«, gluckste sie, obwohl sie aus der Schweiz kam. Ich nickte ferngelenkt und besoff mich zielstrebig. Najim hatte auf das Gequatsche keinen Bock und sich an der Bar aufgebaut, dort, wo keiner stand.

Wie das Mädchen hieß, das weiterhin auf mich einredete, hatte ich schon nach der Begrüßung vergessen. Ich wollte jetzt mit ihr knutschen, weil es mich ermüdete, weitere erlogene Details aus meinem Leben als Hamburger Event-Manager zu berichten. Sie wollte sich dann nur kurz frischmachen. Vom Klo kam sie nicht zurück.

Ich holte mir noch ein Bier und zückte meine Geldscheinklammer. Hier wurde mit COPs bezahlt, wie der kolumbianische Peso lustigerweise offiziell genannt wird. Der Wechselkurs lag bei über 2000 für einen Euro. Hier war ich schon lange Millionär. Ein Bier, 2000 COPs. Der Abend war durch.

Am nächsten Morgen ging es los. Zu meinem Erstaunen hatte ich keinen Jetlag, nur gehöriges Kopfdröhnen vom Alkohol. Wir besorgten uns nach einem fettigen Fastfood-Frühstück einen Wagen und starteten unsere Tour raus aus Bogotá Richtung Medellín. Ich fuhr. Rund 500 Kilometer lagen vor uns. Als wir den Hauptstadtterror hinter uns gelassen hatten, breitete es sich vor uns aus – das gelobte Kokain-Land. Meine Stimmung wurde besser, der Kopfschmerz war weg.

»Najim, alles gut bei dir?«

»Jau. Bin mal gespannt, was jetzt kommt.«

Wir sahen Kaffee-Plantagen, die bis zum Horizont reichten, wilde Natur, geisteskranke Autofahrer – es war das erste Mal für meinen Kumpel und mich, dass wir in Südamerika unterwegs waren. Ich erwartete Palmen, mich kitzelnde Sonnenstrahlen und wild feiernde Menschen, jetzt gerade klatschte aber Regen ordinär gegen die Windschutzscheibe. Zumindest das Wetter wurde nach einer halben Stunde besser.

Kilometerlang fuhren wir über kaum befestigte Straßen, wir gönnten uns einen kleinen Ausflug ins Landesinnere parallel zur Hauptroute. Eilig hatten wir es nicht. Dabei passierten wir die immer gleichen kleinen verkommenen Dörfer mit den immer gleichen besoffenen Menschen am Straßenrand, die rauchten und Bier tranken, wobei sie auf billigen Plastikstühlen neben billigen Plastiktischen saßen. Wir fuhren durch kaum besiedelte hügelige Landschaften und durch Ebenen, dann über die Ausläufer der Anden. Die Straße wurde enger und kurviger. Überall sah ich Kaffee, aber keinen einzigen Koka-Strauch. Das konnte ich mit Gewissheit sagen.

Das Einzige nämlich, was ich zur Reisevorbereitung gemacht hatte, war, mich in botanische Lektüre einzulesen – sonst hätte ich noch nicht einmal eine Koka-Pflanze erkannt, wenn ich davorgestanden hätte. Also: Es ist ein grüner, bis drei Meter hoher Strauch mit hölzernem Stiel. Er trägt eine rötliche Frucht, die grünen Blätter, spatelförmig, sehen ein bisschen so aus wie die junger Pfefferminze. Ich liebe Pfefferminze.

Wir fuhren immer weiter und ahnten bald, dass man in diesem Land für 500 Kilometer Autostrecke weit mehr Zeit einplanen musste als gedacht. Nämlich mindestens doppelt so lange. Natürlich hätten wir auch von Bogotá aus nach Medellín fliegen können, aber wir wollten als Glücksritter das Land erkunden, da passte ein Autotrip besser, und außerdem hatte ich wenig Lust, mich in eine kleine kolumbianische Maschine von Fluglinien namens Satena oder AeroSucre zu setzen.

Es fing an zu dämmern, mein Hintern tat weh, ich musste pischern, fuhr rechts ran – und von Weitem konnte ich sie dann sehen, unsere Kokain-Metropole. Im Halbdunkel lag Medellín in einem Tal wie eine angestrahlte funkelnde Perle zu Füßen mehrerer Berggipfel. Als hätte man von oben eine fluoreszierende Masse hineingeschüttet, die sich dort sammelte. Najim stieg aus.

»Wow«, sagten wir beide. Vielleicht dachten wir das auch nur. Wir fühlten uns jedenfalls gerade sehr klein in Anbetracht des Ausmaßes dessen, was sich vor uns in Form dieser Stadt auftat. Wir fuhren zehn Minuten weiter, suchten uns ein Hotel in einem Vorortviertel, fielen erschöpft in unsere Betten und schliefen bis mittags durch.

Medellín war beileibe nicht die heruntergekommene, abgefuckte Kleinstadt, die wir uns vorgestellt hatten, sondern eine moderne Großstadt mit fast drei Millionen Einwohnern, die zweitgrößte des Landes. Eigentlich hatten wir gehofft, hier die südamerikanische Super-Version der Reeperbahn zu finden. Da hätten wir uns heimischer gefühlt.

Auf den breiten Boulevards der Innenstadt ließen wir uns vom Getümmel treiben; überall standen schick renovierte Kolonialgebäude herum, und die Einwohner, allesamt nicht größer als wandelnde Parkuhren, wuselten um uns herum. Meine Körperlänge von fast 1,90 Meter und Najim mit seinem brachialen Oberkörper waren eine derartige Attraktion – zumindest für einen dieser gruseligen Pantomimen-Clowns –, dass er uns in einer Einkaufsstraße nachstellte. In bester Laurel-und-Hardy-Slapstick-Manier imitierte er unseren raumgreifenden Schlendergang. Einige Passanten schauten der Vorführung amüsiert hinterher. Wäre das in Hamburg passiert, hätte ich ihm direkt die Murmel gerichtet, hier nahmen wir das ein paar Meter hin. Najim fand das gar nicht lustig, ich auch nicht, aber trotzdem gab ich ihm ein paar COPs, damit er sich endlich verpisste. Er schlurfte breitbeinig in eine Seitenstraße. Es sollte wohl mein Gang sein.

Neben uns floss der Río Medellín, der die Stadt in der Mitte durchmisst – eine braune Brühe, eingebettet in einen Kanal. Die Metro jagt oberirdisch auf Pfeilern durch die Gegend, und die Berge hinauf klettern die unterschiedlichen Wohnbezirke. Wir nahmen die *Metrocable*, die wie die Gondel eines Skilifts Touristen einen Berg hochschafft, und sahen von da rote Backsteinbauten, im Zentrum die Hochhäuser, an den Berghängen die Armenviertel, die Slums. Überall hing Wäsche, überall wurde gebaut, Pferdegespanne mit Baustoffen und Steinen wuchteten sich die Straßen hoch, Kinder daddelten Fußball.

An einer Wand stand: *Esperanza!* Hoffnung!

Vom Parque Arví ging es zurück in die Innenstadt, wir schlenderten vorbei an prächtigen Gartenanlagen und blieben bei Hütchenspielern stehen, die es auf die Urlaubskasse einiger US-amerikanischer Touristen abgesehen hatten, sahen Schuhputzer, die derart emsig um das Wohlergehen des Wanderleders ihrer Kunden besorgt waren, dass wir das gleich mal ausprobieren mussten, und passierten weitläufige Plätze, die so überhaupt gar nichts mit dem Bild einer korrupten Schurkenstadt zu tun hatten. Bananen wurden auf Schubkarren geschoben, Mädchen verkauften Mangos in Tüten und Plastikbechern, Künstler ihre kitschigen Souvenirs, und die Mädels, denen wir hinterherspingsten, waren allesamt beachtlich spärlich bekleidet. Ein Chor sang von einem kleinen Dörfchen oder so ähnlich – und ich wähnte mich auf einer Romantik-Tour. Aber neben mir ging nicht Hannah. Neben mir schlurfte kipperauchend Najim.

»Ganz schön hier. Aber auch irgendwie ätzend.«

»Ätzend«, pflichtete ich ihm bei.

Das war also einmal die gefährlichste Stadt der Welt? Die allerorten gefürchtete Drogenmetropole?

Wir waren angepisst.

Aber unsere Motivation wuchs. Für den nächsten Tag wollten wir uns thematisch annähern. Ich buchte eine Touristenführung. Es war die *El Pablo Escobar Tour.* Für 80 000 COPs pro Nase sollte es hier Interessantes aus dem Leben des bekanntesten Kokain-Dealers der Welt geben, der 1993 erschossen wurde. Der Drogen-Baron war hier aber immer noch lebendig, vielleicht so wie Mozart in Salzburg. Ich war gespannt, die paar anderen Touristen, die neben uns standen, auch. »Hier in Medellín lebte der größte Gangster aller Zeiten«, begann unser Führer. Neben uns klickten Kameras. Ich fand es ein bisschen traurig, dass dieser sagenumwobene Mann zu einer Touristenattraktion verkommen war. Escobar war ein brutales, stinkreiches Schwein, aber irgendwie auch beispielhaft.

Der Anführer des Medellín-Kartells, der große Teile des weltweiten Kokain-Markts regierte, hat es zu einem schillernden Ansehen gebracht. Er ist bestgehasster Schwerkrimineller und ein beliebter Wohltäter gewesen, der sich um die Armen seines Landes kümmerte, Fußballplätze und Schulen bauen ließ. Dies machte er natürlich nicht aus selbstloser Liebe zu seinen Mitmenschen, sondern weil er sich Sympathien und Ansehen erkaufen wollte. Da der Staat lange nichts für die verarmte Schicht in Kolumbien tat, klappte das. »Sein Name ist hier immer noch in aller Munde«, sagte der Führer. In einer Verkaufshalle hatte ich einige Minuten zuvor noch ein »I love Pablo«-T-Shirt in der Auslage gesehen.

In den Siebzigerjahren gründete Escobar sein später milliardenschweres Imperium. Seine Idee war, Kokain als Massenware zu vertreiben. So wie ich soll er im Alter von Anfang zwanzig mit dem Dealen angefangen haben, und genauso wie ich startete er mit Autoknacken. Ich lauschte dem Vortrag und fühlte mich ihm gerade ein bisschen nahe.

Die Devise zu seiner Anfangszeit hieß: »Wenn ich in fünf Jahren nicht eine Million in der Tasche habe, erschieße ich mich.« 1989 führte das Forbes-Magazin den Kokain-König dann mit einem Besitz von 2,7 Milliarden US-Dollar auf Platz sieben der reichsten Menschen unseres Planeten. Gerade zu der Zeit, als Kokain in den USA und in Europa zur Modedroge wurde, war er derjenige, der den Nachschub liefern konnte. 80 Prozent des weltweiten Marktes soll sein Medellín-Kartell kontrolliert haben. Er führte das Prinzip *plata o plomo* ein – Silber oder Blei. Entweder ließ man sich bestechen, oder man wurde getötet. Er korrumpierte große Teile des kolumbianischen Staates und wusch sein Koks-Geld ohne größere Komplikationen gleich bei der Zentralbank des Landes. Um seine Macht auszubauen, ließ er Männer aus Politik, Justiz und dem Drogenbusiness töten, Bomben regnen und Flugzeuge abstürzen. Zwischen August 1989 und Januar 1990 gab es 263 Bombenanschläge. Escobar riss Kolumbien und weite Teile Südamerikas in einen Terror-Krieg. Drei Jahre später starb er in einem Kugelhagel auf dem Dach seines Unterschlupfes. Er wurde vierundvierzig Jahre alt.

»Ging ganz schön wild her«, flötete unser Touristenführer. Er behauptete, ein Spross der Escobar-Familie zu sein – man musste ihm bestimmt nicht alles glauben.

Die Unruhen in Kolumbien waren nach dem Tode Escobars lange nicht vorbei, ganz im Gegenteil. Weil andere Kartelle mit ihren hochgerüsteten Milizen sein Erbe antreten wollten, bekriegten sich die Gangs kompromisslos untereinander. Hinzu gesellte sich der Staat mit seinen Spezialeinheiten, die mit viel Geld aus Nordamerika den Anbau der Koka-Plantagen und den Drogenhandel insgesamt zu unterdrücken versuchten.

Wir gingen weiter zu seinem Büro, die Touristen knipsten fleißig. »Das war's, gracias, ich hoffe, es hat Ihnen gefallen!« Zwei ältere Touristinnen gingen auf unseren Leader zu und hatten noch Fachfragen.

»Was für eine Scheiße«, klagte Najim.

»Jau, was für ein riesengroßer Haufen Kacke«, stimmte ich zu. Dieser kleine Ausflug war ganz interessant, aber unserer

Sache nicht dienlich. Das hatten wir zwar auch schon vorher gewusst, aber etwas Sinnvolleres war uns an diesem Tag nicht eingefallen. Wir hatten jetzt einen neuen Plan. Wir wollten uns am Abend besaufen. Das war immer gut, auch, um neue Kontakte zu knüpfen.

In Medellín Central fanden wir die Discoteca la Bolivia, der Bass der billigen Techno-Musik wummerte auf die Straße, im Eingangsbereich roch es nach Alkohol, Zigaretten und süßem Parfüm. Taxen warteten vor dem Schuppen. Hier waren weit weniger junge Globetrotter unterwegs, der Laden schien ein wenig verruchter als der am Abend zuvor. Fand ich schon mal gut. Die lange, blank geputzte Bar lag an der linken Seite, davor die Tanzfläche, die gähnend leer war. Neben der Tatsache, dass wir noch immer mit keiner Menschenseele über Kokain sprechen konnten, hatte ich Lust, eine große Nase zu ziehen – Najim zog nie. Ein Stunde standen wir rum, dann wurde der Laden lebhafter. Dubiose Gestalten kamen zur Tür rein und winkten dem Personal zu. Die ersten Frauen begannen zu tanzen. Wir sahen auf rotierende Hüften in kurzen Kleidern.

Und dann sah ich ihn – einen Typen, direkt neben der Box stehend, der gerade ohne Unterlass einer Frau eine sehr lange Geschichte erzählte und dabei ausladend mit seinen Armen fuchtelte. Es sah unzweifelhaft aus wie ein veritabler *dope talk*, den ich derart inbrünstig noch selten erlebt hatte; ich hatte ja auch noch nie einen vollgekoksten Kolumbianer gesehen. Das südamerikanische Temperament und die Wirkung der Droge korrespondierten anscheinend prima. Jetzt fuchtelte er etwas aus seiner Tasche. Es war ein kleiner Behälter, der einem Salzstreuer ähnelte. Dann legte er das Ding an seinem linken Nasenloch an, kippte einen Stoß weißen Pulvers hinein, saugte und wiederholte die Prozedur mit der rechten Seite.

Bingo!, dachte ich und ging auf ihn zu. Im besten Fall konnte er uns einen Dealer nennen, wenn er nicht selber einer war. Im schlechtesten Fall würde er uns ein bisschen Koks spendieren. Ich wollte unbedingt einen Stoß besten kolumbianischen Marschierpulvers probieren, den berühmten Schnee aus Übersee.

»Hi, wir kommen aus Europa. Weißt du, wo wir ein bisschen *nose candy* herbekommen?«

»Verschwinde!«

Zumindest wusste ich jetzt, dass er Englisch sprach. Ich wiederholte mein Anliegen. »Sorry? Wir wollen doch nur ein bisschen Stoff haben!«

»Verpiss dich!«, brüllte er in einer Lautstärke, wie es selbst für diesen Laden nicht angebracht war.

»Du hast doch gerade selbst was genommen!«

»Verpiss! Dich!«

Dann aber verpisste nicht ich mich, sondern er sich. Najim stand jetzt grimmig hinter mir, allein seine Präsenz wirkte auf die meisten einschüchternd. Mein Kollege sprach zwar noch weniger Englisch als ich, das »piss off« konnte er dennoch ausreichend deuten.

Aus Frust sprach ich in der kommenden halben Stunde noch zwei weitere Typen an. Nichts zu holen. Dann gab ich auf.

»Das ist auch echt nicht gut, wenn wir hier jeden frontal anquatschen«, sagte ich zu Najim, »das spricht sich hier bestimmt schnell rum und gibt nur Probleme.« Wir schoben ab, zurück ins Hotel. Auf dem Weg nach Hause, den wir zu Fuß hinter uns brachten, passierten wir kleine zwielichtige Gassen mit noch viel zwielichtigeren Kerlen. Ich verspürte die Versuchung, auch die noch anzulabern. Das wäre allerdings nicht allzu clever gewesen. Wir waren noch nicht einmal bewaffnet.

Unser Entschluss stand fest: Morgen früh wollten wir uns auf die Suche nach Plantagen machen. Nach Leuten, die mit uns sprechen würden. Nach irgendetwas. Ich schlief unruhig.

Um kurz vor zehn Uhr wachte ich auf. Eine halbe Stunde später kam Najim runter in die Lobby. Hupen, Hektik, hysterische Unterhaltungen – die Stadt brüllte uns auf der Straße entgegen. Wir waren in unserem Wagen in einem schäbigen Viertel unterwegs und stiegen kurz aus, um draußen vor einem kleinen Pub einen starken Kaffee zu trinken. Ein netter Herr, vielleicht gerade vierzig, bediente uns. Er war weder aufdringlich noch komplett desinteressiert an uns. Genüsslich zog er an einer Zigarette und erzeugte den souveränen Eindruck des Lokalbesitzers.

»Qué pasa?«, bemühte ich mein Spanisch, das mit diesen Vokabeln schon fast erschöpft war. Der Typ, Enrico, merkte das und antwortete überraschend in gebrochenem Deutsch. Er hatte zuvor wohl mitbekommen, in welcher Sprache ich mich mit Najim unterhielt.

»Wie gefällt euch Medellín?«, fragte er und kam zu uns rüber.

Wir baten ihn an unseren Tisch. Enrico hatte deutsche Großeltern, wie er erzählte, sie kamen ursprünglich aus Heidelberg und hatten ihm als Kind Deutsch beigebracht. In Deutschland war er noch nie, »teuer, viel zu teuer«.

Diesmal hielten Najim und ich es für unangebracht zu erzählen, weswegen wir sein Land bereisten. Wir gaben uns mal wieder als Event-Manager aus, die in *Hamburgo* extrem erfolgreich Partys veranstalteten. Dann erzählte ich von unserer gestrigen Escobar-Tour, weil ich nicht wusste, worüber ich mich sonst noch mit ihm unterhalten könnte.

»Das gibt's?«, fragte er. »Verrückt!« Und danach fragte ich interessiert nach, wie es denn heute um das Thema Kokain hier in Kolumbien im Allgemeinen so stehe. Enrico grinste. Dann holte er aus. Er schien sich auszukennen.

Viel habe sich nicht geändert, der Koks-Markt sei wieder aufgeteilt wie zu Escobars Zeiten. »Geht ja auch um viel, viel Geld.« Vor allem auf dem Land, wo die Bauern mit dem Anbau von Koka versuchten, über die Runden zu kommen, säßen jetzt die Banden. Die Cocaleros, die Koka-Züchter, seien die armen Hunde, die große Kohle machten andere, die

Bandenchefs. Manchmal müssten die Bauern sogar Steuern, eine Art Schutzgebühr, an die Kartelle abliefern. Und immer noch würden Lastwagen voll mit Kokain, nur in Plastikfolie eingeschweißt und mit einer leichten Plane abgedeckt, über die Straßen fahren. Die Polizei (»Alle bezahlt, versteht ihr?«) stehe am Straßenrand und grüße freundlich. An den Küsten werde das Koks in unscheinbaren Dörfern mit geheimen Häfen auf Schiffe verfrachtet oder auf versteckten Flugplätzen im Dschungel in kleine Maschinen geladen – die gingen dann Richtung USA oder sonst wo hin.

»Und wo genau sind diese Häfen?«, fragte ich möglichst beiläufig.

Enrico schaute ein wenig verdutzt. »Woher soll ich das wissen, chico? Irgendwo an der Küste, im Westen.«

»Wie kommt man da am besten hin?«

»Ihr wollt nicht dahin, oder? Keine gute Idee. Nicht gute Gegend für Touristen. Wollt ihr dahin?«

»Natürlich nicht!«, log ich. »Bin nur neugierig. Könnte ich noch einen Kaffee bekommen?«

Jetzt hatten wir ein neues Ziel, die Pazifikküste. Vielleicht gab es ja im Dschungel guten Schnee.

Grüne Blätter, spatelförmig – da sind sie!

Diesmal nahmen wir den Flieger, mit einem Auto sei die Tour unmöglich, sagte man uns. In einem Reiseführer, den wir gekauft hatten, lasen wir von einem kleinen Backpacker-Hostel direkt am Meer, und bei einem Blick auf die Karte redeten wir uns ein, dass dort vielleicht eine gute Stelle sei, Kokain zu verklappen. Unsere Taschen waren schnell gepackt.

In einer Cessna flogen wir von Medellín aus nach Quibdo, dort mussten wir umsteigen in eine noch kleinere Maschine mit dem Ziel Puerto Victori. Dort in der Nähe sollte unser Dorf El Lleno liegen. Anderthalb Stunden verbrachten wir insgesamt in den fliegenden Sardinenbüchsen, darauf hoffend, dass unser Leben jetzt kein jähes Ende nehmen würde. Im zweiten Flieger hatte ich den schwerwiegenden Verdacht, der Pilot wäre vollgedröhnt. Normal drauf konnte der jedenfalls nicht sein, so wie er flog. Ich krallte mich an meiner Lehne fest. Hätte ich nicht gerade derartig viele Nahtoderlebnisse ausgestanden, hätte ich die beiden Flüge bestimmt genossen, der Ausblick, der sich uns präsentierte, war fantastisch: Wir überflogen riesige Kaffee-Felder, die von oben noch einmal gigantischer aussahen, kreuzten Seen und Flüsse und sahen in der letzten halben Stunde dieses wilden Ritts über Kolumbien nur noch dichten Dschungel, der den Anschein erweckte, dass noch nie ein Mensch dort unten gewesen sein konnte.

Ich war kurz vorm Kotzen, es ruckelte gewaltig. Der guten Laune unseres Piloten tat das keinen Abbruch. Wir konnten ihn in seinem Cockpit beobachten. Das beruhigte mich, zumindest ein bisschen.

Weiter hinten sah ich endlich den Pazifik, bald müssten wir da sein. Nur vermochte ich hier weit und breit keinen Flugplatz zu erkennen, nur Grün. Der Pilot setzte trotzdem zur Landung an.

»Da ist der Aeropuerto«, sagte einer, der hinter uns saß. Für mich war es eine erdfarbene Schneise im grünen Dickicht. Autos hätten bei uns in Deutschland darauf jedenfalls nicht fahren dürfen.

Wir stiegen über eine Trittleiter aus. Mir war immer noch flau. Ein paar Meter weiter stand die Flughafenhalle, eine schäbige Blechhütte, die kein Gepäckband, dafür aber eine Gepäckausgabe hatte. Der Pilot ließ unsere Taschen umständlich dorthin bringen, er hätte sie uns auch gleich in die Hand drücken können. »Adiós«, gab er uns mit auf den Weg.

Ein Tuk-Tuk brachte uns in das Dorf, wo unser Hostel lag. Hier an der Küste waren es dreißig Grad, klebriger Schweiß stand uns von einer Sekunde auf die andere auf der Stirn. Dreißig Minuten dauerte der Tuk-Tuk-Trip, auf einer kaum befestigten Straße bahnten wir uns den Weg. Die Sonne versah unsere Eindrücke mit warmen Farben, wie ich sie bislang nicht kannte. Wir fuhren an Flüssen vorbei, die wie braune Brühe im Weg herumstanden, Krokodile räkelten sich hier tatsächlich im Flussbett. Naijm und ich sahen uns verdattert an.

Dann erreichten wir endlich unser Dorf.

»Warum lebt man hier?«, fragte ich leise in die Luft, Najim antwortete: »Ich habe keine Ahnung.« Am Ortseingang stand ein Bienvenidos-Schild, Elektrobäume säumten die Hauptstraße, die nach einem Trail durch ein Kuhkaff in einem alten Western aussah. Die Bürgersteige waren aus Holzplanken zusammengestümpert. 3 500 Leute sollten hier leben, sagte unser Fahrer.

»Was arbeiten die denn?«, fragte ich.

»Die machen dies und das. Ganz unterschiedlich. Die meisten sind Bauern oder Fischer. Viel Arbeit gibt es jedenfalls nicht.«

Als wir abgesetzt wurden, sagte der Tuk-Tuk-Mann, dass wir nur durchs Dorf gehen und dem Strand folgen müssten, da liege dann unsere Unterkunft. Wir gingen los, die Augenpaare der Einheimischen, die am Straßenrand rumlungerten, folgten uns. Wohlwollende Blicke sehen anders aus, dachte ich mir, hier sind Touristen wohl nicht erwünscht. *Oder einfach ungewöhnlich?*

Wieder einmal saßen vor einer Spelunke, die aus vier Wellblechwänden und einem darübergelegten Dach bestand, angetrunkene Männer, zwanzig bis sechzig Jahre alt. Über dem Eingang, ein Loch im Blech, stand *Venta de Cerveza*, dicke Goldketten baumelten an den Hälsen der Kerle. Auch sie schauten grimmig, sie sprachen bestimmt über uns. Dann winkte einer zu uns rüber.

»Qué pasa?«

»Gracias«, antwortete ich unpassend, auf Englisch fragte ich, wo wir das Hostel am Strand fänden.

Die Männer runzelten die Stirn. Sie verstanden kein Wort.

»Hostel?«, fragte der dickste von ihnen und lachte derart raumgreifend, dass die anderen es ihm gleichtaten. Er deutete in die Richtung, in der wir sowieso unterwegs waren, und lachte zum Abschied noch einmal kehlig. Man hörte tausend Jahre Zigarettenkonsum.

Nach zwanzig Minuten Fußmarsch über einen fast schwarzen Sandstrand fanden wir am Ende der Bucht das, was wir suchten. Das Meer sah aus wie in einem Hochglanz-Prospekt, am Horizont waren kleine Boote zu erkennen, und Krebse flüchteten vor meinen Schritten. Eine junge Dame schaute nur kurz auf, als wir den Vorraum des Hostels betraten und um zwei Einzelzimmer baten. Drei Kiffer saßen auf der Veranda, die hier gleichzeitig als Aufenthaltsraum, Bar und Küche diente.

»Hola!«

»Hola!«

Wir bekamen einen Raum zugewiesen, in dem Platz für vier Leute und eine Ratte war, die sich verkrümelte, als wir die knarzende Tür aufstießen. Unsere zwei Zimmergenossen waren Touristen aus Texas, ein junges Abenteurer-Paar, das wohl gerade unterwegs auf einer Trekking-Tour war. Kein Internet, kaum Handynetz, feuchte Matratzen, keine Ventilatoren an der Decke, und nur wenn der Generator genügend Benzin hatte, gab es Strom. Meistens also nicht. Wir hatten gefühlt 30 Grad im Schatten. Ich ließ mich auf mein Bett fallen, mit dem Hintern schlug ich fast auf den Boden auf. Meine Klamotten müsste ich mir gleich vom Körper schnitzen.

Wir hatten Bärenhunger. Der Koch komme aber erst in einer Stunde, sagte das Mädel von gerade. Wir nutzten die Zeit für eine kühlende Dusche, auf das Meer hatte ich noch keine Lust. Als der Koch endlich da war, konnten wir unter Folgendem auswählen: Thunfisch, Reis, Kartoffeln, Zwiebeln, Mango, Bananen – mehr gab es nicht. Wir überlegten, ins Dorf zurückzugehen, wo wir beim Vorbeigehen ein kleines Restaurant gesehen hatten. Unsere Hoffnung auf ein schönes Stück Fleisch war groß.

»Wo bekommt man hier das beste Essen?«, fragte ich einen der Kiffer.

»Geht ja nicht ins Dorf«, antwortete er, »bleibt lieber hier!« Wir blieben, und ich hatte enorm Angst vor Montezumas Rache. Und wollte mir überhaupt nicht ausmalen, wie es hier um die Klos bestellt war. Dagegen waren unsere deutschen Knasttoiletten wahrscheinlich wie die eines Vier-Sterne-Hotels.

Das Essen schmeckte nicht, machte aber satt. Mein Magen blieb ruhig.

Am frühen Abend saßen die drei Kifferjungs immer noch draußen. Ich setzte mich neben sie. Najim war am Strand unterwegs. Wir palaverten ein bisschen, dann holte ich meine Kamera aus dem Zimmer, um in der Blauen Stunde ein paar Fotos zu schießen.

»Mach mal lieber nicht«, sagte einer der drei, Daniele aus Italien. Er war zum Wellenreiten hier, auch wenn das ähnlich ungewöhnlich war wie Kokain-Dealer auf Geschäftsreise.

»Wieso?«

»Das ist keine gute Idee, da reagieren die Einheimischen manchmal allergisch drauf, wenn du zu viel aufs Meer knipst.«

»Hä?«

»Das sollen keine Fischerboote da draußen sein. Verstehst du? Das sind kleine Frachter.«

Ich verstand nicht.

Dann aber verstand ich.

»Alter! Koks oder was?«

Daniele erzählte, er habe gehört, dass es hier einen kleinen Anleger geben solle, wo Kokain aufgeladen werde. Von da aus gehe es immer am Strand entlang Richtung Panama.

Ich schaute hinaus auf eines der Boote, die mir beim ersten Gang über den Strand schon aufgefallen waren – allerdings nur als passendes Accessoire für das schöne Meerespanorama. Sie sahen aus wie kleine Kähne von lokalen Fischern, alle paar Stunden fuhr eines vorbei. Eine Weile gaffte ich hinaus, tatsächlich fuhr gerade ein Boot nordwärts die Küste hoch, dorthin, wo Panama liegen musste. Wenn das also wirklich stimmte, hatten wir eine Region gefunden, in der sich vielleicht ein Umschlagplatz befand. Mein Herz hüpfte. Einerseits. Andererseits fühlte ich eine gewisse Anspannung. Najim kam zurück, ich erzählte ihm die Geschichte, die ich gerade gehört hatte.

Am kommenden Morgen besorgten wir uns ein Auto. Da es vor Ort keinen Verleih gab, bestachen wir unseren Koch, der einen klapprigen Toyota besaß. Im Auto roch es bestialisch nach sehr totem Fisch. Wir fuhren auf der einzigen Straße aus dem Dorf hinaus. Verfahren konnten wir uns hier jedenfalls nicht. Wir hielten angestrengt Ausschau nach beiden Seiten, noch intensiver als bei unserem Tuk-Tuk-Trip. Koka-Plantagen waren weit und breit nicht zu sehen. Nicht ein Pflänzchen. Nichts. Nada. Oder doch? Da hinten sah etwas so aus, als könnten es die Pflanzen sein, für die wir uns brennend interessierten. Ich fuhr langsamer und stoppte.

Grüne Blätter, spatelförmig, an einem holzigen Stamm, zwei bis drei Meter hoch – das war zweifelsfrei eine kleine Kokain-Plantage. Im Zoom meiner Kamera konnte ich die Blätter gut erkennen. Wir hatten sie gefunden. Das Feld lag recht gut versteckt und mit gehörigem Abstand zur Straße vor uns. Wie wir dort am besten hinkommen könnten, wussten wir nicht, höchstens mit einem beschwerlichen Marsch querfeldein. Auf dem Weg dorthin hätten uns aber bestimmt Mücken totgebissen, Schlangen oder Skorpione, vielleicht hätte uns auch das Denguefieber erwischt. Das wollten wir jetzt sofort noch nicht riskieren.

Eigentlich hieß es immer, dass die Plantagen schwer bewacht würden. Wir sahen keine Menschenseele. Und auch Zelte oder Ähnliches, unter denen das Kokain aufbereitet wurde, konnten wir nicht erkennen. Nichts. Da war nur ein dicker Tukan, der eine matschige Kochbanane fraß.

Eine Stunde starrten wir von der Straße aus auf die Plantage, dann waren unsere Zigarettenschachteln leer. Wir fuhren zurück. Im Hostel wollten wir überlegen, was als Nächstes zu tun sei. So viel stand fest: Morgen würden wir wiederkommen.

Um die Mittagszeit standen wir parat. Wieder hielten wir an derselben Stelle der Straßenbiegung, wo wir schon gestern waren. Die Plantage sah gepflegt aus, so gepflegt, dass wir davon ausgingen, dass zumindest regelmäßig einer nach dem Rechten schaute. Was das in zeitlichen Dimensionen hieß, konnten wir aber nicht beantworten. Für die Pflege der Felder zuständig waren die Cocaleros, die bei guter Witterung bis zu dreimal im Jahr die Kokain-Ernte einfahren konnten. Ein Quadratmeter dicht gewachsener Kokasträucher sollte locker für drei Kilo Kokain ausreichen. Der mühevolle und zeitlich intensive Anbau der Kaffeepflanze lohnt sich für die bettelarmen Bauern in Kolumbien kaum, Koka schon eher.

»Die Cocaleros sind zu großen Teilen kolumbianische Ureinwohner, ein Naturvolk, das die Pachamama verehrt, eine weibliche Gottheit. Die schenkt nach deren Glauben Leben«, las ich Najim aus unserem dicken Touristenführer vor, um uns die Zeit zu vertreiben. »Eine wichtige Traditionspflanze in dieser Religion ist Koka, die jahrhundertealte Nutzpflanze. Sie machen daraus Medikamente, einen beliebten Tee (Mate de Coca), und sie dient ganz allgemein als Stimmungsaufheller.« Bei dieser Textpassage schmunzelte ich. »Und deswegen«, so das Buch weiter, »können die Cocaleros auch nur so schwer verstehen, warum das, was ihre Väter schon kultivierten, heute verboten ist.«

Hauptsächlich aber bekommen sie für den Anbau eines: Geld von den Kartellen. Das wiederum wusste ich wahrscheinlich besser als das Touristenbuch.

Für umgerechnet zwei Dollar pro Kilo verschachern sie die Blätter, die dann von den Syndikaten in speziellen Laboren aufbereitet werden. Wobei der Begriff Labore in diesem Zusammenhang schwer übertrieben scheint, da es sich hierbei um ein paar Zelte und ein paar provisorische Bassins handelt, wo die Ernte in Wasser und Chemikalien, wie Schwefelsäure, Äther und Azeton, eingelegt wird. Dann wird gestampft oder gepresst, um die entscheidenden Alkaloide aus dem Blatt zu schwemmen, fertig ist die Kokainbase beziehungsweise Kokapaste. Noch ein bisschen Salzsäure dazu, dann bildet sich ein Salz. Dieses Kokainhydrochlorid mit einem Reinheitsgehalt von bis zu 95 Prozent wird anschließend auf den verschiedenen Etappen rund um die Welt zwei- bis viermal gestreckt.

Auf der Plantage tat sich weiterhin nichts.

»Was machen wir jetzt?«

»Ich habe keinen blassen Schimmer.«

»Weiter warten und schauen, was passiert?«

»Eine bessere Idee habe ich auch nicht.«

Nach einer weiteren Stunde passierte endlich etwas. Ein Kolibri surrte über die Straße. Ich versuchte ihn zu fotografieren. Er war zu schnell. Das ärgerte mich dermaßen, dass ich gar nicht mitbekam, wie der Typ bei unseren Kokasträuchern auftauchte.

»Alter! Da!«, sagte Najim halblaut.

Ich schaute zur Plantage, tatsächlich ging da ein Mann, der mit scharfem Blick die Blätter begutachtete. Er trug eine zerschlissene Jeanshose, ein vor Jahren bestimmt einmal weißes T-Shirt und ein altes Baseballkäppi auf dem Kopf.

»Sollen wir hin?«, fragte Najim. Ich wusste keine gute Antwort. »Klar! Äh, Moment. Lass uns lieber noch kurz warten … Ach, was soll's«, entgegnete ich meinem Kumpel. Ich nahm ihn beim Unterarm, und wir gingen los. Es würde bestimmt zehn Minuten dauern, bis wir in seine Nähe kämen.

Wir gingen nicht, wir liefen nicht, es war etwas dazwischen. Dann setzten wir nach den ersten Metern doch zu einem Trab an. Ich hatte Flipflops an den Füßen. Auf unserem Parforceritt durch das Unterholz versuchte ich unseren Mann immer im Auge zu behalten, ich befürchtete, dass er gleich wieder verschwinden könnte. Daher sah ich auch nicht das am Boden liegende Geäst, in das ich einfädelte und mich daraufhin der Länge nach in den kolumbianischen Dschungel legte. »Komm!«, schrie Najim. Meine Knie waren voller Matsch. Meine Hände auch.

Ich beobachtete im Laufen weiter unseren Mann. »Das schaffen wir nicht«, schrie ich Najim an, »ich glaube, der verpisst sich.« Schneller konnte ich nicht. Der Mann mit dem Käppi hatte uns immer noch nicht gesehen. Wir waren rund 500 Meter von ihm entfernt. »Hey«, brüllte ich aus vollem Hals, dass mir beim Laufen die Luft knapp wurde, »hey, hombre!« Najim stimmte mit ein.

»Heeey!«

Wir kamen näher, der Berg wurde steiler. Jetzt drehte sich der Kerl um. Er sah uns. Verharrte einen kleinen Moment – und fing an zu rennen. Er verschwand aus unserem Blickfeld.

»Wo ist er, verdammte Scheiße?«

»Woher soll ich das wissen?«, pflaumte ich Najim an und stoppte ab. »Das ist doch total sinnlos!«

Ich lehnte an einem Baumstamm und schnappte nach Luft. »So ein verdammter Dreck!« Fluchend klopfte ich mir den Matsch von den Knien. Najim, ein paar Meter voraus, kam zurück. Er fluchte und hielt die Arme hoch wie ein amerikanischer Provinzpriester. Auch er japste und stützte sich dann erschöpft auf seine Oberschenkel.

»Wenn wir schon hier sind«, stammelte ich, »können wir uns das zumindest mal aus der Nähe angucken.« Ich wollte wenigstens einmal die Sträucher in der Hand halten. Wir sammelten uns noch einen Augenblick und gingen dann weiter Richtung Koka-Feld.

Weit kamen wir nicht.

Aus der Richtung, in die unser Typ verschwunden war, kamen plötzlich drei Kerle in Tarnfarben gelaufen, sie hatten Uzis im Anschlag, kleine Maschinenpistolen. Jeder eine. Sie brüllten und rannten auf uns zu. Wir blieben schockgefroren stehen.

»Weg!«, herrschte ich Najim an. Ich hätte es ihm nicht zu sagen brauchen. Wir hasteten den Berg runter, diesmal in einem Tempo, in dem man um sein Leben rennt. Meine Flipflops hatte ich längst verloren. Hinter uns brüllten die Männer, eine ganze Salve von Schüssen ging los.

Ich wurde getroffen, trotzdem lief ich weiter. Ich schaute an mir runter, sah kein Blut. Es hatte mich wohl zum Glück doch nicht erwischt.

Meine Panik war dermaßen groß, dass ich nichts mehr zuverlässig wahrnehmen konnte. Ich versuchte nur, immer weiter zu laufen und so viel Land zu gewinnen wie möglich. Najim überholte mich wild schnaufend. Das zeigte mir zumindest, dass auch er nicht lebensbedrohlich getroffen sein konnte. Wieder peitschten Schüsse, ich duckte meinen Kopf weg.

Nur noch 100 Meter bis zu unserem Auto. Mir war es, als ob die letzten Schüsse nicht ganz so markerschütternd knallten wie die ersten. Mich umzudrehen und zu schauen, ob die drei uns wirklich nicht gefolgt waren, traute ich mich aber nicht. Ich sprang in unseren Wagen, Najim hatte den Motor bereits gestartet.

»Komm schon!«

Erst jetzt, im Auto, schaute ich nach hinten, sie waren uns tatsächlich nicht gefolgt. In der ersten Kurve kippte unser Wagen beinahe seitlich um, so schnell fuhr Najim die enge Schotterstraße entlang.

Am kommenden Morgen ließen wir uns in aller Frühe zum Flugplatz bringen, wir gaben unserem Koch 50 Dollar dafür. Er hielt uns für Vollidioten. Ich hatte keine Sekunde Schlaf gefunden. Dafür schien mir diese Umgebung zu abgeschieden und einsam. Hier hätte man nicht mal unsere aufgeschlitzten Leichen gefunden.

Vielleicht haben im Dorf schon die Ersten von dem Zwischenfall bei der Koka-Plantage Wind bekommen, vielleicht die Typen mit den dicken Goldketten vor der billigen Bier-Bar? Vielleicht gehören sie dazu? Vielleicht sind sie schon auf dem Weg zu uns?, ging mir durch den Kopf.

Dass die Leute hier keinen Spaß verstanden, wenn man zu nah an ihr Kokain kam, wussten wir jetzt. Und wir waren nah dran gewesen, viel zu nah.

Mit der nächstmöglichen Maschine ging es zurück nach Medellín und von da aus nach Bogotá. Noch am selben Tag sollte dort zum Glück ein Flieger mit zwei noch verfügbaren Plätzen starten, zwar nicht nach Hamburg, aber immerhin Amsterdam. Das schien für uns ausreichend weit weg von hier. Wir fühlten uns wie Dorftrottel. Dorftrottel, die wenigstens mit heiler Haut davongekommen waren.

Ich erahnte zu diesem Zeitpunkt noch nicht, dass das Kapitel Kolumbien den Anfang meines Endes einläutete. Im Flieger dachte ich an meine Hannah und den kleinen Jason. Ich hatte vergessen, den beiden etwas mitzubringen.

Najim schnarchte wieder leise neben mir.

Ich bekam Panik.

MEINE FREUNDE VON DER ALBANISCHEN MAFIA

»Der reichste Mann ist immer der,
der die mächtigsten Freunde hat.«
Der Pate III

Als ich zurückkam, war alles anders. Mein Umfeld hatte sich verändert. Ich hatte mich verändert. Oder redete ich mir das nur ein? Das Schlimmste war – und da war ich mir leider sehr sicher –, dass sich auch Hannah verändert hatte.

»Ich war übrigens in Kolumbien«, sagte ich ihr, als ich nach der Reise wieder in unserem Flur stand. Die Schmach der vergangenen Tage hatte ich mit einem stattlichen Koks-Haufen bekämpft. Ich fühlte mich besser, fast wieder göttlich.

»Was hast du mir mitgebracht?«, war die einzige Frage, die sie mir stellte.

Da sie mir kein Wort von meiner Südamerika-Geschichte glauben würde, versuchte ich erst gar nicht, ihr etwas darüber zu erzählen. Sie dachte natürlich, dass ich mir wieder irgendwo ein paar schöne Momente mit ein paar hübschen Mädchen gemacht hatte.

»Hab ich vergessen, tut mir leid, war hektisch, hatte viel um die Ohren. Ich lade dich am Wochenende ein, eine Tour, egal, wohin, nur wir drei, du, ich und Jason. Du sagst an, wo es hingeht.«

»Da kann ich nicht. Bin schon verabredet.«

Ihre Herzlichkeit war verflogen. Die Ausraster in der Schwangerschaft hatte ich noch nachvollziehen können, aber jetzt war es, als ob ein anderer Mensch in der Hülle meiner Hannah hauste. Jason und ich waren nicht mehr das Wichtigste in ihrem Leben. Sie fragte mich ständig nach immer mehr Geld, sie ging shoppen wie Carrie aus *Sex and the City*.

Mir war durchaus bewusst, dass ihr Luxus und der ganze Schi-Schi wichtig waren. Dass es aber ihr einziger Lebensinhalt werden würde – und sei es therapeutisch, um sich von mir und unserem Leben abzulenken –, ging mir gehörig auf den Keks. Ich hatte die Befürchtung, sie zu verlieren. Ihr »Tatti« war ich schon lange nicht mehr, ich war jetzt so etwas wie der Flanierköter in einer ihrer teuren Handtaschen.

Vor ihren Freundinnen, von denen ich mittlerweile nicht mehr allzu viele kannte, gab sie mit mir an, wenn ich neben ihr stand. »Er ist total erfolgreich, er ist Event-Manager«, sagte sie und streichelte mir kühl über den Nacken, »nicht wahr, Schatz?!« Ihre neuen Freundinnen hasste ich.

Wenn wir zu zweit waren, wollte sie nichts mehr von mir wissen, nur haben. Geld, Geld, Geld. Ich gab es ihr. Immer wieder.

»Ich will heute mit Monica in die Stadt gehen.« Sie schaute mich mit großen Augen an.

»Wie viel brauchst du?«

»Wie viel gibst du mir?«

»Ich muss schon wissen, was ihr vorhabt.«

»Weiß ich noch nicht. Gibt mir halt was, den Rest bringe ich wieder mit!«

Den Rest der Hunderter und Fünfziger, falls es ihn überhaupt gab, habe ich nie gesehen.

Die einzige Konstante, die uns noch verband, offenbarte sich immer kurz vor dem Wochenende. Jeden Freitag gingen wir gemeinsam – einkaufen. Es gab keine Party, bei der sie mit einem bereits getragenen Kostüm aufschlug. Aus meiner einfachen Kellnerin mit T-Shirt, Schürze und Jeans war eine pompöse Frau geworden. Hier ein Chanel-Kostüm für 3000 Euro, da eine neue Bluse, dazu noch eine Gucci-Tasche – sie kaufte um des Kaufens willen. Und war mir dabei gar nicht mal unähnlich.

Pediküre, Maniküre, Sonnenbank, das zigste Paar Schuhe im Schrank waren ihre liebsten Hobbys, aber auch die regelmäßige Massage im Wellness-Tempel knetete ihr das Leben nicht besser. Wir waren Opfer unserer Umstände geworden. Hannah hatte ihren Verschwendungsrausch, ich meinen Kokain-, Geld- und Ruhmrausch. Keine gute Konstellation für eine funktionierende Beziehung. Zwei Süchtige sind zu viel für nur eine Liebe.

Wenn ich mittags unsere Wohnung verließ, hustete sie mir einen knappen Kuss auf die Wange. Abends im Bett hatte ihr Fuß schon seit Ewigkeiten nicht mehr rotiert. Die warmen Momente zwischen Hannah und mir waren nur noch eine laue Ahnung.

Nach ein, zwei Monaten ging mir diese Situation mächtig gegen den Strich.

Vielleicht sind wir noch zu jung?, sinnierte ich. Sie war dreiundzwanzig Jahre alt – und ich gerade mal einundzwanzig.

Das Schlimmste für mich aber war, dass sie mit ihrer Rolle als Mutter überfordert war. Manchmal hatte ich den Eindruck, Jason würde ihr egal sein, auch eher ein weiteres Accessoire ihrer Bling-Bling-Fassade als etwas, das man bedingungslos lieben sollte. Sie vernachlässigte ihn, zumindest kümmerte sie sich nicht so, wie ich das wollte. Ein Familienleben, spießig und konservativ, wie ich mir das bestenfalls wünschte, hatten wir nicht. Hatten wir nie. Ich musste jetzt Mama und Papa für Jason spielen.

Mit meinem Sohn kam ich gerade aus einem Freizeitpark zurück, wo wir einen kurzweiligen Mittag verbracht hatten. Nicht zuletzt, weil ich einem kostümierten Typen, der dort als Maskottchen sein Geld verdiente, 100 Euro gegeben hatte. Dafür passte er immer mal wieder auf den Kleinen auf. Ständig klingelte mein Telefon, parallel machte ich drei Treffen mit Käufern klar. Nach zwei Stunden gingen wir, das viele Lachen und Krakeelen hatten Jason hungrig gemacht. Zu Hause sollte Hannah auf uns warten, das hatten wir am Morgen so verabredet. Mein kleiner Sohn verlangte jetzt nach den prallen Brüsten seiner Mutter, was er mir schon seit geschlagenen dreißig Minuten lautstark zu verstehen gab. Als wir endlich ankamen, war Hannah nicht da. Ich rief sie verzweifelt an. »Hannah, wo bist du? Der Kleine hat Hunger!«

»Ja, ja, komme gleich.«

»Was heißt gleich? Er hat jetzt Hunger! Er brüllt mir die ganze Bude zusammen. Komm: jetzt!« Ich legte auf.

Sie kam eine Dreiviertelstunde später. Ich war so sauer, dass ich sie noch nicht einmal anschrie. Dabei ist es enorm schwer, sich zu beherrschen, wenn man denkt, man sei der erfolgreichste Mensch, den dieser Planet seit Langem gesehen hat. Beim Verlassen unserer Wohnung knallte ich die Tür zu. Ich wollte mir nichts weniger als die Welt untertan machen, das kostet Kraft. Und es ist sehr ernüchternd, wenn man merkt, dass man selbst seine kleine Familie nicht im Griff hat. Mit Koks, lauter Musik und mal wieder einer Nutte reagierte ich mich ab. Das Handy klingelte weiterhin unaufhörlich, Hannahs Name erschien nicht ein einziges Mal auf dem Display.

Dafür klappte der Rest meines Privatlebens vorzüglich, ich genoss die Vorzüge, die einem Reichtum bereiten kann: Ich bezahlte Leute für allen möglichen Blödsinn – ich hatte einen Fahrer, wann immer ich ihn wollte, einen Helfer für private Besorgungen, eine Putzfrau, mehrere Gespielinnen –, und ich machte alle naselang die Menschen um mich herum gefügig. Das ging ganz einfach. Wenn mich jemand um Hilfe bat (Rechtsanwalt besorgen, Kredite vergeben, hie und da ein bisschen Koks schenken, kleine Racheaktionen, die meine Mitarbeiter erledigten), war ich zur Stelle, denn ich wusste nur allzu gut: Der Zeitpunkt würde kommen, an dem auch diese Menschen mir einen Gefallen tun müssten. Eine Hand wäscht die andere, Gefälligkeiten, die man nicht ablehnen kann.

Die Bullen hörten mich nach wie vor ab, deswegen wechselte ich noch bis zuletzt meine Handynummer regelmäßig.

Da mich die Polizei nach kurzer Zeit aber sowieso wieder in ihrer TKÜ, der Telekommunikationsüberwachung, hatte, gab ich das für mich unbefriedigende Verwirrspiel kurzerhand auf und lebte eben mit den Polizeiohren an meinem Handy.

Im Geschäft wurden die Probleme nicht kleiner, der Druck stieg. Unser Kokain-Nachschubproblem hatten wir durch unsere Kolumbien-Reise jedenfalls nicht lösen können. Und vor Kurzem war noch ein Schreiben vom Finanzamt in den Briefkasten geflattert; sie wollten Näheres zu unserer Firma wissen. Das alles war gar nicht gut.

Es mussten Leute her, die mehr Einfluss hatten. Ich fühlte mich reif für die Mafia.

Dienstagnachmittag, 16 Uhr. Mit Najim fuhr ich quer durch Hamburg, eine kleine Town-Runde, wir waren schon eine Stunde unterwegs. Er sagte nicht genau, was wir vorhatten, nur, dass wir nach jemandem Ausschau halten müssten.

»Die Familie wünscht das. Da ist noch eine Rechnung offen.« Die Familie, die Najim anführte, waren die Albaner – und deren Wunsch war Najim Befehl. Er tat alles für sie, immer.

»Worum geht's denn?«, wollte ich fragen, doch da stieg er schon in die Eisen. Najim hatte einen Typen auf dem Bürgersteig gesehen – und der wohl auch uns, jedenfalls lief er vor uns weg. Er hatte Najims Auto erkannt und ahnte, dass ein Aufeinandertreffen für ihn nicht sonderlich gut enden würde. Es war ein hagerer Typ in einem speckigen Mantel, der ihm beim Laufen hüfthoch nachwehte. Ich erkannte ihn. Ich wusste, dass er etwas mit den Albanern zu tun hatte. Toni war einer ihrer Läufer.

»Vor zwei Monaten ist er untergetaucht, da ist aber noch eine Rechnung offen. Heute habe ich den Anruf bekommen, dass Toni sich in der Gegend aufhält«, erklärte Najim ruhig, obwohl er gerade mit achtzig Sachen über die Innenstadtstraße jagte. Wir waren jetzt auf gleicher Höhe.

»Hurensohn!«, brüllte Najim und schaute nachts rechts zum panisch davonrennenden Toni. Der konnte ihn jedoch keinesfalls hören, da die Scheibe meiner Beifahrerseite oben war.

Toni flüchtete gerade rechts in eine kleine Gasse.

»Bleib stehen!«, schrie Najim jetzt durch das Fenster, das ich schnell runtergelassen hatte. »Wir kriegen dich sowieso! Hurensohn!«

Toni rannte mit allem, was er hatte. Najim stieg mit einem beherzten Tritt auf die Bremse, mit quietschenden Reifen blieben wir auf der vierspurigen Straße stehen. Ich war nicht angeschnallt und knallte beinahe mit meinem Kopf auf das Armaturenbrett. Nur mit Mühe gelang es mir, mich abzustützen. Die Autos hinter uns blieben stehen und fingen wild an zu hupen.

»Den schnapp ich mir!« Einen Moment später war Najim schon aus dem Wagen und rannte hinter seinem Opfer her. Wie er so schnell an den Baseballschläger kam, hatte ich gar nicht mitbekommen. Der Prügel lag wohl vorsorglich einsatzbereit auf dem Rücksitz. Najim trug jetzt wieder einmal so viel Hass in sich, dass mir klar war, dass er den Typen gleich eingeholt haben würde. Aufhalten ließ er sich jetzt von nichts mehr, auch nicht von sich selbst. Er war schwerfällig und wog bestimmt das Dreifache von Toni, der eben aus vollem Lauf vornüberfiel und seinen Sturz nur unzureichend mit den Händen auffangen konnte. Er landete hart auf seinem Gesicht. Najim hatte den Baseballschläger aus vollem Lauf zwischen Tonis Beine geworfen und getroffen. Das Nächste, was ich aus dem Wagen sah, war, dass mein Kumpel ihn am Schopf gepackt hatte. Er schmetterte Tonis Kopf mit dem Gesicht voraus auf den Asphalt. Wieder einmal diese Szene.

Ich schaute nach hinten – hupende Autos. Ich schaute zur Seite – Najim verprügelte Toni. Ich sah nach links – und rutschte auf den Fahrersitz. Der Motor lief noch. Passanten blieben stehen und schauten fassungslos drein. Najim trat

Toni in die Flanke und rammte sein Gesicht auf den Bordstein. Immer wieder. Wenn Najim so weitermachen würde, hatte Toni nicht mehr lange zu leben. Aus einem Laden kam eine junge Mutter mit ihrem Kind, das sie sofort wieder hineinstieß, als sie sah, was auf der Straße vor ihr passierte.

»Ist gut jetzt! Komm! Wir müssen weg!«, brüllte ich aus dem Auto. Ich fuhr ein paar Meter auf die beiden zu. Die anderen Wagen hatten aufgehört zu hupen, alle schauten fassungslos zu meinem Partner rüber, der Toni weiterhin traktierte. »Alter! Komm! Weg hier!«

Da war sie wieder, diese wilde, blutrünstige Furie in Najim, die in den Sekunden der Gewaltexplosion sogar vergaß, dass ihm eine ganze Straße dabei zusah, wie er einen Menschen um seine Gesundheit brachte. Manchmal hatte ich den Eindruck – und später war ich mir dessen gewiss –, dass er es liebte, Menschen zu quälen. Das konnte ich immer weniger verstehen. »Wir müssen abhauen!« Ich ließ den Motor aufheulen, Najim löste sich. Stieg ein. Sagte leise: »Hurensohn.« Und schnaufte tief durch, er war außer Atem geraten.

Ein paar Tage später hörte ich, dass Toni, der Läufer, nur mit Glück überlebt hatte – und selbst wenn er gestorben wäre, auch das wäre Najim egal gewesen. Bis heute habe ich keinen Schimmer, wie viel Geld Toni gegenüber den Albanern unterschlagen hatte. Ob nun 200 oder 200 000 Euro, die Höhe der Summe war auch unerheblich – ohne Entschuldigung unterzutauchen und der Organisation eine Summe schuldig zu bleiben war der Fehler, den Toni jetzt wohl bitter bereute. Jeder, der versucht, die Albaner zu bescheißen, muss büßen. Das ist deren Credo. Sie und ihre Soldaten lassen erst dann von ihren Opfern ab, wenn sie meinen, dass sie fertig sind. Und das kann dauern. Damit diese Kaltblütigkeit auch die Runde macht, werden einige eben auf offener Straße zugerichtet.

Wie eigentlich immer, so hatten die umherstehenden Zeugen auch zu diesem Vorfall bei den Bullen keine Aussage gemacht; zumindest nicht derart konkret, dass Najim oder ich ein juristisches Nachspiel befürchten mussten. Das hatte einen Grund: Denn auch die meisten Zeugen waren so schlau, um zu wissen, wann sie den Bullen etwas erzählen – und wann besser nicht. Denn wir bekamen ganz schnell raus, wer gegen uns ausgesagt hatte, auch das hatte sich mittlerweile rumgesprochen. Und wenn doch jemand Zivilcourage gezeigt und uns verpfiffen hätte? Dann würde er spätestens bei der Verhandlung vergessen haben, was er gesehen hatte und was er aussagen wollte. Wir hätten schon für die entsprechende Vergesslichkeit gesorgt. Das ging immer ganz einfach, alles nur eine Frage der richtigen Mittel: Manchmal reichten 200 Euro Bestechungsgeld, bei hartnäckigen Fällen gab es einen Spaten an den Schädel.

Schmerzen, Überfälle, Einschüchterungen – auch wenn sich das für viele vielleicht furchtbar anhört, für mich waren das die Bausteine meines Arbeitsalltags. Es passierte und war völlig normal. Und so erzählte ich selbst meinen beiden Cousins und besten Freunden, Sibbi und Micha, keine Details über Najim und mich, ganz einfach, weil ich es nicht relevant fand. Zudem ist es bei uns selbstverständlich, nie zu viel zu erzählen.

Da wusste ich aber noch nicht, dass auch Tonis Misshandlung ein Test war, ein Test der Albaner. Sie wollten wissen, wie ernst ich ihn nahm, den Kiez-Kodex, zu dem auch das Mir-fällt-nichts-aus-der-Lippe-Gesetz gehört. Eine der wichtigsten Regeln überhaupt, die es im Gaunerbusiness gibt.

»Lass uns ins *Café* fahren«, sagte Najim zu mir. Er wollte den Albanern sagen, dass er Toni gefunden und bearbeitet habe. Spätestens morgen konnten sie den Beweis dafür in der Zeitung lesen. Das *Café* war eine angeranzte türkische Teestube in einer hässlichen Straße, wie es sie zu Dutzenden in Hamburg und eigentlich in jeder größeren Stadt in den üblen Ecken gibt. Irgendwelche Mitglieder des Clans und vor allem dessen untere Chargen waren dort immer anzutreffen. Sie spielten Karten, rauchten Zigaretten, tranken Tee – und insgesamt war das *Café* ihr Büro, in das sie ihre Läufer zitierten und so allerhand besprachen. Ab und an kamen Junkies rein und wollten ihre geklauten Sachen verhökern, Klamotten, Technikkrams oder auch mal Autos. Diese Art der Geschäfte war eher etwas für den vorderen Bereich des *Cafés* und für die vielen Diener der Organisation – hauptsächlich Albaner, die eine andere Blutlinie als die alles bestimmende Familienführung besitzen, aber aus nationaler Loyalität bei ihnen mitmachen dürfen.

Hier roch es nach klebrigem schwarzen Tee und süßem Qualm, eine Kaschemme mit ausgesuchten Gästen. Der Laden war behördenbekannt. Verdeckte Ermittler kamen vorbei, zockten an einem Glücksspielautomaten in der Ecke und dachten tatsächlich, sie würden nicht als diejenigen erkannt, die sie waren. (Vielleicht wollten die Bullen aber auch nur ein bisschen Präsenz zeigen, ganz so blöd sind die ja auch nicht.) Das Geld wurde dann jedenfalls von den Tischen genommen, und die Gesprächsthemen änderten sich, wenn ein Bulle in Zivil den Laden aufsuchte.

Jeder Deutsche, der hier zur Tür reinkam, war erst einmal verdächtig. Der Einzige, bei dem die Kohle immer seltener und jetzt überhaupt nicht mehr vom Tisch verschwand, wenn er das *Café* betrat, war ich. Mittlerweile kannte ich hier alle, wer aber welche Art von kriminellem Handwerk beherrschte, wusste ich nicht.

Heute störte sich gar niemand mehr an meinem Erscheinen.

»Ah, Adolf ist da!«, sagte einer, den ich nur flüchtig kannte. Adolf war mein zweiter Spitzname. Dann kam auch schon der Tee für Najim, mich und die drei Albaner, zu denen wir uns ganz hinten an einen Tisch gesellten. Najim ging voraus. Wie weit oben die drei in der Clan-Hierarchie standen, war schwer zu sagen.

»Wie lief es mit Toni?«, fragte ein älterer Typ. Er schien hier am Tisch der Wortführer zu sein.

»Wir haben ihn erwischt, die nächsten Wochen isst er durch einen Strohhalm«, erklärte Najim. Sie sprachen Deutsch, es war eine Respektsbekundung vor mir. Was mein Kumpel für seine Anstrengungen von vorhin bekam, ob er nur eine Schuld einlöste oder ganz einfach einen Gefallen tat, indem er Toni ins Krankenhaus drosch, wusste ich auch nicht.

»Gut! Sehr gut! Und du, *German*, wie geht es dir?«

»Danke. Alles in Ordnung«, erwiderte ich etwas verdattert, weil ich nicht erwartet hatte, angesprochen zu werden. Der Wortführer schaute sich im *Café* um und schickte einen kleineren Typen, der bislang nur stumm vor sich hin geraucht hatte, los. Er hatte ihm leise und auf Albanisch etwas ins Ohr geflüstert. Als er verschwunden war, redete der Alte weiter: »Lasst uns jetzt über etwas anderes sprechen, ihr könnt uns helfen …«

Es war das erste Mal, dass ein Mitglied der Familie mit Najim und mir über einen Deal sprach; mehr noch, er wollte anscheinend ausdrücklich, dass ich dabei war. Wir sollten eine Tasche voller Geld zu einem Gebrauchtwagenhändler bringen, die entsprechende Ware hatte wohl bereits den Besitzer gewechselt. *Wie, das war's?*, fragte ich mich insgeheim, laut wollte ich mich dazu lieber nicht äußern. Kritische Nachfragen waren hier nicht sonderlich geschätzt. Für diesen Kurierdienst wurde mir eine Aufwandsentschädigung versprochen, für die ich mich unter normalen Umständen noch nicht einmal gebückt hätte, wenn die 100 Euro vor mir auf der Straße gelegen hätten. Die Summe war derart lächerlich, dass mir sofort klar war, dass ich jetzt, ohne auch nur einen Mundwinkel zu verziehen, mit dem Auftrag einverstanden sein müsste: »Wann geht es los?«

Die Albaner wollten meine Eigenschaften als willfähriger Soldat austesten. Deswegen dieser Aushilfsjob, der weit unter meiner Würde lag. Sie wollten den *German* kennenlernen, provozieren, ausprobieren, wollten wissen, wie ehrfürchtig er war, wie weit er für sie ging, wie vertrauensselig er war. Najim, ihr Prinz, war mein Aufpasser dabei. Ich spielte gerne mit: Der Lohn war nicht die mickrige Summe von 100 Euro, der Lohn würde das Vertrauen der Albaner sein. Und das ist sehr wertvoll, auch wenn es eine verdammt gefährliche Kiste werden kann.

»Wir regeln das!«

Noch am selben Abend sollte ich mit Najim zu dem Autoverkäufer etwas außerhalb Hamburgs fahren. Hätten uns die Bullen angehalten, hätten wir erzählt, dass wir mit der Kohle für unseren Auftraggeber mehrere Autos bezahlen wollten. Der Verkäufer wiederum hätte das bestätigt, er steckte als Pächter eines Grundstücks, das als Umschlagplatz für Drogen diente, natürlich mittendrin. Viel Bargeld mit sich rumzuschleppen ist in Deutschland übrigens kein Problem, wenn man dazu eine schöne Geschichte erzählen kann – auch wenn man wie ich bei der Polizei bestens bekannt gewesen ist. Nach zwanzig Minuten Fahrzeit waren wir angekommen.

»Wir haben hier was für dich«, sagte ich.

»Stellt es dahin!«, antwortete der schmierige Chef des Gebrauchtwagenhandels.

»Dann bis denn.« Weg waren wir. Einfache Geschichte. Kein Problem. Die Albaner durften zufrieden sein.

Wie lange die mich schon auf dem Radar hatten, war mir schleierhaft. Aber natürlich bekamen sie alle Informationen über mich von Najim, der den Clan sowieso über alles in Kenntnis setzte, was ich privat veranstaltete und was wir gemeinsam taten – sei es über unsere Koks-Deals oder aber auch über unsere Firma. Und weil all das bislang so ausgesprochen gut geklappt hatte, wuchs wohl auch deren Respekt vor Najim und mir als seiner rechten Hand. Als Konkurrenz sahen sie uns nicht, denn obwohl wir uns als Koks-Könige fühlten, lächelten sie bestimmt insgeheim über die Dimension unserer

Abschlüsse. Sie sahen in mir aber wohl einen möglichen zuverlässigen Mitarbeiter für die Zukunft. Die werden immer gebraucht. Zu meinem Schaden sollte das nicht sein.

Der Aufbau der albanischen Mafia ähnelt in ihrer Struktur einigen Teilen der organisierten Kriminalität in Italien, es sind gut aufgestellte Familienbetriebe mit vielen Verästelungen. Die Albaner werden von einem Brüder-Gespann gelenkt, der älteste hat nach altem Sippenrecht das meiste zu sagen. Ihre Organisation läuft derart gut, dass sie längst versuchen, ihr Vermögen, das sie anfangs im Rotlicht-Milieu und durch den Drogenverkauf gemacht haben sollen, in ein legales zu verwandeln. Das schaffen sie sehr erfolgreich. Sie verwalten Immobilien und besitzen mehrere Firmenbeteiligungen. Zu meiner Zeit gehörten ihnen etliche Wohnhäuser und Lokale in Hamburg, zudem Nachtclubs auf St. Pauli – der Kiez-Clan gilt als Immobilien-König der Stadt. Sie stehen im Fokus des Bundesnachrichtendienstes, bei einer Razzia fuhren bei ihnen einmal über hundert Beamte vor und durchsuchten zig Gebäude. Ihre Kontakte sind international – und sollen hierzulande mit besten Empfehlungen in die Politik, in die Promi-Szene, in die Verwaltung und in die Medien reichen. Sie kennen jedes Tüttel der deutschen Gesetze, jedes Schlupfloch ist ihnen bekannt, sie sind intelligent und vorsichtig. Ich habe nie wieder Menschen getroffen, die mir derart imponierten. Und wenn sie keine Ahnung von einer Materie haben, dann fragen sie ihre fürstlich entlohnten Anwälte. Die wissen garantiert Rat.

Wenn hin und wieder einer aus der Familie in den Knast wanderte, dann meist nur für ein paar Jahre wegen eher läppischer Dinge wie Betrug. Wieder draußen, warteten schon frische Kohle und ein neuer Job auf ihn. Knast ist generell nur eine kurze Auszeit, mit viel Muße zum Fernsehgucken und Zeit zum Aushecken neuer Pläne. Zumal, wenn man Mitglied der Mafia ist.

Verkauf von Koks und anderen Substanzen, die durch das Betäubungsmittelgesetz verboten sind, Geschäfte im Rotlicht-

Bereich, Betrug, Körperverletzung – der Clan soll dadurch in der Vergangenheit derart reich geworden sein, dass er neuerdings bei illegalen Aktionen kaum noch selbst in Erscheinung trat. Der Clan ließ machen.

Die Kohle fließt nach oben, die Scheiße nach unten. Wie bei jeder mafiösen Organisation, so verhielt sich das auch bei den Albanern: Je höher in der Hierarchie angesiedelt, desto weniger haben die Mitglieder mit krummen Geschäften zu tun. Alles, was strafrechtlich heikel ist, müssen die Kasten darunter erledigen, zuvorderst die Soldaten und Läufer. Ein jedes Mitglied arbeitet aber grundsätzlich auf eigene Gefahr, fliegt einer auf, muss er das aussitzen. Sagt er aber vor Gericht aus, wird er zum Gejagten, ein Vogelfreier, ein Geächteter. Er hat dann die Omertà gebrochen – das Gesetz des Schweigens. Hält er die Klappe, bekommt er Geld für einen Anwalt und eine mögliche Kaution und kann nach der Haft genau damit weitermachen, womit er aufgehört hat. Und auch das finanzielle Wohl der Angehörigen des Abgängers ist dann gewährleistet. Der Clan lässt keinen Getreuen fallen. Kurzum, Mitglieder der Mafia haben: mehr Kohle! Mehr Ansehen! Mehr einflussreiche Freunde! Mehr Sicherheit!

Wie viele Hierarchie-Ebenen es bei den Albanern gab, konnte ich nur schwer überblicken, drei bis fünf vielleicht. Ich kannte zwar die meisten von ihnen und spürte die Abhängigkeiten untereinander, aber eine richtige Struktur erkannte ich nicht. Mir war durchaus bewusst, dass ich nie wirklich dazugehören, nie mit den obersten Bossen an einem Tisch sitzen und nie bei den internationalen Geschäften eingespannt werden würde – dafür hätte ich Albaner sein müssen. Diese Regel ist unantastbar. Aber es reichte mir für meine Glückseligkeit, Mitglied in dieser berüchtigten Organisation zu werden. Das war schon schwer genug.

Zu meiner Zeit reichten die Tentakel der Albaner in Hamburg überallhin, weite Teile des Amüsierbetriebs waren unter ihrer Kontrolle. Viele Discos hatten eine »albanische Tür«

oder Türsteher, die für sie arbeiteten. Sie regelten nicht nur durchaus vorbildlich und gemäß der gewünschten Club-Klientel den Einlass, sondern sorgten auch gleich für den entsprechenden Ruf eines Ladens: Die Albaner kennen viele Promis, die sich gerne einladen lassen, so kommt die Disco in alle Munde – und die Kasse klingelt. An der Tür nehmen sie den Gästen ihr Koks ab, aber lassen sie trotzdem rein. Ein paar Stunden später verticken sie dann ihr eigenes und das eingezogene Koks wieder unter dem Partyvolk. Dann spricht sich rum, dass es in dem Laden auch noch Kokain zu kaufen gibt – und schon wird er zur wahren Goldgrube.

Genau diese Leute erlaubten mir jetzt, bei ihnen mitzuspielen. Ich hatte all ihre Tests, ohne davon zu wissen, gemeistert. Darunter fielen folgende Geschichten: Dass ich Najim bei seinem Überfall auf Toni assistiert und die Fresse selbst gegenüber meinen engsten Freunden gehalten hatte; dass ich es wortlos akzeptiert hatte, als sie mir – um ein Exempel zu statuieren – einmal nicht zu Hilfe eilten, als ich verprügelt worden war, weil ich zuvor acht Minuten zu spät zu einer Verabredung mit ihnen erschienen war; dass ich als patenter Koks-Dealer Hilfsjobs für sie machte – und dass ich immer für sie da war (weil ich mich zu dieser Zeit erst in zweiter Linie um meine eigenen Sachen kümmerte). Um es kurz zu machen: dass ich mich für sie *krummlegte*.

Ich hatte aber nicht nur diese Prüfungen bestanden, sondern auch die zwischenmenschliche. Dazu gehörten lange Gespräche im *Café*, wo sie mich inspizierten, meine Blicke prüften und meine Ideen. Jeden Satz, den ich von mir gab, bewerteten sie. Zupass kam mir, dass sie meinen Vater kannten und als einen Gauner schätzten, der sich aus Sicht von Kriminellen niemals etwas hatte zuschulden kommen lassen. Die Albaner fürchten nämlich nichts so sehr wie Leute, die *singen*. Sie spüren, wer bei einem Bullenverhör schwach werden könnte. Und sie merkten, dass ich dem Druck standhalten könnte. Nach ein paar Wochen boten sie mir einen ersten Koks-Deal an. Dass unsere Zusammenarbeit später einen ganz anderen Verlauf nehmen würde, als ich mir erhoffte, konnte da noch keiner ahnen. Selbst die Albaner nicht.

»Wir würden dir gerne zwei unserer Kunden anbieten«, sagte wieder ein anderer, den ich noch nie gesehen hatte.

»Das heißt was?«, fragte ich nach.

»Ab jetzt belieferst du sie, die nehmen wöchentlich ein garantiertes Gewicht ab, und wir vermitteln dir zusätzlich neue Zulieferer.«

»Und was gebe ich euch dafür?«

»Das klären wir von Fall zu Fall.«

Ich war entzückt. Die neuen Kunden bescherten mir einfache und hohe Zusatzeinnahmen, da es sich um Abnehmer handelte, die nicht nur ein paar Gramm orderten, sondern als Zwischenhändler oder Großkunden jeweils gleich zwischen 100 Gramm und einem halben Kilo bestellten. Es verstand sich von selbst, dass es darüber keine schriftlichen Verträge geben würde – hier zählte das Wort plus Handschlag sowieso mehr als unterschriebene Klauseln auf weißem Papier.

Konkret hieß das ab jetzt für mich: Die Albaner vermittelten mich an gute Kunden, mit der Übergabe und der Abwicklung hatten sie dann nichts mehr am Hut. Objektiv besehen, waren es meine Kunden, aber eigentlich handelte es sich um einen Deal der Albaner, die dafür mitkassierten. Jeden Deal verhandelte ich einzeln – mit den Albanern und mit dem Abnehmer. Wenn der Kunde beispielsweise 40 Euro pro Gramm auf eine Gesamtmenge von einem Kilo Koks bezahlte, was dann 40 000 Euro machte, und ich im Einkauf unter 20 Euro blieb, dann bekamen die Albaner zehn bis zwanzig Prozent vom Gewinn. Im besten Fall waren das 18 000 Euro für einen kleinen Aufwand. War meine Marge schlechter, gab es einen kleineren Anteil. Ein fairer Deal, für alle Beteiligten. Die Albaner hatten juristisch nichts mehr zu befürchten, keinerlei Arbeitsaufwand und kassierten trotzdem ab – und ich verdiente mehr und schneller denn je.

Zu den ersten Kunden kamen im Laufe der kommenden Wochen immer mehr, neben meinen eigenen hatte ich jetzt fünfzig, sechzig neue Abnehmer. Die kauften zwar nicht alle regelmäßig, aber wenn, dann ordentlich. Ein weiterer Vorteil der Albaner-Kunden war, dass ich mich nie darum kümmern musste, wenn es Probleme gab. Ganz im Gegenteil: Wenn jemand nicht wie verabredet zahlte, bekam ich sogar noch Versäumniszinsen. Die Kohle trieben dann ihre Soldaten ein. Sie waren der Meinung, dass sie selber für ihre Kunden zuständig seien.

German war jetzt kein Schimpfwort mehr, *German* war meine Auszeichnung, mein Ich-bin-jetzt-einer-von-euch-Name. Ein pathetisches Aufnahmeritual wie im Film, wo der Ring des Padres geküsst oder auf die Familie geschworen wird, gab es nicht. Aber sie ließen mich spüren, dass ich ab jetzt dazugehörte. Zum Beispiel auch deswegen, weil sie sich auf einmal um mein Wohlergehen kümmerten, ob ich wollte oder nicht. Als sie mich klagen hörten wegen des Briefs vom Finanzamt, bekam ich ein paar Tage später einen Anruf. Ich weiß noch nicht einmal, von wem.

»Ist jetzt alles geklärt«, sagte der Anrufer.

»Wie? Was?«

»Das mit eurer Firma. Kümmere dich nicht weiter drum – alles geklärt!«

Ich hielt das für einen Scherz. Aber tatsächlich hörte ich nichts mehr von der Steuer. Keine Ahnung, wie sie das deichselten. Ich fand das fantastisch – und drehte jetzt vollkommen hohl. Warum auch nicht – *die verdammte Mafia steht hinter mir!*

Die Einzigen, die immer noch keinen Respekt vor mir hatten, waren die Bullen. Das war die eine Sache, die ich nicht leiden konnte. Was ich aber überhaupt gar nicht mochte, war, wenn sich die Polizei in unsere Angelegenheiten einmischte. So wie an diesem Sommerabend, an dem ich zum Glück aber Lust hatte auf ein bisschen Bambule …

Die Streifenhörnchen greifen an!

Mit meiner alten Gang hatte ich beruflich nicht mehr allzu viel am Hut, höchstens, wenn sie Aufträge für mich erledigten. Zum Feiern aber trafen wir uns regelmäßig, mit den Albanern wollte ich nicht auch noch alle meine Abende verbringen. Zum standesgemäßen Amüsieren liefen wir in SWAT-Stärke auf, auch ähnlich bewaffnet. Heute war ausnahmsweise vor den Toren Hamburgs eine Party, die wir ansteuerten. Mit mehreren Wagen fuhren wir vor, und natürlich benutzten wir nicht den Parkplatz wie normale Gäste, sondern stellten unsere beachtliche Autoflotte direkt vor dem Eingang ab. Für die Umstehenden sah es bestimmt so aus, als ob alle Luden Hamburgs auf Betriebsausflug wären.

Ein paar stiernackige Jungs aus Bremerhaven bewachten die Tür. »Pffft« – geringschätzig ließ ich Luft durch meine leicht geschürzten Lippen entweichen, als ich sie sah. Der Fall war für mich klar: *»Fünf-Meter-Kreuz, Zwei-Millimeter-Herz.«* Fünf der Gorillas in ihren dunklen Anzügen standen dort rum, ein paar weitere vermutete ich in den Katakomben. Sie trugen goldene Halsketten über ihren hautengen schwarzen Shirts, einer von ihnen, der Grobschlächtigste, hatte einen verzinkten Boxhandschuh daran baumeln. »Pfft!«

Wir stiegen aus, Micha ging vorweg, weil er im Eingangsbereich hinter der Security eine Bekannte sah, mit der er noch im vergangenen Monat sehr viel gevögelt hatte. Daran erinnerte er sich noch sehr genau und begrüßte sie von Weitem voller Vorfreude. Um die Affen kümmerte er sich nicht weiter. Wir scherten uns nie um den Einlass, gingen an jeder Schlange einfach vorbei. Wir kamen einfach immer rein. So lautete die Regel.

»Du kommst hier nicht rein«, sagte Gorilla Nummer eins, der einen Kopf größer und doppelt so breit war wie Micha. Er baute sich auf, wahrscheinlich hätte er sich in diesem Moment gerne mit beiden Fäusten auf die Brust getrommelt.

Mein bester Freund schüttelte verständnislos den Kopf, wollte den Typen beiseitestoßen und weitergehen.

»Hände weg!«, brüllte Nummer eins und legte seine Pranke auf Michas linke Schulter. »Für dich heute kein Einlass!«

»Mach dich vom Acker, du Spaten!«, sagte Micha und schlug den Arm weg. »Blas mir mal nen Schuh auf! Ich komme hier auf jeden Fall rein!« Er wollte ihm seine Ausführungen eigentlich ins Gesicht schreien, doch so hoch kam er nicht. »Hol deinen Chef, du Trottel! Sofort.« Es gab in unserer Umgebung keinen Ladenbesitzer, der uns nicht kannte, uns nicht schätzte oder aber zumindest unsere abendlichen Umsätze am Tresen nicht liebgewonnen hatte.

Bis zu diesem Zeitpunkt widmete ich dem Vorfall nur meine halbe Aufmerksamkeit – der kleine Disput würde sich sicherlich gleich klären. Wenn nicht, auch nicht schlimm. Wie gesagt, mir war nach Bambule.

Hannah hatte ich gar nicht erst gefragt, ob sie mitkommen wolle, dafür hatte ich jetzt ein paar andere Mädels im Auto, denen ich gerade beim Aussteigen half. »Verpiss dich!«, kläffte es von weiter her, ich erkannte Michas Stimme. »Lass mich endlich durch, du Dödel! Sonst gibt's hier gleich was!«

Auf den Hacken drehte ich mich um, und noch im Anrennen schrie ich zur Freude der vielen anderen, die in der ordentlichen Warteschlange vor der Disco rumstanden und mich beobachteten: »Pass mal auf, du Kackvogel! Wenn du meinen Kumpel nicht gleich reinlässt, dann haue ich erst dich und dann den ganzen Laden kurz und klein. Verstanden?«

Die übrigen Türsteher, Gorilla Nummer zwei bis fünf, rückten alarmiert an. Die Mädels in der Schlange wichen nach hinten aus, ihre gaffenden Freunde kamen nach vorn. Gleich würde es was zu sehen geben.

»Was glaubt ihr eigentlich, wer ihr seid?«, fragte der Boxhandschuh-Gorilla. Seine Halsschlagader schwoll an, seine Stimme überschlug sich. Ich tippte bei ihm weniger auf Koks in der Nase als auf eine Anabolika-Kur im Körper, die sich der

Typ bestimmt aktuell schmiss. Seine Pickel, sein schütteres Haar, der absurde Umfang seines Bizeps und die Verhaltensauffälligkeit eines HB-Männchens waren für mich Beleg genug. So schnell auf 180 war ich höchstens, wenn ich mir vorher einige Nasen gegönnt hatte. Und das war noch nicht allzu lang her.

Unsere Kumpels hatten mittlerweile zu Micha und mir aufgeschlossen, jetzt standen wir in zwei Gruppen voreinander wie die Gangs in der *West Side Story*. Nur würden wir jetzt gleich nicht anfangen zu tanzen, sondern uns allenfalls rhythmisch die Gesichter einschlagen.

»Wer ich bin, willst du wissen?«, schrie ich. »Das demonstriere ich dir genau jetzt!« Ich ging einen Schritt zur Seite, nahm einen der goldfarbenen Absperrpylonen, die dort rumstanden, und drosch den kitschigen Kegel mit dem breiten Ende in hoher Geschwindigkeit Gorilla Nummer drei, der zufällig gerade dort rumstand, ins Kreuz. Unbändigen Hass spürte ich in mir. Mein zweiter Hieb traf ihn seitlich am Rücken, da lag er schon auf dem Boden.

Das war der Startschuss.

Jetzt keilte jeder auf den anderen ein. Wir benutzten dazu erst einmal unsere Fäuste und alle losen Gegenstände, derer wir habhaft wurden. Die Gorillas hatten CS-Gas zur Hand, einer hatte einen scharfen Hund von hinten geholt. Zwei von uns sprinteten zu den Autos, um Baseballschläger zu holen. Flaschen flogen, Messer wurden gezückt. Mädchen kreischten, Männer brüllten, von weiter weg hörte man leise Polizeisirenen.

Ich hatte bislang nur eine Faust abbekommen, Gas geschluckt und wollte mich dafür gerade revanchieren, als plötzlich der Security-Chef vor mir stand.

»Stefan! Was geht denn hier ab?!«

Piet kannte ich schon lange, eine ehemals stadtbekannte Rotlicht-Größe. Als er vor ein paar Jahren fünfzig Jahre alt wurde, hatte er sich mit einer kleinen Sicherheitsfirma selbstständig gemacht, weil er keinen Bock mehr auf Gaunereien und die Tatsache hatte, eigentlich immer mit einem Bein im Knast zu stehen. Er hatte ein paar Bodybuilder und, wie ich jetzt merkte, auch ganz passable Boxer angestellt. Piet hätte uns natürlich sofort in den Laden gelassen. Ich ließ von meinem Gegner ab.

»Kannst du deinen Jungs mal sagen, dass die sich benehmen sollen? Wir wollten hier heute ein bisschen Spaß haben, aber der Typ da vorne auf dem Boden wollte Micha nicht durchlassen. Und dann hat er auch noch 'nen Larry gemacht.«

»Ihr hättet doch nur nach mir fragen müssen!«

»Hat Micha doch! Aber dein Affe da musste ja den Aufstand proben. Jetzt hat er den Scheiß, und ihr habt vor den ganzen andern Gästen euren Respekt verspielt. Siehst du ja selber, wie wir euch vermöbeln.«

»Das ist ...« – weiter kam Piet nicht, denn mit lautem Getöse stoppten in diesem Moment drei Bullenautos direkt neben uns.

»Och, nö«, stöhnten Piet und ich fast zeitgleich.

Die Streifenpolizisten, die aus ihren Wagen gestürmt kamen, waren Luschen, Witzbolde, die brauchten wir schon mal gar nicht. Zum Glück war es kein Mobiles Einsatzkommando. Mit denen hätten wir uns gar nicht erst anzulegen brauchen, die sind zu gut ausgebildet und äußerst humorlos. Bei MEKs konnte ich gar nicht so schnell gucken, wie meine Rippen gebrochen waren. Die Lage bei diesen normalen Wachtmeistern ist aber eine andere, die kann man mit einem nassen Lappen umnieten. Für mich waren die Streifenhörnchen lästige Störenfriede, die uns nur daran hindern wollten, eine Situation so zu lösen, wie man das auf'm Kiez macht. Da regelt man seine Sachen unter sich. Jetzt war unser schöner Kleinkrieg in Gefahr.

Die Bullen fackelten nicht lange, zückten ihr Pfefferspray – und dann eskalierte die Situation vollends. Ich bekam eine weitere Ladung Gas ins Gesicht, was mich mächtig wütend machte. Sogar Piet, der Chef-Gorilla, kämpfte jetzt an meiner Seite, weil auch er nicht einsehen wollte, dass die Streifenhörnchen ungefragt sein Herrschaftsgebiet betraten und ungefragt auf uns losgingen. Er schmierte kurzerhand einen Polizisten um. Das hatte Micha vor ihm schon bei einem anderen getan. Jetzt nahm er Anlauf und rammte seine rechte Schulter in die Flanke eines anderen Polizisten. Ein Fehler, der trug nämlich eine schusssichere Weste, die nicht nur Kugeln aufhält, sondern auch Angreifern erhebliche Schmerzen zufügt, wenn sie dagegen laufen oder darauf rumboxen. Ein Kumpel von mir hatte sich erst vor ein paar Wochen die Handknöchel gebrochen, als er auf so eine Weste mit einem Polizisten darin eindrosch.

Die anderen Gorillas sahen jetzt, dass sich die Front verlagert hatte. Micha und zwei der Polizisten lagen auf dem Boden. Aber immer mehr Beamte liefen auf. *Wo kommen die alle her?* Und bei mir war es so weit – ich verlor die Kontrolle. Mit der Pylone prügelte ich auf einen Polizisten ein, mit meiner linken Faust traf ich einen anderen nur schlecht, mit einem Tritt einen dritten gut. Ein vierter kam von hinten. Jetzt kamen sie von allen Seiten. Ich schlug hart um mich. So lang, bis sie mich im Würgegriff hatten.

Mit dem Gesicht lag ich im Dreck, und nur Bruchteile später hatten sie meine Hände hinter dem Rücken gefesselt. Ein Bulle, der vor meinem Gesicht stand und dessen Schuhe ich direkt vor meiner Nase hatte, riss meine Arme an den Handschellen nach oben. In meiner rechten Schulter knackte es, meine Gelenke brannten wie Feuer. Ich schrie auf. Was hätte ich darum gegeben, diesem feigen Schwein jetzt eine Abreibung zu verpassen. »Ich knall dich ab!«, brüllte ich. »Ich knall dich ab!« In diesem Moment hätte ich vielleicht sogar Ernst gemacht, wenn ich dazu in der Lage gewesen wäre. Die Schlägerei war vorbei.

Die Polizei kassierte vier Leute von uns ein und dazu ein paar der Gorillas, alle anderen ließen sie laufen. Im Peterwagen beruhigte ich mich. Eine Polizistin mit viel zu breitem Hintern war meine Aufpasserin. Meine Hände waren nach wie vor gefesselt, und mit dem linken Auge sah ich verschwommen.

»'tschuldige, meine Brille, die sitzt mir schief auf der Nase, liebe Frau Wachtmeisterin – könntest du sie mir bitte richten?« Ich wollte sie eigentlich mit meiner Freundlichkeit provozieren. Klappte nicht. Sie überlegte zwei Sekunden, dann schmunzelte sie und beugte sich zu mir. »Außerdem schlägt man keine Brillenträger, lernt man so etwas nicht auf der Polizeischule?« Jetzt lachte sie, dabei hatte ich zwei ihrer Kollegen ordentlich verdroschen. »Das wollte ich nur zu Protokoll geben.« Sie sagte nichts und schob meine Brille auf meinem Nasenrücken gerade.

Auf dem Revier musste ich in die Ausnüchterungszelle. Morgens um sechs Uhr ging die Tür auf: »Sie können gehen!« Mein Anwalt hatte alles geregelt und behauptet, die Bullen hätten mich angegriffen. Resümee der vergangenen Stunden: ein blaues Auge, Schürfwunden am Rücken, schmerzende Schultergelenke, ein blutender Ellbogen, krumme Brille und eine Anzeige.

Bambule.

Das Geschäft, Najim, ich und meine Paranoia

Das erste Jahr bei den Albanern verging im Rausch. Noch immer stand ich auf der untersten Stufe der Organisation – daran würde sich so schnell und vielleicht auch nie etwas ändern –, aber ich konnte einen weiteren Haken hinter einen meiner Lebensträume machen: *Mafia? Check!*

Die Albaner gaben mir das Gefühl, einer der ihren zu sein. Und sie nahmen mir das Gefühl, wenn sie merkten, dass es zu Erziehungszwecken nötig war. Wenn ich beispielsweise ein klein wenig den Respekt verlor und nicht nach wie vor stets dankbar war, bei ihnen sein zu dürfen, wenn ich ungefragt redete, wenn ich nachverhandeln wollte – die Albaner sind sehr strenge Eltern.

Aber eines merkte ich schnell: Deren Deals klappten immer. Nie blieb ein Deal, nie blieb ein Versprechen uneingelöst.

Ein guter Abschluss war für mich zu der Zeit ein Kilo. Die Übergabe des Kokains an meine Kunden fand im Hinterzimmer eines Clubs oder in Privathäusern statt, wo es zeitgleich fast immer eine Feier gab. Und auch hier natürlich: Getränke, Weiber, Essen, alles umsonst. Die Verköstigung ließ keine Wünsche offen. Ich saß mit einer meiner teuren Ausgeh-Uhren um das Handgelenk und im schicken Anzug da und genoss ganz einfach meine Erscheinung. Die Besitzer der Läden, in denen ich die Ware ablieferte, wussten Bescheid. Immer und überall, denn sonst wäre die Gefahr viel zu groß gewesen, dass irgendwer die Polente rief.

In Bumsschuppen oder Discos läuft Koks immer. Davon kann sich bestimmt auch heute noch jeder überzeugen, der nicht gerade den Nachteil hat, wie ein Polizist auszusehen: Egal, in welchem Nachtclub hierzulande, zumindest fast überall – wenn ein Türsteher nach Kokain gefragt wird, wird er sagen, dass man sich verpissen solle. Nach zehn Minuten aber wird ein anderer Typ kommen. Es wird der Kollege vom Türsteher sein, und er wird ein paar Gramm Koks dabeihaben, die er gerne loswerden will.

Dank des Einflusses der Albaner fühlte ich mich bald wie ein gefeierter Filmstar. In ganz Norddeutschland, egal, in welcher Stadt, wurde ich behandelt, als ob ich über den roten Teppich schreiten würde. Auch in Hannover beispielsweise, wo ich eher selten etwas zu tun hatte, war ich im Milieu bekannt als der *Deutsche bei den Albanern*. Hatte mich abends am Tresen ein Typ angerempelt, kamen sofort die Türsteher angespurtet, um den Kerl unaufgefordert zu vertrimmen. Dabei kannte ich die noch nicht einmal. Ich dachte irgendwann tatsächlich, dass ich ein Star sei! Vielleicht stimmte das sogar. In Hamburg kannten bestimmt einige Jesus nicht, dafür aber alle mich. Manche verfluchten mich, manche genossen meine Gegenwart, manche hatten Angst vor mir, manche wünschten mir vielleicht die Beulenpest an den Hals – aber alle wussten, wer ich war.

Es kam genau so, wie es mein Vater prophezeit hatte: »Als Koks-Dealer wirst du im Fokus stehen, und du musst im Fokus stehen, sonst weiß ja keiner, dass du verkaufst. Aber spätestens dann wissen es auch die Bullen. Und genau das wird dein Verhängnis sein.« Man kann keine Drogen verkaufen, wenn keiner weiß, dass du vertickst. Das ist das Kranke an diesem Spiel.

Um genügend Geld für den Rest meines Lebens machte ich mir keine Sorgen mehr. Wenn ich heute darüber nachdenke, könnte ich kotzen: Ich hätte nur einen kleinen Teil meiner Kohle irgendwo verbuddeln müssen und wäre jetzt immer noch ein reicher Mann. Aber ich dachte eben, dass dieses süße Leben für immer so weitergehen würde. Warum soll der, der zu wissen glaubt, wo das Manna wächst, sich auch kritisch hinterfragen? Ich wurde ja ständig vom Erfolg geküsst. Und obwohl ich stets mit schwerem Schritt und breiten Schultern über die Straße ging – ich schwebte.

Ich bekam gar nicht mit, wie ich mich zu meinem Nachteil veränderte. Ich war schneeblind.

Alles egal.

Zu meinem Vater unterhielt ich schon seit Längerem keinen Kontakt mehr. Er hatte seine eigenen Probleme mit seinen Läden, die nur noch schleppend liefen. Als er über Dritte hörte, wie viel Koks ich mittlerweile umsetzte und vor allem für wen, legte er auf seinen Sohn auch keinen Wert mehr. Meine Mutter besuchte ich sporadisch, und wir versuchten dann, so gut es ging, kein Wort über mein Leben als Gangster zu verlieren. Und all die Kleinigkeiten, die ich ihr ab und an verklickerte, verdrängte sie schnell. Hannah hatte ich zu der Zeit bereits jeweils in jener Sekunde vergessen, in der die Tür unserer Wohnung ins Schloss fiel. Ich hatte mich nur kurz gewundert, wie schnell aus Liebe Hass und, viel schlimmer, Gleichgültigkeit werden konnte. Jason sah ich auch nicht mehr allzu häufig, dafür kümmerte sich jetzt Hannah wieder besser um ihn. Najim ging mir nach wie vor auf den Keks, das konnte ich in Anbetracht unserer Geschäftsbeziehung aber verwinden.

Meine einzige Sorge blieb meine Panik. Panik vor den Bullen. Schweißausbrüche. Ich war ständig auf 180. Tagsüber, nachts. Vor den Deals, während der Abwicklung, nach den Deals. *Kommen sie heute? Kommen sie morgen? Irgendwann werden sie bestimmt wiederkommen!* Ich wurde misstrauisch. Misstrauisch gegenüber meinen Abnehmern. Misstrauisch gegenüber meinen Läufern. Stutzig am Hafen, stutzig bei den Übergaben mit den Albanern. Häufig wickelten wir die Deals im Hinterhof eines türkischen Cafés in Hamburg, Langbergen oder Bremen ab. Das Koks gab es meist »auf Kommi«, es wurde also erst nach dem Weiterverkauf bezahlt. Einer von ihnen ging vor, und hinter einem Mülleimer oder irgendwelchem Gerümpel lag schon die von mir bestellte Menge bereit. Bei der Geldübergabe wurden tiefe Blicke ausgetauscht, sollte heißen: »Der Deal ist hiermit abgeschlossen, du hast die Kohle, ich hab die Ware.« Das alles nervte mich, es war das immer gleiche Spiel. Ich wurde aggressiv. Fahrig. Uncool. Das war nicht gut in einem Umfeld, in dem Coolness eines der obersten Prinzipien ist.

Auf Koks ging's. Ohne Koks schon gar nicht mehr.

Anders als ich stieg Najim in der Organisation auf. Die Zeiten waren gut für ihn. Seit einer Weile waren die großen Hamburger Revierkämpfe passé, weil die rivalisierenden Gruppen sich nach viel Blutvergießen und zahlreichen Überfällen an einen Tisch gesetzt und geeinigt hatten. Das Resultat war, dass die ehemals alles bestimmenden Rocker von Hamburg sich zukünftig mehr auf die Prostitution (und das Dealen mit Drogen) konzentrieren wollten, die Albaner mehr auf die

Discotheken (und das Dealen mit Drogen). Die Bereiche waren aufgeteilt. Auf den lukrativen Betäubungsmittelhandel wollte keiner verzichten. Dann aber wurde es wieder unruhig im Milieu, da neue Gruppierungen mit Macht nach Hamburg strömten. Auch die wollten jetzt ihren Teil vom Kuchen abhaben. Das bedeutete neuen Ärger. Vor allem die Russen und zudem gefühlt der halbe Ostblock zogen mit Schlägertrupps ihrer Gangs auf. Allesamt Typen, die nicht lange fackelten, die lieber unvermittelt zustachen. Auch von hinten. Die Zeiten waren ruppig und das Gaunerleben ungemütlich geworden. Hier musste man verdammt hart sein, um zu bestehen.

Und Najim war hart.

Er war aufgestiegen zu einem von rund zehn Adjutanten eines der obersten Clan-Bosse. Najim bekam einen Teil meiner Gewinne ab, das war die Regelung, die ich mit den Albanern traf. Rund 25 000 Euro pro Woche zusätzlich bedeutete das für ihn, ohne auch nur einen Finger zu rühren. Davon reichte er dann rund ein Drittel nach oben durch. Auf diese Weise kam also auch von mir Kohle in der Führungsetage an.

Najim bekam nach Abzug des Chefbetrages monatlich also über 15 000 Euro von mir. Ich war einer von rund acht weiteren Leuten, mit denen er ähnliche Absprachen hatte, und er sammelte immer mehr Leute unter sich, alle loyal bis zum Äußersten. Und noch ein bisschen mehr: Selbst wenn deren Mütter auf dem Sterbebett gelegen, aber Najim sie gerufen hätte, wären sie sofort losgefahren. Wären sie nicht gefahren, hätten sie kurze Zeit später neben ihrer Mutter gelegen. Najim machte keine Kompromisse. Und jetzt schon mal überhaupt nicht mehr.

Mit den Deals unabhängig von der Organisation, die weiterliefen, hatte der Albaner-Tribut nichts zu tun. Die Gewinne unserer Firma teilten Najim und ich gleichmäßig auf, jeder bekam 50 Prozent. Najim wurde stinkreich. Die Albaner wiederum fanden es löblich, welch beachtliches Netz ihr Ziehsohn gemeinsam mit mir schon gesponnen hatte. Er genoss die volle Unterstützung und den Schutz der Clan-Granden.

Ich war meistens an seiner Seite, wir machten alles zusammen. Oft saßen wir im Wohnzimmer seiner leiblichen Familie und tranken Tee. Najim hatte zwei Schwestern und einen Bruder, der erstaunlicherweise einen bürgerlichen Job hatte: Er war Kaufmann. Oft fuhren wir bei unseren Town-Runden auch bei seinem Bunker vorbei, in dem er wie ich sein Koks, sein Geld und seine Waffen versteckt hatte. Aufpasser war hier ein Typ, den er manchmal auch mit zu unseren Partys nahm. Ich mochte ihn nicht, er war ein windiger Schmierlappen.

Die Kohle haute Najim raus wie ein Wahnsinniger. Wenn ich schon bescheuert genug war, pauschal einen Fuffi für eine Taxifahrt um die Ecke hinzulegen, weil ich zu stolz war, das Wechselgeld einzustecken, legte er noch einen drauf. Najim hatte überhaupt keinen Bezug zum Geld. Wenn ihm seine Hosentaschen nach einer Auszahlung zu vollgestopft mit Scheinen waren, kaufte er in einem Schmuckladen schnell irgendeinen teuren Krempel und ließ ihn sich nach Hause schicken. Jetzt waren seine Hosentaschen wenigstens um ein paar Hunderter leerer. Volle Taschen mochte er nicht.

Für seine fette Eigentumswohnung schaffte er sich ständig neue Möbel an, die alten verschenkte er an Freunde. Najim ließ sich einen Brunnen ins Wohnzimmer bauen, und wenn er ihn ausstellte, gluckerte es trotzdem weiter, wegen seines Whirlpools im Bad. Für die Besetzung des Jobs einer Reinigungskraft veranstaltete er eine Art Casting, weil seine Putze nicht nur gut scheuern, sondern vor allem auch scharf wie Essigreiniger aussehen sollte. Das Vorsprechen fand eines Abends in einer Edel-Disco statt; er quatschte einfach jede Frau an, die er heiß fand, egal, ob ein Freund neben ihr stand oder nicht: »Ey, möchtest du bei mir putzen?« Dabei wedelte er mit Scheinen – und fand an diesem Abend sogar eine, die zugriff.

Najim und ich redeten über alles, selbst über Probleme beim Sex: Endrina (nach wie vor seine Haupt-Freundin) wurde im Laufe der Zeit über dem Reichtum ihres Freundes ein wenig dicklich. Sie aß immer mehr und bewegte sich immer weniger, nur noch sektbeschwipst spätnachts auf Tanzflächen. Najim verließ sie kurzerhand. Dabei hatte er sie geliebt, wie er mir immer versicherte, zumindest in dem Rahmen, der für ihn Liebe war. Über all seine Probleme sprachen wir also – und viel häufiger spielte ich auch noch seinen Sekretär.

In einigen Dingen war er wirklich kreuzdämlich.

»Was ist das für eine Scheiße?« Er wedelte mit einem Schreiben.

»Ein Brief vom Gericht!«

»Was steht da?«

Ich öffnete das Couvert. »Eine Anzeige. Geht um Körperverletzung. Ist bestimmt die Sache von Anfang des Jahres.«

»Lies vor!«

»Lies doch selber!«

»Mach mal! Du bist besser in so Sachen!«, sagte Najim.

Ich musste ihm einfache Zusammenhänge erklären, weil er sie nicht verstand. Mit jedem Text, der nicht dem entsprach, wie wir auf der Straße redeten, konnte er kaum etwas anfangen. Mein Kumpel war alles andere als die hellste Kerze auf der Torte, aber das war auch nicht wichtig.

Das ist sogar überhaupt nicht wichtig in unserer Welt. Das können vielleicht einige nicht nachvollziehen, aber da, wo ich herkomme, können auch trommeldumme Menschen Autoritätspersonen sein oder werden. Bei uns zählt nicht das Abitur, die Ausbildung oder der Uni-Abschluss, bei uns zählen Eigenschaften, die einen im täglichen Kampf um Anerkennung weiterbringen: Kaltschnäuzigkeit, Härte, Zuverlässigkeit, Fairness, Gefühlskälte. Das sind unsere Kriterien. All das brachte Najim mit. Mein Respekt vor ihm war immens, aber die Ehrfurcht bröckelte.

Schon bei Kleinigkeiten schlug er mittlerweile zu, und seine Deals mussten für ihn immer risikoreicher und lukrativer werden. Ihn hatte die Gaunergier gepackt. Und dann fing er auch noch an, in irgendwelchen Hinterzimmern um hohe Summen zu pokern, obwohl er davon nicht den leisesten Tau hatte. »Najim, das ist nicht dein Ding, mach mal lieber nicht!«, riet ich ihm. »Lass uns auf unsere Sachen konzentriert bleiben!« Er hörte nicht auf mich, er fühlte sich schlau genug für alles und jeden.

Mir wäre nie in den Sinn gekommen, dass unser brüderliches Verhältnis nur so lange Bestand haben würde, wie die Kohle stimmte.

»Der Rest ist für die Kaffeekasse, Herr Richter!«

Bei der Mafia gibt es Treffen mit den offiziellen Frauen, und es gibt Gelage mit anderen Mädels. Das hatten sich die Albaner auch abgeschaut. Heute war wieder ein seriöser Abend gewünscht, deswegen hatte ich Hannah mitgeschleppt. In einem schicken Restaurant feierten wir uns wie immer selbst, sechs Paare saßen am Tisch. Das Credo in dieser Konstellation lautete, niemals über das Geschäft zu reden: Über dreckige Dinge wurde in dreckigen Spelunken wie dem *Café* gesprochen, über schöne Dinge in schönen Etablissements. Generell unterhielten wir uns aber sowieso nie über unsere Deals, wenn Frauen dabei waren. Und schon gar nicht, wenn es die eigenen waren. Wir palaverten über neue Autos, anstehende Urlaube sowie Geldanlagen im Speziellen und Politik im Allgemeinen – alles Themen, bei denen ich etwas zu sagen hatte und den Small Talk vorantrieb, auch das mochten sie an mir. Wobei es beim Thema Politik schon reichte, sich über den Staat und dessen Repräsentanten generell lustig zu machen. Inhaltlich war ich dann auf jeden Fall auf der sicheren

Seite. Nur ganz selten wurde wie heute danach gefragt, ob eine Racheaktion erlaubt war oder nicht. Die Damen waren sich gerade die Nase pudern gegangen.

»Ich glaube, Orhan bescheißt mich«, sagte Najim unaufgeregt in die Runde und wartete auf die Reaktion. Orhan war ein Läufer von ihm.

»Dann musst du das unterbinden«, antwortete der betagte Albaner, den ich von meinem ersten Auftrag aus dem *Café* kannte. »Hast du jemanden, der das regelt?«

»Ja.« Das hieß für Orhans Gesundheit in den kommenden Tagen nichts Gutes. Das Tischgespräch nahm wieder Fahrt auf, als mich der Albaner, der rechts von mir saß, ansprach.

»Weißt du eigentlich, wofür ich dir schon länger danken wollte?«, fragte er.

»Dass ich auf Albanisch fluchen kann?«

»Im Ernst!«

»Wie könnte ich?«

»Erinnerst du dich noch an diese eine Sache vor ein paar Jahren, als du dir die Kugel eingefangen hast?«

»Klar, tat ja auch schweineweh. Aber woher weißt du das denn?«

»Du hast sie eingefangen, obwohl die für meinen Bruder bestimmt war.«

»Ach, wusste ich gar nicht. Prost!«

Es handelte sich um einen Vorfall, der Jahre zurücklag. Damals hatte ich mit der Organisation noch nichts zu tun gehabt, und auch mit Najim bandelte ich gerade erst an. Ich war mit ein paar Kumpels durch den Kiez gegangen und hatte auf der anderen Straßenseite zwei Kerle gesehen, die sich anschrien und dabei immer energischer über die Straße schubsten. Ich kannte beide nicht, trotzdem ging ich rüber – auf diese Ideen kommt man, wenn man sich wie ich damals schon als König vom Kiez fühlt.

Ich wollte gerade fragen, was denn los sei, als einer der beiden ein Messer aus seiner Hose zog. Er ging auf seinen Kontrahenten los, vor dem ich mich aufbaute. Ich redete auf den Angreifer ein, doch er hörte mir nicht zu. Immer weiter versuchte ich ihn verbal zu bearbeiten. Deswegen bekam ich auch nicht mit, dass der andere Typ in meinem Rücken eine Wumme zog und in seiner Panik einfach abdrückte. Die Kugel war natürlich nicht für mich bestimmt, sondern für den Albaner. Getroffen hat sie aber mich, als ich mich gerade umdrehte. Seitlich ins Knie. Zum Glück zerschlug sie nicht meine Kniescheibe. Die Narbe an meinem rechten Bein erinnert mich bis heute jeden Morgen beim Duschen an diese Geschichte. Kein schönes Gefühl, einen Schuss abzubekommen.

»Du hast einen gut bei mir«, sagte der Albaner und prostete mir zu. Es war der erste Gefallen, den ich nicht mehr einlösen konnte.

Hannah kam mit den Frauen zurück und zog eine Flappe, als ob ihr gerade Platzverbot für jede Shoppingmeile Deutschlands erteilt worden wäre. Dieses Gesicht trug sie schon den ganzen Abend mit sich rum. Nur wenn ich sie sehr ernst anschaute, riss sie sich am Riemen und lächelte gequält. Einen Funken Respekt hatte sie noch vor mir. Dabei wusste ich nicht, ob es Respekt oder Furcht war, da ich in letzter Zeit des Öfteren mal laut geworden war. Gefallen daran, heute meine willfährige und gut gelaunte Vorzeigefrau spielen zu müssen, hatte sie schon mal gar nicht.

Als sie sich neben mich setzte, begrüßte ich sie mit einem eisigen Blick. Sie nahm einen großen Schluck Rotwein. Der Abend plätscherte dahin, ich lachte und feixte, streute hie und da einen Spruch in das allgemeine Palaver ein – und aus den Augenwinkeln beobachtete ich unaufhörlich Hannah, da ich Sorge trug, dass sie jeden Moment ausrasten könnte. Aufspringen, rumschreien, wortlos das Restaurant verlassen – irgendetwas in diese Richtung, so befürchtete ich. Das galt es um jeden Preis zu verhindern, wenn ich hier am Tisch nicht mein Gesicht verlieren wollte. Würde ein derartiger weiblicher Ungehorsam offenbar werden, müsste ich es ihr sichtbar heimzahlen, um meinen Status zu retten. Noch hatte ich Hannah nicht geschlagen.

Hannah musste mitkommen, weil ein Mann in der Organisation gefälligst eine feste Frau zu haben hatte. Dabei gehörte es zum guten Ton, seine Holde zu betrügen. Tat man das nicht, war man kein richtiger Mann. Mehr noch: Wenn ich Hannah treu gewesen wäre und die ganzen Prostituierten auf den anderen Partys abgelehnt hätte, wären allesamt stutzig geworden. Fremdgehen ist bei den Albanern Ausdruck von Männlichkeit. Betrügst du deine Frau nicht, betrügst du auch nicht den Staat. Lebst du monogam, bist du eine Schwuchtel. Und Schwuchteln mögen sie gar nicht, Schwuchteln könne man nicht vertrauen, sagten sie immer.

Auf dem Weg nach Hause sprachen wir kein Wort miteinander. Eiszeit. Hannah hatte sich beherrschen können und weiterhin stumm Rotwein in sich hineingeschüttet. Wir wussten, dass es mit uns aus war.

Am kommenden Morgen war ich erst kurz in der Firma, am Nachmittag zog ich mit Najim mal wieder eine Town-Runde. Auf unseren Fahrten quer durch die Stadt – meistens zum Zeitvertreib, oft auch geschäftlich – trafen wir immer wieder Bekannte, die Hilfe brauchten oder Koks, uns ein paar Sachen verkaufen oder nur ein kleines Pläuschchen halten wollten. Es war mehr Hobby als Arbeit. Denn noch hatte ich genug Kunden.

Mittlerweile verhökerten wir auch Waffen und anderes Zeug, das man legal ohne entsprechenden Nachweis nicht im Laden erwerben konnte. Über die Albaner kamen wir an alles ran. Abends zog ich ein paar kleine weiße Bahnen und trank Whiskey, ich machte mich ein bisschen locker, weil ich am kommenden Morgen einen Termin bei Gericht hatte. Es ging um den Vermieter meines Koks-Bunkers, den ich vor einiger Zeit bedroht hatte, weil er mir auf die Nerven ging. Mein betrunkener Bunkerbewohner hatte vergessen, die Miete zu bezahlen, die ich ihm am Ende des Monats jeweils bar in die

Hand drückte. Höchstwahrscheinlich hatte er die Kohle versoffen. Nach dem zweiten Monat ohne Geld kam der Vermieter vorbei und hatte Pech, dass auch ich gerade vor Ort war. Eh schon gestresst vom Tag, nahm ich ihn mir zur Brust und machte ihm mit sehr ernster Mimik klar, dass ich, wenn er noch einmal unangekündigt vorbeikomme, demnächst seine Kleine aus dem Kindergarten abholte. »Und das willst du ganz sicher nicht, glaub mir!« Ich war von einer auf die andere Sekunde auf höchster Betriebstemperatur, obwohl ich natürlich wusste, dass der Vermieter allen Grund hatte, sauer auf meinen Strohmann zu sein. Den nahm ich mir danach vor, als wir wieder unter uns waren. Die Folge der Drohung war eine Anzeige.

Um neun Uhr musste ich vor Gericht erscheinen, viel zu spät war ich am Vorabend ins Bett gekommen. Eine bestialisch frühe Zeit. Ich hatte miese Laune und frühstückte zwei Lines, ehe ich losfuhr. Dass mir vor Gericht nichts Gravierendes passieren würde, hatte ich bereits geregelt. Ein mögliches Bußgeld war mir wurscht.

Am Ende der Verhandlung bekam ich, wie erwartet, ein Strafgeld aufgebrummt, 200 Euro. Vollgekokst, wie ich war, sagte ich dem Richter noch schnell, was ich von seinem Urteil hielt – nachdem ich im Verhandlungssaal nach der Verkündigung laut aufgelacht hatte: »Für diesen Scheiß muss ich um neun Uhr morgens bei euch antanzen? Das ist doch wohl ein schlechter Scherz! Normalerweise schlafe ich bis zwölf?!«

Mein Anwalt zog mich angestrengt am Ärmel. Er wollte mich beruhigen, als er merkte, dass ich dabei war, mich in diesem Moment mit weit aufgerissenen Augen weiter in Rage zu reden. Ich lachte ein weiteres Mal laut auf, ging nach vorne zum Richter, zog meine goldene Geldscheinklammer aus der Tasche, in der rund 3000 Euro steckten, nestelte drei Scheine aus der Mitte – und knallte die Hunderter auf die Richterbank, obwohl man im Gerichtssaal bestimmt gar nicht bezahlen durfte.

»Stimmt so, der Rest ist für die Kaffeekasse.«

Es war klar, dass auch dieses Verfahren wieder gut für mich ausgehen würde, denn mein Vermieter hatte ein paar Tage zuvor Besuch von ein paar Albanern erhalten. Was sie genau mit ihm angestellt hatten, wusste ich nicht einmal, ich wusste nur, dass es ausreichen würde, um den Mann am Tag der Verhandlung sehr vergesslich zu machen: Er konnte sich vor dem Richter an unser Gespräch dann auch tatsächlich nicht mehr so gut erinnern, an die konkreten Worte schon mal gar nicht, und überhaupt war er jetzt nicht mehr so sicher, ob die Anzeige wirklich nötig gewesen war. Natürlich durchschaute der Richter die Sache – nur nützte ihm das nichts. Gebührend bestrafen konnte er mich jedenfalls nicht.

»Das nächste Mal nicht so früh, das wäre nett«, sagte ich zum Abschied.

Es war die Hochphase meiner Spinner-Zeit. Wenn ich merkte, dass Beamte mich beschatteten, winkte ich freundlich zu ihnen rüber. Am Telefon, wenn ich mit einem Zwischenhändler sprach, grüßte ich zuallererst die Bullen freundlich durch den Hörer, da ich davon ausgehen konnte, dass sie mithörten.

Der Koks-Supermann fühlte sich unantastbar.

Dabei warteten die Bullen zu diesem Zeitpunkt bereits nur auf den perfekten Moment, um mich endlich einzukassieren. Ihr Problem war wohl, dass sie nicht wussten, wann ich wieder einen fetten Deal plante. Für ein paar Gramm wollten sie mich nicht einbuchten.

Meine Überheblichkeit bemerkten auch die Albaner, was die überhaupt nicht gut fanden. Übermut hat in unserem Gewerbe früher oder später seinen Preis – und ich war nun einmal eine ihrer Cash-Cows, die sie gerne auch weiterhin melken wollten. Sie rieten mir, ein paar Tage unterzutauchen, mit meiner Frau in den Urlaub zu fahren, irgendetwas. Ich habe das erste Mal nicht auf sie gehört, gelobte aber Besserung. Dabei hatte ich kurz zuvor noch mit eigenen Augen mitbekommen, wie schnell im Clan die Stimmung kippen konnte;

hier wanderten Freunde innerhalb weniger Tage auf die Abschussliste.

Den Kerl, um den es ging, kannte ich nicht, wusste aber, dass er bei den Albanern immer gerne gesehen war. Er machte für sie wohl auch in Koks. An jenem Abend kam er in eine Bar, wo wir uns schon seit einiger Zeit betranken. Er sah fahrig aus und konnte sich nicht entscheiden, was er trinken wollte. »Zu lange überlegt, wir bestellen« – und schon stand eine Flasche Moët & Chandon für 300 Euro vor seiner Nase. Dann passierte nichts weiter, ein paar der Albaner nahmen ihn mit in eine stillere Ecke, und ich schaute ab und an rüber. Sah nach einem ganz normalen Gespräch aus, es wurde sogar gelacht. Nach zwei Stunden ging er und wirkte sehr viel entspannter als zuvor. Zwei Wochen später las ich die Meldung in der Zeitung, dass ein Mann mit mehreren Stichen ins Herz getötet worden war. Es handelte sich just um jenen Typen aus der Bar, und mir schwante, wer dafür verantwortlich sein könnte. Beweisen kann man so etwas natürlich nie, niemand konnte das, zuallerletzt die Polizei. Stand er schon an dem Champagner-Abend auf der Liste? Konnte das möglich sein? Hatten sie ihn vielleicht nur einbestellt, damit er keinen Verdacht schöpfte?

Ich hörte mich um. Messerstiche ins Herz, Hammer auf den Kopf, merkwürdige Unfälle im Haushalt und ein Fußgänger, der von einem vorbeirasenden Auto erfasst wurde – die Gerüchte rund um die möglichen Opfer der Albaner waren nicht gerade erbaulich. Bei der Nummer mit dem Auto sollen sie sogar noch selbst die Bullen gerufen und behauptet haben, dass ein verwirrter Mensch ihnen gerade vor den neuen Wagen gelaufen sei. Was sie tun und behaupten können, wissen die Albaner zu jeder Zeit. Deren Anwälte sind verdammt gut. Vielleicht waren all diese Geschichten aber auch nichts weiter als Gaunergewäsch. Zumindest hoffte ich das.

Flaute in der Kasse

Zwei Jahre war ich jetzt im Clan, und die Abend-Einladungen wurden seltener. Erstmals unter der Führung der Albaner begannen meine Abschlüsse schlechter zu werden, Deals gingen in die Wicken. Das kannte ich zwar schon aus früheren Zeiten, wenn beispielsweise viele meiner Läufer in den Bau wanderten oder Koks mal nicht so angesagt war, diesmal gab es aber noch andere Gründe, die ich nicht beeinflussen konnte. Immer mehr Dealer kamen in die Stadt, und fürs deutschlandweite Geschäft war nicht mehr nur Hamburg eine der am besten funktionierenden Kokain-Schleusen, sondern immer mehr wurde auch über die Niederlande geliefert. Die Konkurrenz beschaffte sich die Ware vermehrt aus dem Nachbarland, sodass immer mehr Koks den Markt flutete. Dafür setzten die neuen Dealer abgehalfterte Süchtige in einen günstigen Gebrauchtwagen und schickten sie über die Grenze. Wurden sie geschnappt, konnten sie noch nicht einmal sagen, wer die Auftraggeber waren. Versuchten sie mit der Kohle oder dem Koks abzuhauen, bereuten sie es. Der Hamburger Koks-Markt fing erneut an, sich zu verändern.

Neue Quellen, neue Player, neue Methoden.

Zwar gelangte immer noch genügend Geld in meine Kasse, aber die Einnahmen sprudelten bei Weitem nicht mehr wie früher. Also wurde auch meine Abgabe an Najim und an die anderen Albaner geringer.

Als die Flaute schon fast vier Wochen andauerte, hätte ich, um weiterhin ähnlich gut zu verdienen, wieder eine Stufe auf der kriminellen Karriereleiter runtersteigen und mühselig Gramm um Gramm verticken müssen: also selber wieder Leute anquatschen, selber wieder kleine Tütchen bei sich führen, selber wieder zig Treffen verabreden, damit sich die ganze Scheiße auch lohnte. Das aber lag kilometerweit außerhalb meines Selbstverständnisses. Zudem scheute ich den größeren Aufwand und das größere Risiko, weil ich dann wieder jeden Tag an zehn, zwölf Leute das Koks hätte verteilen müssen und nicht nur an drei oder vier wie zuletzt. Ich hatte mich mit der Konjunkturschwankung abgefunden, wollte abwarten und ein bisschon was beiseitelegen, in Immobilien investieren, renovieren, sanieren und weiterverkaufen.

Das aber wollten die Albaner nicht.

Sie fingen an zu spekulieren, ob ich sie bescheiße.

Das war die größte anzunehmende Katastrophe.

An einem Mittwochmittag kamen sie bei mir zu Hause vorbei, zwei Leute, die ich zuvor noch nie gesehen hatte, wohl Korrespondenten der Chefs: »Stefan, hast du uns etwas zu sagen?«

»Nein. Sollte ich?«

»Wir haben den Eindruck, dass du uns Anteile unterschlägst oder sonst wie bescheißt.«

Ich war am Arsch und antwortete erst einmal gar nichts. Der freundliche Tonfall der Frage machte mir am meisten Sorge. Nach viel zu langen Sekunden antwortete ich: »Niemals! Wie kommt ihr auf so eine Scheiße?«

»Ganz einfach: Deine Kohle wird immer weniger! Seit Wochen. Was ist los?«

Die Erklärung fiel mir schwer. Es interessierte sie auch nicht die Bohne. Die Begründungen, die ich anführte, hatten sie bestimmt schon etliche Male gehört. Dabei wäre mir nie in den Sinn gekommen, sie zu betrügen.

»Stefan, wir geben dir noch ein bisschen Zeit. Aber wenn du nicht zusiehst, dass mehr Kohle reinkommt, müssen wir davon ausgehen, dass du uns hintergehst. Und das wollen wir alle nicht.«

Ich erwiderte nichts.

»Haben wir uns verstanden?!«

Jetzt merkte ich am eigenen Leib, welche Wirkung es hat, wenn jemand in der Vergangenheit ausreichend Exempel statuierte. Unkonkrete Drohungen hallen länger nach. Das erste

Mal in meinem Leben kroch ich einem anderen Menschen in den Hintern.

»Jungs, ich würde euch nie bescheißen! Wir sind doch eine Familie!« Es hatte fast einen flehenden Ton.

Sie gingen wortlos. Mir war klar, dass sie keine Beweise und kein Gericht brauchten – ihr Gefühl reichte aus, das Urteil über mich zu fällen.

Panik.

Was tun?

Wo ist das Couvert mit dem Koks?

Es war mein Glück, dass just in dieser Zeit die Bullen bereits den Termin fixierten, Najim und mich dingfest zu machen. Sie hatten mittlerweile zweihundertelf Anklagepunkte gesammelt. Das sollte wohl reichen, meinten sie.

FRÜHMORGENS VOR SAINT-TROPEZ

»War's das letztendlich alles wert?«
Blow

Angst vorm Tod habe ich nicht, aber Angst vor dem Sterben schon. Wenig Lust habe ich dazu, mich stundenlang vor Schmerzen zu krümmen, von einem Kesselflicker vom Roten Kreuz gefunden zu werden, der mich wieder zusammenklebt, um mich dann im Krankenhaus noch ein, zwei Tage leiden zu lassen, bevor ich abgehe.

Die Aussichten auf einen derartigen Tod standen aktuell nicht schlecht für mich, jetzt, da die Aktien des *German* nicht mehr allzu hoch im albanischen Kurs standen. Dieses Gefühl sickerte in die Risse meines Selbstbewusstseins. Doch das durfte ich zuallerletzt zulassen. Ein unsicherer Kokain-Dealer ist ganz schnell ein toter Kokain-Dealer.

Also sagte ich mit der Leichtigkeit eines Heliumballons zu, als mich Najim fragte, ob ich nicht mitkommen wolle: ein nettes Wochenende in Saint-Tropez in kleiner Runde.

»Mal wieder ein bisschen den Kopf freipusten!«

Dass mich die Albaner besucht hatten, besprach ich mit Najim nicht.

»Klar«, sagte ich, obwohl mir wenig nach Urlaub zumute war.

Aber wie bei unserem Kolumbien-Trip fand ich die Chance auf ein paar unbeschwerte Tage fernab von Hamburg nicht allzu abstoßend. Manchmal muss man die Dinge einfach passieren lassen. Dabei hätte ich anderes zu regeln gehabt, denn egal, wen ich anzapfte, die Deals wurden einfach nicht besser. Und das war nicht mein einziges Problem.

Hannah war vor wenigen Tagen ausgezogen und hatte Jason mitgenommen. Mittlerweile war sie zumindest eine passablere Mutter geworden und kümmerte sich nun besser um unseren Kleinen. Sie hatte sich eine Wohnung nicht allzu weit von unserer alten genommen. Dass Hannah weg war, hatte ich nicht sofort mitbekommen, da ich ständig unterwegs war – oder hoch oben im Kokain-Orbit schwebte. Als ich eines frühen Morgens zu Hause landete, war das Bett leer.

Jason war auch weg.

Einmal pro Woche dürfe ich ihn sehen, sagte sie. Öfter nicht. Sie wollte mich provozieren.

»Warum?«

»Du tust dem Jungen nicht gut!« Sie wollte mir beweisen, dass auch sie in der Lage wäre, mir Dinge vorzuschreiben. Natürlich würde ich mich an diese Vorgabe nicht halten. Ich hatte Sehnsucht nach dem Kleinen, und heute wollte ich mit meinem Lütten zum Baden gehen. Ich rief sie an.

»In zehn Minuten bin ich da. Mach ihn fertig.«

»Nein.«

»Wie, nein?«

»Ich will nicht, dass du ihn heute siehst. Er hat Schnupfen, und es ist besser, wenn er bei mir bleibt. Da ich dich nicht in meiner Wohnung haben will, klappt das heute nicht.«

»Hannah, das ist hier kein Spaß. Ich komme jetzt und werde Jason abholen! Verstanden? Dann gehe ich eben nicht mit ihm schwimmen, sondern wir hängen ein bisschen bei mir rum.«

»Nein!«

»Hannah! Ich komme jetzt zu dir, dann klingle ich, und dann hast du genau zwei Minuten Zeit, um den Kleinen zu mir ins Auto zu bringen. Ansonsten fliegt die Tür aus den Angeln. Hast du das verstanden?!«

Sie legte auf. Jason wartete schon auf mich, als ich mich vorfahren ließ. Er hatte keine Erkältung.

Eine Woche später das gleiche Spiel. Sie wollte wieder nicht, dass ich Jason sah. Ich war auf dem Weg, Micha fuhr zufällig mit. Diesmal rief ich vorher nicht an. Als ich schellte, fing plötzlich ein Hund an zu bellen. Ich stieß die Wohnungstür auf, die Hannah einen Spaltbreit geöffnet hatte, damit ich jetzt auch sehen konnte, dass sie sich einen Köter gekauft hatte. Wäre ich nicht so wütend gewesen, hätte ich mich über ihre Idee, mich mit dieser kleinen Töle abschrecken zu können, herzhaft amüsiert. Micha nahm das Tier beiseite, ich schubste Hannah ins Wohnzimmer. Kurz schaute ich sie an. Dann schlug ich ihr mit der flachen Hand ins Gesicht.

»Du willst, dass ein Köter mich beißt? Du willst mir meinen Sohn vorenthalten? Du Nutte!«

Jason war im benachbarten Zimmer, sodass er zumindest nicht sehen musste, dass ich seiner Mutter eine Backpfeife verabreicht hatte. Wäre er da gewesen, wäre ich niemals so ausgetickt. *Ich habe meinem gefallenen Engel eine Schelle verpasst!*

Welcome to Saint-Tropez

28 Grad, blauer Himmel, leichter Wellengang, und die Farbe unserer Yacht konkurrierte mit der einzigen Wolke am Himmel darum, wer weißer war. Die Sonne wärmte schon seit zwei Stunden meinen Bauch, meine Hilfiger-Badehose war am Bündchen schweißnass. Auf dem Deck unseres Bootes ließ ich mir einen Champagner nach dem anderen servieren. Wenn ich heute Musikvideos im Fernsehen sehe – blaues Meer, Party auf einem Boot, alle schmeißen die Arme in die Luft und sind ordentlich angetüdelt –, dann denke ich an diesen Tag zurück.

Vor ein paar Stunden erst war ich mit Najim gelandet, alles war bereitet. Ein paar albanische Kumpels meines Kompagnons (natürlich Koks-Dealer) organisierten unsere Lustreise, sie spannten hier öfter aus. Ich musste mich nur noch darauf konzentrieren, mich ausgiebig zu amüsieren. Es war

Freitagnachmittag, ein langes Wochenende Unbeschwertheit lag vor uns. Das leichte Schwanken des Schiffs fand ich bislang angenehm, jetzt wollte ich aber lieber mal kurz mit dem Trinken aussetzen.

»Gib mir mal 'ne Zigarre«, wies ich einen an Deck an, der uns bediente.

Ich gaffte zur gut bevölkerten Promenade, auf die ich vom Wasser aus einen superben Blick hatte. Die Leute – und vor allem die Mädels – stierten von drüben zurück. Es war einiges los in dem exklusiven Hafenstädtchen an der Côte d'Azur. Irgendein Ball, ein Film-Festival oder ein anderer Promi-Quatsch fand gerade statt, die Dichte an neugierigen Touristen, fotogeilen Paparazzi und aufgeregten Kamerateams waren unübersehbares Indiz dafür. Ich störte mich nicht weiter daran, wärmte mich lieber an der Sonne und den neidischen Blicken, die vom Land zu uns herüberwehten.

In Saint-Tropez war ich zum ersten Mal. Immer dort, wo der Jetset unterwegs war, zog es auch uns hin. Derartige Wochenendausflüge waren in den vergangenen fünf, sechs Monaten aber weniger geworden. Davor besuchten wir gerne die Hotspots Europas, über die es im Fernsehen hieß, dass dort die Reichen und Berühmten zugegen seien. Besonders gefiel mir Monaco; vor allem, weil man dort gute Kontakte schließen konnte. Kosten spielten für uns keine Rolle – ganz im Gegenteil. Je protziger unser Auftritt, desto besser.

Für unsere Yacht in Saint-Tropez bezahlten wir pro Tag ein bisschen mehr als 5000 Euro. Gefahren sind wir mit dem Kahn nicht eine Seemeile, wir lagen nur im Hafen vor Anker. Alles andere, das wir für ein orgiastisches Wochenende benötigten, ließen wir uns an Bord bringen. Die Frauen waren für später bestellt.

Najim hatte seinen 50-jährigen Onkel mitgenommen (weil er ihm etwas Gutes tun wollte) und den schmierigen Typen aus seinem Bunker (weil wir einen Lakaien brauchten). Wir aßen Steaks, soffen Champagner und begrüßten die Frauen, die gegen 21 Uhr an Bord kamen. Das Koks hatten unsere Organisatoren auf der Yacht hinterlassen. Najims Onkel und unser Diener waren ins Hotel gegangen. Wir wollten nicht gestört werden, als die ersten Röcke fielen.

Am nächsten Morgen waren die Frauen längst weg, als ich mich fragte: *Was mache ich hier eigentlich?* Ich hätte zu Hause dafür sorgen sollen, dass mich die Albaner wieder liebten. Ich hätte mich um die Geschäfte kümmern müssen. Oder ich hätte vielleicht auch darüber nachdenken können, mit dieser ganzen Scheiße aufzuhören und unterzutauchen. Nur, wohin sollte ich? Mir ein Erdloch buddeln und hoffen, dass mich keiner finden wird, weder die Bullen noch die Albaner noch all die Menschen, die mich hassten? Sie würden mich finden, egal, wo. Und womit sollte ich überhaupt zukünftig meine Brötchen verdienen? So viel Kohle hatte ich aktuell nicht mehr parat, dass es für den Rest meines Lebens reichen würde. Und das Einzige, was ich beruflich gelernt habe, ist eben, mit Kokain zu dealen. Nur ein bisschen dealen geht nicht – entweder volles Risiko, oder du bist schon vorher der Verlierer. Flucht war keine Lösung. Ich kokste und vögelte also lieber auf einer Yacht vor Saint-Tropez, denn ich war felsenfest davon überzeugt, alles wieder richten zu können.

Was sollte mir schon passieren?

Najim war zuletzt viel mehr mein Kompagnon gewesen als mein Freund. Ich merkte, dass ihm der Clan wichtiger war als der Typ, der für ihn damals im Knast gewesen war. Er hatte mir sogar vor einigen Wochen vorgeworfen, dass es meine Schuld sei, dass es auch bei ihm nicht mehr laufe. Diese Anschuldigung war völliger Quatsch. Najim wollte wohl nur sehen, wie souverän – oder eben auch nicht – ich auf diese Anschuldigung reagierte.

Auch bei ihm platzten jetzt Deals. Unsere Firma lag brach, wir kümmerten uns nicht mehr um unsere Schuldner. Najim scherte sich noch weniger um alles als ich, er ging allenfalls noch in Spielhallen und steckte Geldstücke in die Schlitze wie ein Geisteskranker. Weil er Albaner ist, war er der Meinung, dass ich den Großteil der Arbeit zu erledigen habe. Er war in einer guten Position: Wir wussten beide, dass Najim immer den Rückhalt des Clans genießen würde.

Und trotzdem waren wir gemeinsam auf dieser Yacht, weil wir ein Bündnis eingegangen waren; es gehörte zum Business zu zeigen, dass es uns nach wie vor prächtig ging. Für Partner, die Kriminalität organisieren, ist es gerade in Krisenzeiten notwendig, Geschlossenheit zu demonstrieren. Dabei wären wir uns manchmal am liebsten an die Gurgel gesprungen.

Es war nach neun Uhr morgens. Ich war schon länger wach, konnte nicht mehr schlafen. Gerade blätterte ich die Seite einer Zeitschrift um. Dann hörte ich das Trapsen schneller Schritte. Das Nächste, an das ich mich erinnern kann, waren Schmerzen. Starke Schmerzen. Bekannte Schmerzen. Ich hatte wieder das Knie eines Bullen im Genick. Mir kam es so vor, als ob der Beamte des Mobilen Einsatzkommandos, der über mir lehnte, sich ganz besonders Mühe gab, mir wehzutun. Auf dem Boden vor mir sah ich gefühlt Hunderte von Polizisten-Schuhen, es waren wohl eher vierzig. Französische und deutsche Beamte waren da, wie ich an den Stimmen erkannte. Unten im Bauch des Bootes hörte ich Najim schreien. Er stieß ein paar wilde Flüche auf Albanisch aus.

Die schwerbewaffneten Bullen standen von einer auf die andere Sekunde vor uns. Ich hatte noch nicht einmal die Gelegenheit, mich zu wehren, als sie über mich kamen.

Wir wurden abgeführt. Mitten durch die Massen auf der gut gefüllten Promenade ging es zu einem Polizeibus. Die Traube der Schaulustigen öffnete sich, je näher wir kamen. Ich spuckte die Gaffer an, fluchte. Fernsehkameras schwenkten mit, als wir an ihnen vorbeigingen. Wie es dazu kam, dass selbst die Medien von unserer Verhaftung wussten, kann ich mir bis heute nicht erklären. Meine Mutter sah wenig später meine Verhaftung am Bildschirm.

»Sag kein Wort, sag kein Wort!«, war das Einzige, was Najim mir auf dem Weg zubrüllte.

»Halt deine Fresse!«, schrie ich zurück. *Was denkt der von mir?* Natürlich würde ich nichts sagen.

Im Auto waren wir in einer Art Zwinger eingesperrt. Auf der Wache ging es in den Keller, wo uns vor allem gewerbliches Handeltreiben mit Kokain vorgeworfen wurde und alles andere, für das wir in der Vergangenheit zuständig gewesen waren: Bedrohung, Erpressung, schwere Körperverletzung und so weiter und so fort. Ich sagte dazu nichts. Am nächsten Morgen ging es zurück nach Hause.

Mehrere Sicherheitsbeamte begleiteten mich auf dem Flug, ich fragte, wo es hingehe, was los sei – doch die Typen würdigten mich nicht eines Wortes. Diese Pisser hatten es tatsächlich gewagt, meinen Urlaub zu unterbrechen.

In Deutschland ging es in Untersuchungshaft. Gedanken machte ich mir kaum. Worüber auch? Ich konnte nicht einordnen, was mich erwarten würde. Ich wusste nicht, ob die Staatsanwaltschaft mir Dinge zur Last legen konnte, für die sie ausreichend Beweise gesammelt hatte. Ich wusste nicht, ob es Zeugen geben würde. Ich war erstaunlich gelassen. Alles würde sich bestimmt in Wohlgefallen auflösen. So wie immer. Zwischenzeitlich war schon zu viel zwischen mir und der Polizei vorgefallen – und nie hatten sie mir wirklich etwas nachweisen können. Warum also diesmal? Mein Traumleben konnte jetzt einfach noch nicht vorbei sein.

Bis zu dem Tag an der Côte d'Azur dachte ich, dass alle Bullen bescheuert sind. Heute weiß ich: Die wollen, dass Menschen wie ich denken, dass sie bescheuert sind. Darauf haben sie hingewirkt – um mich zu selbstverliebt, zu selbstsicher, zu überheblich werden zu lassen. Und in der Zwischenzeit sammelten sie Aktenordner voller Beweise, einen nach dem anderen.

Zurück im deutschen Knast

Das erste Telefonat, das ich führte, war mit meinem Anwalt. Er ging mit mir unsere Taktik für die kommenden Verhöre durch. »Alles wird gut!«, sagte er. »Wir sagen nichts.« So wie immer.

»Ich weiß«, antwortete ich. Insgeheim fragte ich mich aber langsam doch, ob nicht etwas mehr hinter meiner Inhaftierung stecken könnte. So aufwändig war ich jedenfalls noch nie zuvor eingebuchtet worden.

Am darauffolgenden Tag zerstob meine anfängliche Siegesgewissheit. Ich müsste wohl Glück haben, einer erneuten Haftstrafe zu entgehen. Das sah ich zuallererst am sorgenvollen Gesicht meines Anwalts, einem Meister seines Fachs, als er meinen Raum betrat. »Sie haben mehr in der Hand, als ich gedacht hatte.« Knast. Schon wieder.

Ich war natürlich nicht scharf drauf, wieder einzuwandern – aber es wäre auch nicht das Ende. Sonderlich bekümmert hat mich die Aussicht auf Knast jedenfalls nicht. Wenn man genau weiß, dass deine Leute sich draußen um alles kümmern und man nach dem Absitzen sofort wieder der Alte werden würde – dann juckten mich ein paar Jahre kaum. Und so würde es kommen, eine starke Mafia stand schließlich hinter mir. Würde mich der Richter diesmal für längere Zeit einbuchten, würde ich ihm den Mittelfinger zeigen und sagen: »Mach dir mal keinen Kopp um mich, dann gehe ich jetzt ein bisschen Urlaub machen. Du wirst nie so viel Geld zusammensparen können, wie ich haben werde, wenn ich wieder draußen bin.« Selbst bei der Verurteilung hätte ich mich überlegen gefühlt.

Felsenfest glaubte ich weiterhin an unseren Ehrenkodex, der stärker ist als jedes Strafgesetz. Eine kriminelle Familie, für die du jahrelang gut gearbeitet hast, lässt dich nicht im Stich! Das kannte ich aus erster Hand. Auch während der vierzehn Jahre, die mein Vater im Knast brummte, haben sich immer Leute um uns gekümmert. Als mein alter Herr wieder da war, empfing er jedes Mal als Willkommensgruß einen dicken Umschlag, damit er wieder auf die Beine kam. Es ist der Schweigebonus, der jedem zusteht, der sich an unsere Gesetze hält. Der erste Paragraph lautet. Sag den Bullen nichts! Der zweite: Schütze deine Kollegen!

Morgen wollten sie mich verhören, heute war Najim an der Reihe. Am Nachmittag plötzlich wollte mein Anwalt mich noch einmal sehen. Sehr blass kam er bei mir an, diesmal mit noch weniger Farbe im Gesicht als beim letzten Mal.

»Er hat gestanden. Und er hat alles auf dich geschoben.«

»Bitte, was?!«

»Najim hat gegen dich ausgesagt. Ich habe gerade die Akte eingesehen.«

»Was ist?«

»Najim schiebt dir die Verantwortung zu. Für alles. Du musst jetzt auch aussagen! Sag jetzt alles, denn sonst musst du gleich für zwei einsitzen.«

Schockstarre. Alles um mich herum passierte jetzt sehr schnell, ich selber war wie gelähmt. Mein Anwalt stand vor mir und bewegte seine Lippen, er sprach auf mich ein, aber meine Gedanken folgten seinen Sätzen nicht: *Najim hat gesungen! Er hat mich angeschwärzt! Er hat alles auf mich geschoben! »Ich war Stefans Handlanger«, soll er gesagt haben!*

»Stefan, hörst du mich?«, fragte mein Anwalt sehr laut. »Du wirst jetzt auf keinen Fall aus dieser Geschichte rauskommen, aber wenn du jetzt alles gestehst – und ich meine damit: alles! –, dann bist du nicht mehr der alleinige Schuldige. Du musst mit denen sprechen! Sonst wanderst du ein, das können locker ein paar Jahre werden!«

Ich musste mich setzen. Wie konnte das passieren? Najim hatte dem Druck nicht standgehalten. Sechs Jahre hatte uns die Polizei observiert. Sechs lange Jahre. Ihre Ergebnisse hatten sie Najim unter die Nase gehalten, Telefonüberwachungen, Fotos, Zeugenaussagen. Er bekam wohl Schiss.

Nach einer sehr kurzen Nacht voller Fragen, die ich mir nicht beantworten konnte, betrat ich in Begleitung zweier Beamter ein Zimmer des Kriminalkommissariats. Die Tür ging nach links auf, als Erstes bemerkte ich ein Regal voller Laden für Aktenordner. Als Zweites sah ich den Stuhl vor dem Schreibtisch, auf dem ich Platz nehmen würde. Auf diesem Stuhl würde ich gleich sitzen und auspacken. Ein Lebensgeständnis. Es ging nicht anders, ich sah keinen anderen Ausweg mehr. Ich wollte all das richtigstellen, dessen Najim mich bezichtigte.

»Hallo«, polterte ich noch vor der Begrüßung durch die beiden Kripobeamten, die im Raum saßen, los, »ich sage heute aus.«

In diesem Moment brach ich die Omertà, das Schweigegelübde.

Wie ich mich dabei fühlte?

Wie ein Stück Dreck! Wie einer, dem die Kontrolle entgleitet.

Ob ich mich freute, es Najim derart heimzuzahlen?

Nein!

Ob mir nicht doch eine Last vom Herzen fiel?

Bestimmt nicht!

Jede einzelne Seite meines Geständnisses musste ich unterschreiben. Es fühlte sich so an, als unterschriebe ich gerade mein Todesurteil.

Ich bin ein 31er!

Der Paragraph 31 steht für »Strafmilderung oder Absehen von Strafe«, wenn man ein umfassendes Geständnis liefert. Ich kannte diesen Paragraphen gut. Der steht bei uns für einen schmierigen Verräter.

Ich bin ein schmieriger Verräter!

Dass ich tatsächlich aussagen würde, war auch für die Ermittler eine Überraschung. Es waren alte Bekannte, just jene Schnüffler, die mir und meinen Kollegen schon jahrelang hinterhergefahndet hatten. Sie kannten mich gut, und sie gingen bestimmt stark davon aus, dass ich ihnen in den kommenden Tagen irgendeinen Dreck erzähle würde, in der Hoffnung, ohne wirkliches Geständnis nach dem besagten Paragraphen verurteilt zu werden.

Schnell merkten sie, dass dem nicht so war. Peinlich genau fragten sie mich nach Treffen, Personen und Abläufen aus. Ich sagte alles, was ich wusste.

Das war manchmal aber nicht ausreichend.

»Herr Liebert, was genau haben Sie mit Ihrem Kompagnon besprochen, als Sie sich im Mai des vergangenen Jahres am Hafen verabredet haben?«

»Keine Ahnung! Das ist zu lange her. Wir haben uns wahrscheinlich über irgendein Ding unterhalten.« Ich wusste es wirklich nicht mehr.

»Vielleicht hilft Ihnen das auf die Sprünge.« Einer der Beamten spielte mir jetzt den Mitschnitt eines Telefonats vor. Es war ein Gespräch zwischen mir und Hannah, kurz bevor ich an jenem Tag auf Najim traf. In bester Qualität hörte ich mir zu, wie wir uns über die bewegte vergangene Nacht unterhielten. Ich konnte es nicht glauben, die Bullen wussten tatsächlich alles über mich – und das wollten sie mir mit dieser kleinen Präsentation wohl auch glaubhaft machen. Meine Erinnerungslücke jedenfalls schloss dieses kleine Hörspiel nicht, aber ihr Ziel hatten sie erreicht.

Ich dachte: *Okay, hier zu lügen hat überhaupt keinen Zweck, die wissen sogar, wie du Sex machst.*

Die Polizisten behandelten mich gut, schenkten mir Kaffee ein, gaben mir Zigaretten und sogar Essen von der Burgerbude aus. Sie waren sogar ausnehmend freundlich, was ich nur allzu logisch fand. Das war ich zu meinen Kunden schließlich auch, solange ich das bekam, was ich wollte. Und ich präsentierte mich als fairer Verlierer. Jahrelang hatten wir gegeneinander gekämpft, wir waren natürliche Feinde – und jetzt hatte ich verloren. Hätte ich denen jetzt immer noch den Mittelfinger gezeigt, dann wäre ich das dümmste Kind auf der Welt. Und das dümmste Kind auf der Welt war nun mal Najim.

»Übrigens«, unterbrach ich eine Frage zu unseren Koks-Bunkern, »das ist jetzt vielleicht ein bisschen komisch, aber ich möchte etwas klarstellen.«

»Das wäre?«

»In den Telefonaten mit meinem Cousin habe ich euch immer als Hurensöhne und so bezeichnet«, sagte ich, »wir wussten ja, dass ihr uns zuhört.«

»Und?«

»Dafür möchte ich um Entschuldigung bitten, das würde ich gerne zurücknehmen. Aber ich konnte ja nicht ahnen, dass wir irgendwann mal an einem Tisch sitzen würden.«

Dieser Punkt lag mir tatsächlich am Herzen. Darauf sagten die beiden Beamten irgendeinen Allgemeinplatz, aber ich merkte, dass sie damals wohl ernsthaft beleidigt waren. Nach ein paar Stunden Interview, das eine eifrige Tippse an einem Rechner protokollierte, durfte ich gehen, zurück auf meine Zelle. Am kommenden Tag sollte das Gespräch weitergehen.

»Wir wollen ehrlich sein«, sagte mir einer der Kripobeamten, als ich am kommenden Tag wieder in seinem Büro stand, »wir wollen jegliche Information aus dir herauspressen, das ist unser Hauptziel. Aber wir wollen nicht, dass dir etwas passiert!«

Ich sagte dazu nichts. Denn viel mehr als um mich machte ich mir vergangene Nacht auf meiner Pritsche Sorgen um andere: um Jason, meine Ex-Freundin *(Gehen die Albaner jetzt auf die beiden los? Wann sehe ich mein Kind wieder? Hasst er mich jetzt?)* und um meine Mutter *(Tut sie sich etwas an? Gibt sie sich die Schuld? Heult sie sich gerade wegen mir allein zu Hause die Seele aus dem Leib?)*. Mir gingen eine Million Sachen durch den Kopf. Und das Nachdenken machte es nicht besser, im Gegenteil: Ich wusste, dass die Albaner vor nichts zurückschreckten. Und ich meine, wirklich vor gar nichts. Bei Rockerclubs hast du noch einen Ehrenkodex, man geht nicht an die Frau, man geht nicht an die Familie, man geht nicht an die Kinder, in der Mafia gibt es so etwas nicht.

Dort sind alle Mittel recht – und damit meine ich, *alle* Mittel. Und wenn die die Hand deines Sohnes in den Schraubstock spannen – wenn das zum Ziel führt, wird es getan. Es ist nicht gut, wenn man sich darüber Gedanken macht, was andere deinen liebsten Menschen antun konnten.

Der nächste Interview-Marathon stand an. Es waren endlose Gespräche, teilweise bis spät in die Nacht. Die einzige Ablenkung, die sich mir zumindest tagsüber bot, war der Blick draußen auf den Hof, auf dem die Zivilwagen der Bullen standen. Von denen kannte ich sogar die Nummernschilder.

Ich verriet ihnen drei Koks-Verstecke und zwei Geld-Bunker, unsere konspirativen Wohnungen. Koks war fast keines mehr da. Vierzig oder fünfzig Gramm, mehr nicht. Ein Mückenfurz. Wir hatten keinen Vorrat mehr, weil wir keine Kunden mehr hatten. Das war in meiner aktuellen Lage von Vorteil. 90 000 Euro haben sie noch bei mir gefunden und beschlagnahmt. Ich war jetzt nicht nur ein 31er, sondern auch abgebrannt.

Nach den Gesprächen ging ich die Inhalte noch einmal durch, ich lag auf meinem harten Bett und dachte nach. Reue? Befriedigung? Fehler? Nichts. Ich fühlte rein gar nichts. Bis auf diese bodenlose Enttäuschung über Najim. Seinetwegen musste ich nicht nur ihn, sondern auch meine eigenen Ideale und meine Zukunft verraten. Oft dachte ich an ihn. Ich hasste ihn nicht, ich war nicht enttäuscht, es war wohl eher das, was man einer Person entgegenbringt, die man einmal sehr nah an sich rangelassen hat und die einen dann aufs Bitterste betrügt – völliges Desinteresse. Er war mir egaler als egal. Ob er fünfzehn Jahre oder zwanzig in den Knast wanderte – schietegal.

Ich bestätigte meinen Ermittlern alles, was sie schon wussten, und erzählte noch ein paar Dinge mehr, die selbst sie überraschten. Insgesamt zweiundsiebzig Stunden lang wurden meine Aussagen dokumentiert. Ich hatte das Gefühl, dass sie sich prächtig unterhalten fühlten. Einer der zuständigen Kripo-Beamten unserer Spezialeinheit unterbrach sogar seinen Urlaub, als er hörte, dass ich tatsächlich singen würde. Meine Aussagen passten zu ihren Ergebnissen, ich schloss Ermittlungslücken. Spätestens jetzt war klar, dass Najim gelogen hatte.

Im Gegenzug erfuhr auch ich immer wieder Erstaunliches: Ich hatte wahrscheinlich tatsächlich das beste Koks Hamburgs. Bei dem behördlichen Wirkstoffgutachten kam raus, dass ich 89-prozentiges Kokain besaß. Ein Spitzenwert, den man sonst nur selten auf der Straße bekommt.

Und ich erfuhr von einem abgehörten Telefonat. Ein paar Albaner hätten sich über mich ein paar Tage zuvor unterhalten: »Der *German* ist bald erledigt«, meinten sie.

Über ein Jahr saßen Najim und ich in Untersuchungshaft. In seiner Panik sagte er im Laufe der Zeit über immer mehr Leute aus, auch über die, die gar nichts mit uns zu tun hatten. Ihn trieb die milde Hoffnung auf eine Art Straferlass.

Der Ehrenkodex war gebrochen. Jeder hasste jetzt jeden. Und vor allem die Albaner mich. Es war nicht schwer, sich vorzustellen, was Najim dem Clan erzählen würde. Natürlich würde er behaupten, dass ich zuerst gesungen hätte. Ich saß in meiner Zelle und konnte nichts machen – noch nicht einmal vor Wut heulen. Alles lag in Trümmern. Meine Karriere, meine Ziele, all das, an was ich geglaubt hatte.

Darüber sprechen wollte ich auch mit keinem. Meiner Mutter schickte ich einen Brief, in dem ich ihr schrieb, dass alles gut sei.

Sie schrieb zurück, dass sie sich große Sorgen um mich mache und unendlich traurig sei bei der Vorstellung, durch welche Hölle ich gehen müsse. »Aber auch für dich wird es wieder bessere Zeiten geben«, machte sie mir Mut, und ich sah sie in diesem Moment vor mir, wie immer darum bemüht, mich auf den rechten Pfad der Tugend zurückzuführen. Dann schrieb sie noch etwas Belangloses über die Familie.

Es war eine hilflose Antwort. Sie war erleichtert, dass ich ausgesagt hatte, na klar, und verband damit die Hoffnung, dass ich jetzt mein Leben endlich ändern würde. Deswegen erzählte ich ihr auch nicht die ganze Wahrheit, dass nämlich diese Geschichte auch dann noch nicht vorbei sein würde, wenn ich wieder draußen wäre. Denn dann würde die Scheiße für mich erst richtig losgehen. 31er haben nichts zu lachen, wenn sie wieder auf freiem Fuß sind.

Von meinem Vater hörte ich anfangs nichts, ich bekam keinen Anruf, keinen Brief, er schickte mir noch nicht einmal Geld, gar nichts. Aber das hatte er schon vorher angekündigt: »Wenn du in den Knast gehst, geht es dir genauso wie mir. Dann bist du ganz alleine auf dich gestellt!« Überrascht war er beileibe nicht, dass die Geschichte mit den Albanern nun so endete – nämlich denkbar beschissen. »Kennst du einen Drogendealer, der älter als sechzig Jahre geworden ist?«, klangen seine Worte in mir nach.

Hannah hatte einen neuen Mann gefunden. Jetzt war auch mein Engel für mich endgültig gestorben.

Ein Mithäftling steckte mir, dass die Albaner auf jeden Fall draußen auf mich warten würden, das habe er von einem guten Bekannten gehört.

Dann erzählte mir mein Vater nach ein paar Monaten in unserem ersten Telefonat, dass er gehört habe, den Albanern würde meine Auslieferung 20 000 Euro wert sein.

Auch wenn ich allen Grund dazu gehabt hätte: Mir kam es nicht in den Sinn, mich umzubringen.

Ich lag einfach nur stumm auf meiner Pritsche und ließ alles geschehen, konnte immer noch nicht verstehen, warum Najim schwach geworden war. Ich verstehe es bis heute nicht. Wir hätten da weitermachen können, wo wir aufgehört hatten. Vielleicht sogar noch ein bisschen besser, wir hätten einen Weg gefunden.

Zwei Jahre Haft lautete mein Urteil insgesamt, Najim bekam eine Gesamtfreiheitsstrafe von sieben Jahren und sechs

Monaten. Er wurde schuldig gesprochen der besonders schweren räuberischen Erpressung in Tateinheit mit gefährlicher Körperverletzung, der räuberischen Erpressung in Tateinheit mit vorsätzlicher Körperverletzung, der versuchten räuberischen Erpressung in zwei Fällen, davon in einem Fall in Tateinheit mit vorsätzlicher Körperverletzung, der gefährlichen Körperverletzung sowie des Handeltreibens mit illegalen Betäubungsmitteln in sechzehn Fällen.

Er versuchte alles und ging bis vor den Bundesgerichtshof.

Viereinhalb Jahre war ich Koks-Dealer, zwei davon im Schoße der Albaner. Und jetzt?

Jetzt bin ich tot.

Nur noch nicht körperlich.

Draußen kann hinter jeder Häuserecke mein Mörder lauern.

Ich bin jetzt fünfundzwanzig Jahre alt.

Ob ich es wieder so machen würde?

Natürlich.

In guten Mafia-Filmen gibt es auch kein Happy End.

NACHWORT VON KAJO FRITZ

»Du hast mit der Polizei zusammengearbeitet, bist also zu einem von denen geworden, die du aus tiefstem Herzen verabscheust. Wie gehst du damit um?«, fragte ich Stefan Liebert.

»Eigentlich bin ich kein 31er! Ich habe nur das getan, was ich tun musste. Ich habe nur das geradegerückt, was mir angehängt werden sollte.«

»Wer, wenn nicht du, ist dann ein 31er?«

»Najim!«

Stefan Liebert ist es wichtig, ein aufrechter, harter Gauner gewesen zu sein. Für ihn fühlt sich kriminell zu sein gut an. Immer noch.

Ein Jahr war er wieder auf freiem Fuß, als ich ihn damals zufällig vor dem Fitnessstudio traf. Nach seiner Haftstrafe war er auf Anraten der Ermittler in einen anderen Teil Deutschlands gezogen, da die Polizei von Racheaktionen seiner ehemaligen albanischen Kompagnons ausging. Er kam in eine Stadt, von der er annahm, dass ihn dort möglichst wenige Menschen kennen, und in der er zuvor noch nie gewesen war. Heute lebt er von Hartz IV und lässt sich als eine Art Gigolo von reichen Frauen aushalten. Auf dem Radar der Polizei ist er nach wie vor.

Mit Kokain werde er nie wieder dealen, behauptet er. Wird er noch einmal auch nur bei dem kleinsten Geschäft erwischt, würde das für ihn eine hohe Haftstrafe nach sich ziehen. Selbst gekokst habe er schon lange Zeit nicht mehr, seit dem Abend vor seiner Inhaftierung im Hafen von Saint-Tropez nämlich. Vielleicht stimmt das sogar. »Aber ich würde unglaublich gerne mal wieder ein paar Nasen ziehen«, gesteht er, »dieses Gefühl werde ich nie vergessen.« Dabei hat sein früherer Lebenswandel deutliche Spuren hinterlassen: Sein jahrelanger Konsum, der über einjährige Prozess gegen ihn und seinen Kollegen Najim sowie seine ständige Panik vor einer möglichen Racheaktion setzten ihm zu – er leidet heute an Herz-Rhythmus-Störungen und Psychosen.

Und Najim? Die beiden haben sich seit ihrer gemeinsamen Zeit im Knast nie wieder gesehen. Stefan Liebert geht davon aus, dass Najim ihn besuchen wird, wenn er wieder frei ist. Feinde sind treuer als Freunde. Unbewaffnet geht Liebert jedenfalls nie aus seiner Wohnung.

Direkt nachdem die beiden eingewandert sind, wurden ihre Plätze bei den Albanern durch neue Mitglieder ersetzt. »Die kenne ich sogar, sind gute Jungs«, sagt Liebert über die Nachfolger. Mit der Mutter seines Kindes hat er nach wie vor Kontakt, seinen Sohn sieht er regelmäßig. Ihr Verhältnis hat sich entspannt. Erst vor Kurzem hat sie Jason erzählt, dass nicht der Mann, bei dem er aufwächst, sondern Stefan Liebert sein leiblicher Vater ist.

Warum er sich mir anvertraute, hat er mir, wie eingangs dieses Buches beschrieben, erklärt. Worin *ich* seine Gründe sehe, habe ich mich natürlich auch gefragt. Das fängt bei profanen Dingen an wie Geltungsbedürfnis und Langeweile. Und natürlich will er auf diesem Wege auch den Albanern seine Sicht der Dinge erzählen – dazu hätte er sonst keine Möglichkeit. Obwohl er sich andererseits auch davor fürchtet, dass sie dieses Buch in die Finger bekommen. Das ist schizophren, aber so muss man wohl sein als Kokain-Dealer. Darüber hinaus ist dieses Buch für Stefan Liebert aber sicher auch eine Aufarbeitung seiner Vergangenheit: »Die meisten Leute denken über ihr Leben nicht nach. Das musste ich jedoch tun. Genug Zeit hatte ich ja dazu.«

Während unserer Interviews hielten Stefan Liebert und ich uns oft in seiner damaligen Wohnung auf, siebenundzwanzig Quadratmeter groß, seiner »Hundehütte«, wie er sie nannte. Ein großes Filmplakat hing an der Wand, eine Szene aus seinem Lieblingsfilm *Good Fellas*. Mehrmals im Jahr schaut er ihn sich an, er kann die Dialoge mitsprechen. Neben dem Plakat hingen Fotos seiner Freunde von damals, von Micha und Christian beispielsweise, von den Autos, von den Frauen. »Ich vermisse mein Leben«, sagt er, wenn er vor den Bildern steht.

Wenn man mit ihm fern seiner Lebensgeschichte über Recht und Unrecht, Moral und Egoismus diskutiert, sind das sehr lange Gespräche. Es ist nicht so, dass ihm Argumente fehlen. Er hat ein für sich plausibles System gefunden, um zu begründen, warum und wann er anderen Menschen Schmerzen zufügen darf, wann er Recht brechen darf, warum er den Staat hasst, wo für ihn Toleranz aufhört und auf wen er Rücksicht nimmt. Nämlich zuallererst auf sich. Sein Wertesystem ist das eines Menschen, wie ich ihn zuvor noch nicht kennengelernt habe – nämlich ein komplett anderes als das der meisten in unserer Gesellschaft. Er ist Darwinist: Für ihn gilt grundsätzlich das Recht des Stärkeren, »nur so konnte ich mich in meinem Umfeld behaupten. Wir sind diejenigen, die in der Scheiße aufgewachsen sind und Scheiße erlebt haben. Und dann haben wir gemerkt, dass die ganze Welt schlecht ist. Das haben meine Kumpels und ich so akzeptiert, und wir haben uns gesagt: ›Gut, wenn das so ist, dann müssen wir damit klarkommen.‹ Deswegen nehmen wir uns, was wir wollen«. Reue zeigt er nicht. »In meiner Welt habe ich immer richtig und fair gehandelt.«

Seine Eintragungen im Bundeszentralregister sind über drei Seiten lang. Gelernt hat er nichts, er hat keinen Abschluss, und eine Chance auf einen Neuanfang will er auch deswegen gar nicht haben, weil er keine Lust hat, »für irgendjemanden irgendeinen von diesen Verliererjobs zu machen«. Das ist zwar schwer zu verstehen, eigentlich gar nicht, aber ein gesellschaftskonformes Leben zu führen wäre für ihn der größte anzunehmende Unfall. Dabei hat er es einmal sogar darauf ankommen lassen.

Er wurde als Fitnesstrainer angestellt in einem Club, hier ein paar Stunden, da ein paar Stunden. Nach drei Wochen kündigte er. Ihm fällt es wohl leichter, eine Tankstelle zu überfallen als auf den nächsten Ersten zu warten, wenn endlich das Geld für einen Monat Arbeit eintrudelt. Deswegen fragte ich bei unserem letzten Gespräch, was aus ihm werde?

»Nichts.«

Wie wird es wohl enden?

»An Altersschwäche werde ich jedenfalls nicht sterben.«

Neben der Lebensgeschichte Stefan Lieberts war das zweite Thema dieses Buchs der deutsche und in Ansätzen globale Kokain-Markt. Experten schätzen, dass weltweit rund 200 Millionen Menschen illegale Drogen zu sich nehmen, rund 15 Millionen Europäer darunter sollen zum Kokain greifen. Behörden und Institutionen ermitteln unter anderem durch Umfragen das Konsumverhalten in der Bevölkerung – die Aussagekraft dieser Zahlen ist allein deswegen sehr überschaubar.

Die Haupt-Produktionsländer sind weiterhin Kolumbien, Peru und Bolivien. Im August 2011 stoppte Peru als erstes Land sein Ausrottungsprogramm der Pflanze, die Strategie wurde offiziell als Fehlschlag beurteilt – in der Phase der auch mit militärischen Mitteln geführten Bekämpfung (unterstützt mit viel Geld aus dem Ausland) hatte der Anbau von Koka zustatt abgenommen. Das Land will seine Anti-Drogen-Strategie neu prüfen. Das Kokain und die Kartelle scheinen mächtiger als jeder staatliche Versuch, die Droge aufzuhalten.

Deswegen gibt es immer wieder auch politische Vorschläge, Kokain zu legalisieren: Kolumbiens Präsident Juan Manuel Santos – sein Land hält an der weltweiten Koks-Produktion rund fünfzig Prozent – bezeichnete die Strategie der gewaltsamen Vernichtung der Droge und ihrer Vertriebsstrukturen als überholt und schlug eine internationale Debatte über die Entkriminalisierung vor. Die Länder Süd- und Lateinamerikas wollen nicht mehr länger den Krieg führen, den die westliche Welt durch ihren Kokain-Konsum zu verantworten habe. 1972 hatte US-Präsident Richard Nixon zum weltweiten *war on drugs*, zum »Krieg gegen die Drogen« aufgerufen. Dieser Krieg scheint jetzt, nach über vierzig Jahren, gescheitert. Gerade dort, wo die Regierung am aggressivsten gegen den Anbau vorging, gab es die höchsten Zuwachsraten – in Kolumbien nämlich.

Dass es jedenfalls wie bisher nicht mehr weitergehen könne, steht zwischenzeitlich auch für die Wissenschaft fest: »Der Kampf gegen die Drogen ist verloren!«, lautet das Fazit einer kanadischen Forschergruppe nach der Auswertung von sieben staatlichen Programmen, die über mehr als ein Jahrzehnt die Entwicklung des internationalen Drogenmarkts verfolgten. Eines der Ergebnisse: In achtzehn Ländern Europas fiel zwischen 2000 und 2009 der Preis für Kokain um mehr als fünfzig Prozent. Ein deutliches Indiz dafür, dass die Droge bei uns alles andere als ein rares Gut ist.

Bis auf eine kleine Minderheit aber warnen Sucht-Experten weltweit dringend vor der Idee des legalen Kokain-Verkaufs. »Das wäre ein Genozid«, lautet deren einhellige Meinung.

Viele Indikatoren sprechen – neben Lieberts Biografie – dafür, dass die einstige Champagner-Droge auch in Deutschland immer weitere Kreise zieht. Das nimmt auch nicht wunder, wenn eine Line heutzutage mancherorts gerade noch so viel kostet wie ein Cocktail an der Bar. »Durch den Preisverfall ist Kokain bei zusätzlichen Konsumenten angekommen, die sich die Droge vor einiger Zeit noch nicht leisten konnten, darunter auch viele jüngere zwischen achtzehn und fünfundzwanzig Jahren«, sagt Dr. Raphael Gassmann, Geschäftsführer der Deutschen Hauptstelle für Suchtfragen. Statistisch aussagekräftige Daten als Beleg dafür, dass Kokain eine Jugend-Droge geworden ist, sind rar. Es gibt indes Indizien, die für diese These sprechen. Allein im Bereich der kommerziell sehr erfolgreichen deutschen Hip-Hop-Musik gibt es unzählige

Songs, die sich auf den Kokain-Konsum beziehen. Wurde vor ein paar Jahren noch vom Kiffen gerappt, ist heute Kokain das Thema. Anscheinend ist Koksen cool geworden:

»Ich bin auf Koks von der Nase bis ins Bein.
Doch glaub mir mein Freund, da passt noch mehr rein!«
(Sido)

»Und leider wohnst du noch in deiner rosaroten Welt,
in meiner Welt gibt es nur 9 Millimeter, Koks und Geld.«
(Bushido)

»Kokain ist sehr, sehr gefährlich,
es ist ein geiler Turn, jetzt, jetzt und ehrlich!« *(Afrob)*

Zudem gibt es einen medialen Seismographen zum deutschen Kokain-Markt: Verfolgt man die Presse, werden täglich neue Fahndungserfolge gemeldet. Um beim Schmuggel von der Staatsmacht unbehelligt zu bleiben, werden Dealer immer kreativer. Eine Übersicht der Schlagzeilen der vergangenen Zeit: »Schmuggler lösen Kokain in Tequila auf«, »Kokaingetränkte Tischdecken entdeckt«, »Kokain in Gläschen für Babykost geschmuggelt«, »Haftstrafe für Kokain in Weinschläuchen«. Die Frage ist nur, wie viel Kilogramm, vielleicht Tonnen, hierzulande täglich *nicht* gefunden werden?

Francesco Sbano, der italienische Mafia-Biograf, behauptete in einem Interview mit SPIEGEL ONLINE, dass Deutschland mittlerweile genauso korrupt sei wie Italien und ein genauso großes Kokain-Problem habe wie jedes andere europäische Land auch: »Es ist zu viel Geld im Spiel. Eine Tonne Kokain sind ungefähr 30 Millionen Euro – der Zoll bekommt davon rund fünfunddreißig Prozent und verteilt das Geld dann weiter.«

Von behördlicher Seite hört man hinter vorgehaltener Hand, dass Deutschland kein ernsthaftes Kokain-Problem habe. In offiziellen Schreiben liest sich das dann anders: »Der Konsum von Kokain ist natürlich nicht zu bagatellisieren«, heißt es etwa aus Kreisen um die Drogenbeauftragte der Bundesregierung, Marlene Mortler. In einer gemeinsamen Pressemitteilung von ihr und vom Präsidenten des Bundeskriminalamts wurden für das Jahr 2013 insgesamt 3173 Kokain-Erstkonsumenten und eine sichergestellte Menge von 1314 Kilogramm Koks vermeldet. Die Mehrzahl der Funde erfolgte am Flughafen Frankfurt am Main. Der größte Fisch ging der Polizei mit 427 Kilo in jenem Jahr aber woanders ins Netz, in Hamburg: in Containern unter anderem aus Kolumbien.

Stefan Liebert und ich haben den Kontakt abgebrochen, nach unseren Interviews haben wir uns nie wieder gesehen. Wo er sich jetzt aufhält? Keine Ahnung. Er ist wieder auf der Flucht. Nur eine E-Mail-Adresse habe ich noch von ihm. Neulich schrieb er mir eine Nachricht, er habe noch etwas vergessen.

Die Betreffzeile der Mail lautete: »Viel Schnee in Deutschland.«

Es war Mai.

GLOSSAR

Koka: Der Koka-Strauch ist eine äußerst resistente Pflanzenart, die auch unter widrigen Bedingungen gedeiht. Es gibt rund zweihundertfünfzig verschiedene Sorten. Archäologischen Funden im heutigen Ecuador zufolge dürfte das Koka-Blatt von den Völkern des Andenraums seit wenigstens viertausend Jahren verwendet werden. Es diente dort als Nahrungsergänzung. Neben den Alkaloiden enthalten die Blätter Proteine, Kohlenhydrate, Eisen, Kalzium, Phosphor, Vitamin A1, B2 und E. Um ein Kilo Kokainhydrochlorid zu isolieren, benötigt man etwa dreihundert bis fünfhundert Kilogramm getrocknete Blätter und große Mengen an Chemikalien, wie Schwefelsäure, Salzsäure, Kaliumpermanganat, Kerosin, Äther und verschiedene Karbonate.

Kokain, Geschichte: 1860 (manche behaupten 1859) synthetisierte der Göttinger Chemiker Albert Niemann erstmals Kokainhydrochlorid aus der Koka-Pflanze und dachte, eine Medizin gegen Erkältung und Durchfall gefunden zu haben. Gut gegen Schnupfen war das weiße Pulver (chemische Formel $C_{17}H_{21}NO_4CL$) nicht, aber er isolierte ein Lokalanästhetikum (bis 1885 auch als Mittel gegen Zahnschmerzen verwendet) und kraftvolles Stimulans, das wie keine andere Droge von da an einen weltweiten Siegeszug antrat – mit allem, was das Geschäft damit so mit sich bringt: Milliardenumsatz und Mord. Bis Anfang des 20. Jahrhunderts wurde Kokain in aller Öffentlichkeit in wohlsituierten Gesellschaftskreisen gerne und regelmäßig konsumiert, bis 1903 enthielt sogar das Getränk *Coca-Cola* Kokain-Extrakte. Selbst zu literarischen Ehren kam die Droge, als Arthur Conan Doyle einen Kriminalisten mit forensischen Kenntnissen beschrieb: Um sich besser konzentrieren zu können, schnupfte Sherlock Holmes gerne Kokain. (In vielen deutschen Übersetzungen hat man diese Stellen aber lieber verschwiegen.)

Kokain, Gesetzeslage: Bei Kokain handelt es sich um eine sogenannte »harte Droge«. Der Umgang mit ihr ohne Erlaubnis ist grundsätzlich strafbar. Allerdings ist im Betäubungsmittelgesetz der Konsum nicht ausdrücklich erwähnt und somit der Abusus allein juristisch nicht zu belangen. Besitz, Handel und Herstellung werden mit bis zu fünf Jahren Haft geahndet, organisierte Banden müssen mit deutlich höheren Strafen rechnen. 1914 verboten die USA Kokain wegen seiner stark aufputschenden und süchtig machenden Charakteristik, sechs Jahre später folgte Deutschland. Seit 1961 steht neben Kokain, Haschisch, Heroin, Marihuana auch das Koka-Blatt auf der Liste der UN-Drogen-Einheitskonvention. Die dort aufgeführten Stoffe sind grundsätzlich weltweit verboten. Die Wiener Konvention von 1988 erklärte allerdings den traditionellen Anbau und Konsum der Blätter – dort, wo historisch nachweisbar – für legitim.

Kokain, Sicherstellungen: 1,33 Tonnen Kokain am Hamburger Hafen (2010) war der hierzulande bislang größte Fund, ein deutscher Fußballprofi hatte dabei seine Finger mit im Spiel. International gab es zuletzt größere Fahndungserfolge: 8 Tonnen im Hafen von Antwerpen (2012), 7 Tonnen in einem U-Boot vor Kolumbien (2011), 5,5 Tonnen vor der Küste Südamerikas auf einem Fischerboot (2009), und 5 Tonnen wurden in Mexiko dingfest gemacht (2009) – in gefrorenen Haien. Immer wieder kommt es dabei auch zu skurrilen Meldungen wie »Senioren schmuggeln Kokain auf Kreuzfahrtschiffen« (2009). Anfang 2014 wurden 140 Kilo in Bananenkisten der Einkaufskette *Aldi* entdeckt. Und im März 2014 fanden Fahnder vierzehn Kondome voll mit flüssigem Kokain. Der Empfänger war überraschenderweise – die Poststelle des Vatikans.

Kokain, Streckmittel: Laktose (Milchzucker) ist sehr gebräuchlich, daneben Mehl, Mannit (ein Zuckeralkohol), Traubenzucker oder Lidocain als gängiges Lokalanästhetikum. Die Verunreinigungen der Droge durch das Strecken bedeuten für den Konsumenten eine große Gefahr.

Kokain, Szene-Jargon: Koks, Schnee, Blow, Powder, Schubi, Weißes Gold, Charlie, Persil, The White Lady u. a.

Kokain, Wirkung: Wann genau die Wirkung eintritt, ist von der Art des Konsums abhängig: Raucht man Kokain, so wirkt es für etwa fünf bis zehn Minuten, bei einer Injektion zehn bis zwanzig Minuten. Nimmt man das Kokain wie üblich durch Schnupfen zu sich, so ist die erzielte Wirkung schwächer, hält jedoch bis zu fünfundvierzig Minuten an. Kokain erzeugt ein intensives Stärke- und Glücksgefühl, eine Art »Feuerwerk im Kleinhirn«. Es kann zu einer Steigerung des Selbstwertgefühls, zu Sorglosigkeit, zur Verbesserung der Denkfähigkeit und zum Abbau von Hemmungen kommen, Koks wirkt kurzfristig leistungssteigernd. Danach kommt der Turkey, der Kokain-Kater – die Zeit nach dem Rausch. Schuldgefühle, Versagensängste, Verfolgungs- oder »Dermatozoen-Wahn« (das Gefühl, lebendige Insekten krabbelten unter der Haut), Depressionen bis hin zu Selbstmordgedanken können die Folge sein. Körperlich wirkt sich die Droge wie folgt aus: intensivere Atmung, steigender Blutdruck, Herzrasen, Krampfanfälle, Hirnblutungen bis hin zum Herzinfarkt. Bei nasalem Konsum durch Sniefen werden häufig die Schleimhäute zerstört (»Koks-Nase«). Das Suchtpotenzial ist immens: Die Deutsche Hauptstelle für Suchtfragen warnt, dass Zigaretten und Kokain besonders schnell und häufig in die Abhängigkeit führten. Es kommt dabei nicht zu einer physischen Abhängigkeit, Kokain ruft aber häufig eine psychische Abhängigkeit hervor. Die Suchtwirkung wird nur noch von Heroin übertroffen.

Kokain-Markt und die Situation in Kolumbien: Das internationale Drogengeschäft ist die weltweit drittgrößte Ökonomie. Ein Volumen von rund 500 Milliarden US-Dollar soll der jährliche Handel erreichen, das wären rund fünf Prozent des Welthandels. Zu Produktion, Handel und Konsum gibt es grundsätzlich viele Spekulationen, aber keine gesicherten Zahlen. Meist beruhen sie auf Hochrechnungen, die von unsicheren Größen, wie Anbauflächen oder Beschlagnahmungen, ausgehen. Kolumbien ist nach wie vor das Zentrum der globalen Koks-Industrie. Hier organisieren Guerillas wie die Fuerzas Armadas Revolucionarias de Colombia (FARC, schon vor über zehn Jahren nahmen sie rund 350 Millionen Narco-Dollars ein) oder das Ejército de Liberación Nacional (ELN) sowie vereinzelte Drogenkartelle und paramilitärische Verbände das Geschäft. Die Ursprünge des Koka-Anbaus in Kolumbien sind auf die explodierende Nachfrage Mitte der Siebzigerjahre in den USA zurückzuführen. Verbesserte Düngemittel, neue Züchtungen und Bewässerungsmethoden gewährleisten einen hohen Ernteertrag.

Konsumenten: Die Vereinten Nationen schätzen, dass rund fünf Prozent der Erdbevölkerung illegale Drogen konsumieren. Generell gilt seit Mitte der Neunzigerjahre nach einer Studie der Weltgesundheitsorganisation, dass es keinen durchschnittlichen Kokain-Konsumenten, also Kokainisten, mehr gebe, soll heißen, dass die Droge nicht mehr nur einem Milieu zugeschrieben werden kann, nämlich der gesellschaftlichen Elite. In Deutschland sollen rund 0,8 Prozent der Bevölkerung schon einmal gekokst haben.

Konsumformen, alternativ: Neben der gängigsten Methode, nämlich das Koks zu inhalieren, ist eine weitere Form, die Droge in Form von Crack oder Freebase zu rauchen. Dabei wird das Kokain speziell aufbereitet: Wird das Kokain-Pulver, statt mit Ammonium oder Äther, mit Bicarbonat (Backpulver) aufgekocht, so entstehen Klumpen, die beim Verbrennen knisternde Geräusche von sich geben. Daher der Name Crack. Im Gegensatz zur Freebase sind hierbei noch alle Unreinheiten enthalten.

Ein faszinierender Einblick in die Abgründe der menschlichen Seele

Lydia Benecke
AUF DÜNNEM EIS
Die Psychologie des Bösen
352 Seiten
mit zahlreichen
Abbildungen
ISBN 978-3-7857-6095-6

Auf dünnem Eis befinden wir uns, wenn wir Mörder, brutale Vergewaltiger, Profikiller oder eiskalte Psychopathen als „böse" abstempeln und weit von uns schieben. Lydia Benecke rekonstruiert grausame Verbrechen, erzählt von echten Fällen aus ihrer eigenen Praxis und wirft die hoch spannende Frage auf: Wie viel davon steckt in jedem von uns?